互联网金融

跨界、众筹与大数据的融合

On Line Finance

The Integration of Crossover, Crowdfunding and Big Data

余来文　温著彬　边俊杰　石　磊　编著

经济管理出版社

ECONOMY & MANAGEMENT PUBLISHING HOUSE

图书在版编目（CIP）数据

互联网金融：跨界、众筹与大数据的融合/余来文等编著. —北京：经济管理出版社，2015.5
ISBN 978-7-5096-3624-4

Ⅰ.①互… Ⅱ.①余… Ⅲ.①互联网络—应用—金融 Ⅳ.①F830.49

中国版本图书馆 CIP 数据核字（2015）第 039442 号

组稿编辑：申桂萍
责任编辑：侯春霞
责任印制：黄章平
责任校对：雨　千

出版发行：经济管理出版社
　　　　　（北京市海淀区北蜂窝 8 号中雅大厦 11 层　　100038）
网　　址：www. E-mp. com. cn
电　　话：(010) 51915602
印　　刷：三河市延风印装厂
经　　销：新华书店
开　　本：720mm×1000mm/16
印　　张：14.75
字　　数：248 千字
版　　次：2015 年 5 月第 1 版　　　2015 年 5 月第 1 次印刷
书　　号：ISBN 978-7-5096-3624-4
定　　价：49.00 元

　　近两年来，云计算、大数据、互联网思维、跨界、互联网金融这几个词语以迅雷不及掩耳之势火遍了整个大江南北，各界也是给足面子，对这些话题津津乐道。以上的每一个领域在当下都是非常火的，而当这几个领域碰撞在一起的时候，又会产生怎样更为耀眼的火花呢？毫无疑问，集这几个话题于一身的互联网金融从一开始就注定了要受到各界的极大关注。

　　互联网在经历 20 年的发展后，已逐渐向金融领域延伸，互联网金融作为整个金融创新中的制高点，是以综合运用大数据、云计算、移动互联网等信息技术，重塑金融支付方式、信息处理、资源匹配等功能，提高资金融通与金融服务效率的创新金融模式。互联网金融的发展已经历网上银行、第三方支付、个人贷款、企业融资等多阶段，并在融通资金、资金供需双方的匹配等方面深入传统金融业务的核心。

　　从互联网的初创阶段到野蛮生长阶段，再到现在的逐渐开始规范，互联网金融已经不是什么新鲜的词了，但是它仍然是一个很火的词。互联网金融虽然听起来高大上，但实际上是一个很接地气的东西，可以说其生来就是为"草根一族"服务的。如今，互联网金融更是已经融入了我们生活的方方面面。

　　2003 年 10 月，远在日本横滨留学的淘宝卖家将一台九成新富士数码相机，通过支付宝"担保交易"卖给西安买家，这是该支付工具的第一笔交易，预示着网上支付和网上消费即将空前繁荣。那时候的支付宝仅仅只是网上支付，而 10 年后，支付宝已经可以实现缴纳水电煤气费、网费、话费、AA 餐费，发红包，信用卡还款等各种功能，而现在更是可以通过支付宝钱包实现网上理财。如今，

随着移动互联网的普及，支付更是摆脱 PC 的限制，实现随时随地进行支付和理财。截至目前，仅支付宝一项工具就拥有中国 3 亿户的注册用户，整个网上支付产业的发展拉动了网络经济，更在无形中改变了 2 亿人的生活模式。

然而，互联网金融改变我们的生活不仅体现在支付上，更让我们追捧的当属网上理财。支付意味着让人们荷包里的钱流出去，而理财则意味着让自己的财富增值。所以，普遍高于银行存款利率的网络理财产品一经推出便受到人们的喜爱。例如，余额宝的推出着实让整个金融业吃了一惊，把实现 T＋0 功能的货币基金嵌入拥有海量客户的支付平台，短短半年多时间，规模就突破 5000 亿元，一举改变了十多年来的基金公司格局，而"1 元钱"的门槛标志着"屌丝理财"时代的到来，理财再也不仅仅是土豪们的专属了。余额宝规模快速扩张的一年，也是全民理财风生水起的一年（包括笔者在内，笔者身边的朋友和同事大部分都在玩余额宝），各种理财工具竞相推出，互联网金融百舸竞流。如何更好地管好钱袋子，也成为百姓茶余饭后的热议话题。

除了像余额宝这样的理财产品，如 P2P 这样的网络借贷因为高额的回报率亦受到人们的垂青，其高收益对于人们来说是一个巨大的"诱惑"。而众筹更是玩出了各种新鲜花样，如果你想实现心中的某个梦想，或者想支持别人完成梦想，那众筹会是一个不错的选择。

互联网金融来势汹汹，势头强劲，以其独特的优势向传统金融发起了挑战。互联网金融的兴起一方面给我们的生活带来了巨大的改变，另一方面也给传统金融带来了深刻的影响。互联网金融是一条鲶鱼，一方面冲击着传统金融，另一方面倒逼金融业转型。

一直以来，传统金融往往为高收益人群提供贷款等优质服务，而互联网金融契合了人们碎片化、草根化的需求。互联网金融重在金融参与者深谙互联网"开放、平等、协作、分享"的精髓，通过互联网、移动互联网等工具，使得传统金融业务具备透明度更强、参与度更高、协作性更好、中间成本更低、操作上更便捷等一系列特征。这样即可满足传统金融无力涉足的大众和中小微企业等的金融服务需求。同时，中央和地方对互联网金融发展秉持鼓励创新、包容发展的态度，为互联网金融预留政策空间。

2014 年 3 月，在李克强总理所做的《政府工作报告》中，首次提及互联网金融。报告说，促进互联网金融健康发展，完善金融监管协调机制，密切监测跨境资本流动，守住不发生系统性和区域性金融风险的底线。让金融成为一池活水，更好地浇灌小微企业、"三农"等实体经济之树。而互联网金融也必将在服务区域经济的这条路上走得更高、更远。

　　基于对互联网金融的理解和浅薄的实践，笔者完成了《互联网金融：跨界、众筹与大数据的融合》一书。笔者一直认为，相对于传统金融，互联网金融的变革大致可以分为三类：第一类是平台或渠道的改革，典型的如 P2P 和众筹，这一类其实本质上并没有改变，只是结合互联网技术将以前线下的业务搬到了线上，包括网络支付；第二类是大数据金融，这不仅是渠道或者平台的变革，而且是一种金融思维模式的变革，更是一种商业模式和金融思维的颠覆；第三类是网络货币，这是一种金融形态的变革，金融的本质形态就是货币，货币是金融的本质，也是金融的最高形态，当一种货币形态出现，如果其成长得足够强大，那么这对于以往的货币形态来说是一种毁灭性的创新。本书围绕着平台、模式、形态这三个维度对互联网金融进行了阐述，描述了其对人们生活和企业再生产的影响。本书的特点在于列举了大量的案例，将理论与案例相结合。笔者希望通过这一方式为大家更生动地呈现什么是互联网金融，同时，帮助金融企业了解应该如何面对互联网化这一浪潮。

目录
Contents

第一章

互联网金融的崛起

腾讯的互联网新金融道路

作为中国最大的互联网公司,腾讯既是用户数量之王,也是社交活跃度之王,这让腾讯成为互联网金融的超级入口。腾讯拥有中国最多的移动互联网用户、最主动的交互方式,这被认为是腾讯金融最大的优势。

1. 支付领域

(1)财付通。财付通是腾讯公司于 2005 年 9 月正式推出的专业在线支付平台,其核心业务是帮助在互联网上进行交易的双方完成支付和收款,致力于为互联网用户和企业提供安全、便捷、专业的在线支付服务。个人用户注册财付通后,即可在拍拍网及 20 多万家购物网站轻松进行购物。财付通支持全国各大银行的网银支付,用户也可以先充值到财付通,享受更加便捷的财付通余额支付体验。

财付通与拍拍网、腾讯 QQ 有着很好的融合,按交易额来算,财付通排名第二,份额为 20%,仅次于支付宝。财付通和 QQ 的产品服务是相辅相成的,若没有财付通带来的便捷支付,QQ 增值类产品服务及游戏业务等也无法迅速成长;同样地,若没有 QQ 傲人的产品,财付通也无法稳居市场第二的地位。

（2）微信支付。周鸿祎曾经半是调侃半是感叹地说："腾讯一出手，就知有没有。"腾讯一推出微信，就几乎牢牢占据了移动流量入口的霸主地位，微信以其强大的流量支撑和社交属性，一举成为移动社交 APP 之王，让新浪微博、电信运营商等甘拜下风。微信 5.0 上线后推出的微信支付功能，更是增加了微信的金融属性，并和时下愈演愈烈的移动电商概念牢牢结合在一起，微信成为一个移动电商的大平台几乎指日可待。微信支付主要有三个使用场景：微信公众平台的支付、APP 支付、二维码扫描支付。

在微信公众平台中，有订阅号和服务号两种。订阅号虽然每天可以发一条信息但被折叠了，服务号虽一个月只可以发一条群发信息却不被折叠。服务号更多的是强调互动，如招行信用卡的公众账号，用户可以在目录进行账单查询、积分等操作。

APP 支付目前主要有腾讯自有的两个产品——表情商店和微信游戏。虽然 iPhone 版本的表情商店仍要通过 App Store 来支付购买，但 Android 版本已可以使用微信支付。微信游戏如《天天连萌》内置的付费道具也可以使用微信支付进行购买。

至于二维码支付，实际是在叫板支付宝钱包的二维码支付以及当面付（声波支付）功能。2013 年 9 月微信支付联手友宝在线在北京地铁站摆放 300 台自动贩卖机，购买者可以通过微信支付扫描二维码完成购买。

当然除了上述三种支付场景外，微信支付也在慢慢挖掘其他功能，如用户可以在"我的银行卡"中直接充值话费。在支付领域，腾讯彻底贯彻了自己的金融思路。在移动端的屡屡创新，微信支付势必将诞生很多有趣的新玩法。

2. 网络理财

理财通的出现折射的是腾讯开拓互联网金融版图的特有路径，即为特定行业提供一个在线生态系统。利用自身的社交平台和支付系统，腾讯正在为基金公司和券商打造合适的平台。在发挥自身优势的同时，腾讯巧妙地跨入了门槛较高的金融领域。

广发基金旗下的天天红货币与易方达基金旗下的易理财货币两只货币基金正式登录微信理财通平台。这是继华夏基金和汇添富基金之后第三批入驻理财通的基金公司，至此，微信理财通平台原计划上线的四只基金已经全部到位。腾讯所担任的角色是为金融企业搭建起一座能够和更多用户实现连接的桥梁，通过这种方式向用户提供更好的金融产品。

2014年2月初，腾讯与国金证券联合推出的首只互联网金融产品佣金宝正式上线，投资者通过腾讯股票频道进行网络在线开户或转户，即可享受万分之二交易佣金服务。不过，佣金宝并非只提供通道服务，还将持续为投资者提供增值服务，包括价值6888元/年的高端咨询产品，打破以往券商不为散户提供增值服务的惯例。

同时，由腾讯提供平台、金融机构提供专业资讯服务的分工合作已经开始。由同信证券冠名打造的网上直播股票节目近日悄然在腾讯股票频道上线，"金融资讯服务+投资顾问服务"的合作模式隐现，这也是继"佣金宝"之后又一个登录腾讯网的互联网证券服务产品。

经纪业务领域是腾讯近期与券商合作的主要着力点。腾讯内部人士称，未来将在投顾业务，甚至在资管业务方面有所尝试。对腾讯而言，与券商合作经纪业务，有利于在自有平台上沉淀和发展投资者。等到投资者用户量达到一定规模，养成在腾讯平台的金融使用习惯后，则可以推出更多增值服务，发展其他互联网金融业务。腾讯和合作的券商伙伴会继续投入，可能在交易费用上对投资者进行补贴，目的是先将投资者吸引到平台来。正如腾讯基于QQ背后的社交关系链，发展和壮大了游戏等重要业务，未来一旦培养了一批有黏度的金融用户，将可再次复制流量的变现效应。

3. 传统金融领域

银行领域，业内传说腾讯想做银行不是一两天了。腾讯银行在传统银行业务基础上，将借助腾讯在互联网行业的优势，围绕互联网金融进行创新，更高效率、更大范围地服务好用户。腾讯银行即腾讯与深圳百业源投资有限公司作为共同发起人的民营银行，在深圳前海成立。按照前海的金融创新举措及对金融行业的优惠措施，结合腾讯在互联网金融的各种尝试，深圳的首家民营银行很可能以互联网金融为主攻方向，成为前海即将构建的互联网金融生态圈的核心力量。腾讯银行定位于大存小贷模式，以大额存款、小额贷款为主要业务。为符合银监会提出的"大存小贷"定位，腾讯目前已摒弃网络银行思路，正重新制定新的定位。

保险领域，腾讯目前既有保险代销平台又有自己参股的保险公司。QQ用户可以通过"QQ便民"直接在线购买保险，主要险种包括车险、家财险、健康及意外险、投连险等。与此同时，2013年9月众安保险也正式获批开业。业务范围主要包含与互联网交易直接相关的企业或家庭财产保险、货运保险、责任保险、信用保证保险。

证券领域，腾讯虽然没有自己的证券公司，但2013年11月22日，国金证券同深圳市腾讯计算机系统有限公司签署《战略合作协议》，双方结成战略合作伙伴关系，进行全方位、全业务领域的深度合作。此外，腾讯早在2012年初就收购了益盟操盘手并合作推出股票分析软件——腾讯操盘手，还自己开发了股票软件"自选股"。

腾讯在基金领域的布局更是大手笔：2012年初，腾讯就在财付通推出了内置应用——理财汇。理财汇覆盖基金、股票、保险三个资产类别，这也基本涵盖了普通老百姓的大部分投资需求。腾讯还和众禄基金合作"腾讯基金超市"，也可以帮助用户在线上购买基金。2013年12月16日，好买财富宣布已获得腾讯B轮投资。而好买财富是证监会首批发牌的"独立基金销售公司"，拥有覆盖宏观策略和各类产品线的研究与数据团队，并拥有自己开发的数据库系统、研究系统和TA交易系统。

除了银、证、保、基等主流金融业务以外，腾讯在互联网金融领域也有落子。2013年11月，财付通网络金融小额贷款有限公司正式成立。2013年底，著名P2P企业人人贷母公司"人人友信集团"完成A轮融资，作为领投方挚信资本的LP，腾讯也跟进投资。

据腾讯首席执行官马化腾透露，腾讯在深圳前海已成立多家公司，主要业务方向是电子商务和互联网金融，总注册资金约为16亿元人民币。未来腾讯在前海的投资不会少于100亿元。

除了资本布局以外，利用系统内媒体，腾讯对金融业已拥有相当的影响力。2013年5月腾讯财经和济安金信联袂推出"腾安价值100指数"。这是国内首只互联网媒体发布的A股指数。几个月后，银河基金以"中证腾安价值100指数"作为标的开发了"中证腾安价值100指数型发起式证券投资基金"。腾讯布局互联网金融的步伐丝毫没有落后，借助微信而起的"类余额宝"理财项目更是正面向阿里巴巴发起了挑战。

资料来源：作者根据多方资料整理而成。

一、互联网金融的崛起

1. 互联网金融的概念

互联网金融是传统金融行业与互联网行业有机结合的新兴领域。广义上说，任何涉及广义金融的互联网应用都属于互联网金融，如网络投融资、互联网支付、金融中介、信用收集及评价、风险控制等；狭义上说，互联网金融专指依托互联网实现货币的信用化流通。目前，互联网金融主要有两种格局，分为传统金融机构的互联网化和新兴互联网公司的金融化。传统金融机构的互联网化主要指传统金融机构如银行、保险、证券、基金的互联网产品服务创新及电商化等，而新兴互联网公司主要是指利用互联网技术进军金融业的公司。互联网金融拥有互联网及金融的双重属性，有以下五个特点：方式虚拟化、产品服务新、资金融通快、交易成本低、覆盖范围广。现如今，互联网金融在支付方式、盈利模式、信息处理、资源配置等方面深入传统金融业的核心，在给人们带来金融理念转变的同时，也给人们理财、支付、融资等带来翻天覆地的变化，给传统金融机构带来一定的冲击。

2. 互联网金融商业模式

本书根据互联网金融的广义概念和发展现状将其分为六种商业模式：网络投融资、第三方支付、网络金融服务平台、互联网货币、大数据金融和传统金融机构信息化。下面对其进行简单介绍：

网络投融资具体有 P2P 网贷和众筹两种模式。P2P 网贷是指借款人通过 P2P 网络融资平台直接发布借款信息，出借人通过了解对方的身份信息、信用信息，直接为借款人提供小额贷款；众筹是项目发起人通过互联网平台向大众筹集资金

的一种模式。网络投融资绕过了银行，为资金供给者和资金需求者提供了直接交易的平台，相比传统金融更加方便、快捷，并且交易费用大幅降低。但是，网络投融资在信用征集及风险控制等方面不及传统金融。

第三方支付是具备一定资金实力和信誉保障的独立机构，采取与各大银行签约的方式，提供与银行支付结算系统相接的交易支持平台的网络支付模式。通过第三方支付平台，各项交易及支付不仅保障了顾客的权益，而且保护了商家收款的安全性。第三方支付公司的运营模式可以归为两大类：第一类是以支付宝为首的依托自有电商网站，提供担保功能的第三方支付模式；第二类是独立的第三方支付模式，此类公司不具有担保功能，仅为用户提供支付服务。第三方支付虽说发展得日益成熟，但其资金渠道归根结底还是需要接入银行的入口。

网络金融服务平台是指利用互联网进行金融产品的销售以及为金融产品销售提供第三方服务的平台，主要包括理财及保险等产品的网络化销售，如阿里巴巴的"余额宝"、百度的"百发"等。客户通过网络查询，了解、比较、购买各种理财和保险产品，进而能选择性价比最高或者最合适的产品。与原来的线下购买相比，网络理财、保险更加便捷、透明，门槛也相对降低，并能及时根据客户的个性化需求，提供不同的产品组合。我国目前的网络金融服务平台虽说起步较晚、水平偏低，但其发展迅速，有崛起之势。

互联网货币也称为虚拟货币，它的发行、流通都存在于虚拟社区中，典型的如"Q币"、"比特币"等。一般来说，互联网货币可以在部分特定人群中等价于真实货币，并可交换实物商品。

大数据金融是指集合海量非结构化数据，通过对其进行实时分析，为互联网金融机构提供客户全方位信息，通过分析和挖掘客户的交易和消费信息掌握客户的消费习惯，并准确预测客户行为，使金融机构和金融服务平台在营销和风控方面有的放矢。目前，大数据服务平台的运营模式可以分为以阿里小额信贷为代表的平台模式和以京东、苏宁为代表的供应链金融模式。

传统金融机构信息化是指银行、证券和保险等传统金融机构通过采用信息技术，对传统运营流程进行改造或重构，实现经营、管理的全面电子化。金融信息化是金融业发展趋势之一，而金融机构信息化则是金融创新的产物。

二、互联网金融产生的背景

随着大数据、云计算、物联网的发展，大众消费观念的转变和现代金融理念的革新，互联网金融呈现爆发式增长。"互联网金融"这一全新概念以金融业为基础，依托互联网技术而得到井喷式的开发和应用。互联网金融的产生绝非偶然，它是经济水平发展到一定阶段的必然产物，总体可以归结为以下五个方面：

1. 互联网行业大规模渗透

当今社会，互联网已成为人们生活中必不可少的一部分。据统计，截至2013年6月，中国互联网用户规模达到5.91亿。移动互联网的崛起，移动支付、二维码等技术的应用，给广大用户提供了简单有效的连接功能，使用户打破了时间、地域上的限制，保证了其可以随时随地进行各项活动。互联网行业的大规模渗透引发了其与金融产业的融合，如民众通过互联网可以安全、快速地消费及理财，各企业也通过互联网在产品的生产、销售及融资上有了大幅度提升，甚至传统金融机构也广泛参与互联网。

2. 中小客户对金融服务的强烈需求

中小客户在传统金融机构中得到的产品种类及服务深度都受到很大限制，这是因为传统金融机构往往会选择规模较大的客户，从而在获得收益的情况下有效摊薄人力成本、运营成本和风险成本。贷款是传统金融的主要业务，银行发放的主要为中高额贷款，主要面向国有大企业和收入稳定的公务人员等，民间私企和普通民众则很难获得贷款，但这些小额贷款在民间需求是巨大的。根据阿里巴巴平台调查数据，约89%的中小企业客户需要融资，53.7%的客户需要无抵押贷款，融资需求在50万元以下的企业约占55.3%，200万元以下的为87.3%。由此可以看出，银行对这些中小客户服务存在明显的缺失，中小客户对金融服务的强烈需求也刺激了互联网金融的诞生。

互联网的长尾市场

银行服务的大客户属于二八定律里"头部"的 20%，这 20%的 VIP 占有 80%的金融需求量，而互联网企业争取的小微客户属于二八定律里 80%的"长尾"，人多、钱少。互联网企业是互联网金融的始作俑者，依靠对自身生态圈的全盘掌握，互联网企业在自己的"一亩三分地"里做金融可以说是驾轻就熟。

互联网企业能够服务这些小微客户的关键在于它有降低成本的方式方法，如生态链的控制权和自动化（半自动化）处理技术。前者使得客户的违约成本极高（例如，欠钱就封店）并为后者提供了充足的数据，后者使得每笔贷款的操作成本极低。因而尽管每个小微客户的油水都很少，但是互联网企业付出的服务成本更低，它依然能够赚到钱，使得对于小微客户的服务具有可持续性，而不是赔本赚吆喝。

然而，降低长尾市场的服务成本并不是互联网企业的特权，像国开行的"以统一的标准模式解决千家万户的共性问题"，像民生银行的"一圈两链"，都是以批发的方式做零售，通过批量操作的方式，同样能够降低服务成本，获得可持续收益。因此，是否采用互联网手段解决长尾问题并不是关键，关键是敢于面对这一贫瘠的"利基"市场，摸索出行之有效的方法，这才是真正的互联网精神。

图 1-1 长尾市场

目前已知的长尾市场处理方法（不局限于互联网金融）有：

（1）用户自助式：典型的就是谷歌的广告系统以及电子商务的自助下单、P2P借贷、众筹、金融产品的网上销售等，用户自己设定所需要的服务、要销售/购买的产品，平台的客户维护成本极低。该模式的挑战在于能否设计出适合用户使用的自助系统。

（2）数据处理式：服务提供商依托用户数据建立相关模型，自动或半自动地响应用户请求，降低服务成本，典型的例子包括自动理财规划网站和阿里小贷。该模式的挑战在于能否提炼出准确的模型从而降低人工介入程度。

（3）批处理式：通过对长尾市场的细分，集中于细分市场之中的共性需求，"以批发的方式做零售"降低零售成本，典型的例子包括C2B、网上分销等。该模式的主要挑战在于是否足够了解市场和行业，是否能对细分市场了解透彻，是否能够抓住个性中的共性。

3. 互联网企业逐利方式的探索

互联网企业主要模式在于通过免费的应用吸引客户，然后进行广告、网游等基于流量的开发。互联网企业通过积累，有大量的冗余流量价值。互联网公司闲置的客户价值和资产管理公司闲置的投资机会得到融合，以共同获取利润的动机促成互联网金融的发展。

阿里和天弘的"姻缘"

2013年10月10日，天弘基金股东之一内蒙君正公告称，天弘基金增资扩股，浙江阿里巴巴电子商务有限公司（以下简称"阿里电商"）、内蒙君正、天弘基金管理层拟分别对其注资11.8亿元、0.69亿元、0.57亿元。增资扩股后，阿里电商将持有天弘基金51%的股份，成为第一大股

图1-2　马云与余额宝
图片来源：https://financeprod.alipay.com/fund/index.htm.

东。而天弘基金的注册资本也将从 1.8 亿元增加至 5.143 亿元，成为目前注册资本金规模最大的基金公司。

阿里巴巴和天弘的"姻缘"得力于之前的合作。6 月 17 日，由支付宝与天弘基金联合推出的余额宝正式上线。用户把资金转入余额宝即为向基金公司等机构购买相应理财产品，并享有货币基金的投资收益。而余额宝首期支持的，正是天弘基金"增利宝"货币基金。

由于余额宝以 1 元的超低门槛进行理财，而货币基金上半年年化收益均值已达 3.58%，远高于银行活期存款收益，余额宝一经推出就受到用户热捧。天弘基金公布的数据显示，截至 2013 年 7 月 1 日，余额宝用户数突破 250 万，这一数字把原本在全部货币基金中排名垫底的"增利宝"直接推到了用户数第一的宝座。此外，最新的数据显示，余额宝的七日年化收益率达到了 4.8990%，开户用户数已超过 1600 万，货币基金累计申购超过 1300 亿元，成为了中国最大的公募基金和货币基金。

在庞大的用户数和海量资金的背景下，阿里巴巴和天弘基金"暗度陈仓"。樊治铭就坦率地表示，阿里之所以入股天弘基金，是为了保护广大余额宝用户的资金安全，必须对这家货币基金的投资方向进行强有力的控制。而阿里小微 CEO 彭蕾也直言，一开始完全没有想要收购天弘基金，更没有想到推出这个产品后会对用户产生如此巨大的影响。

站在天弘基金的角度，阿里巴巴可谓"点石成金"。这家此前名不见经传的基金管理公司，借助于阿里强大的数据优势与平台优势，不仅在行业内的知名度迅速提升，还获得数以百万计的庞大客户。而对于阿里来说，它可以一下子拥有一个成熟的基金公司团队，而且从时间效益上说，如果新申请基金公司，从申请到批准至少需要一年半的时间，再加上新基金公司往往还要经历三年的亏损期，而直接收购天弘基金，其效益可谓立竿见影。

资料来源：作者根据互联网资料整理而成。

4. 传统金融机构对低成本渠道及用户数据的探索

传统金融原来在金融领域一家独大，但自从互联网金融诞生以来这种局面也逐渐改变。传统金融机构也开始积极接触互联网，这样不仅能节省大量人力成本、物力成本，并且能提高服务效率，扩大用户数据的收集和整理。

银行直接融资以及股票和债券市场间接融资尽管对资源配置和经济增长有重要的推动作用，但也产生了很大的市场交易成本，包括贷款信息收集成本、银行与客户签约成本、客户信用等级评价成本、贷后风险管理成本以及坏账处理成本等。在互联网金融模式下，资金供求方运行完全依赖于互联网和移动通信网络进行联系和沟通，并可以实现多方对多方同时交易，客户信用等级的评价以及风险管理也主要通过数据分析来完成。互联网可以把金融交易成本降到很低，实际上余额宝的成功，就是因为它们把 1000 元的成本降低到 1 元。传统银行业卖基金都是 1000 元起步的，互联网来了之后，通过大数据、分布式的服务可以把交易成本显著降低，这也是互联网金融可以更好地服务老百姓的原因，即第一是带来较低的成本，第二是带来大数据的方法论。

根据我们非常不严谨的估算，如果所有的金融企业行动起来，包括银行、基金、保险（放心保），能够充分地利用互联网技术，在向百姓提供金融产品和向企业提供金融支持方面，至少可以降低80%的成本，反过来至少也可以提高80%的效率。这样的话，整个金融业的成本，为实业提供金融支持的效果会有革命性的提升。

——天弘基金管理有限公司总经理郭树强

5. 技术进步提升配置效率

互联网技术的进步，尤其是社交网络、搜索引擎、大数据、云计算等技术的普及，使市场信息不对称程度大大降低，个人和企业的日常行为数据都可以被记录下来，通过分析和整理制定风险控制模型，信息处理成本和交易成本大幅降低。

如何利用搜索引擎进行大数据选股

超市销售数据表明，如果顾客购买了洋葱和土豆，也很可能购买汉堡、肉类和调味品等食品，这就是关联规则挖掘，对大量销售数据进行分析，从顾客购买组合数据中分析最高关联度的商品，从而为进货和摆放同类商品货架提供最佳服务，进而大幅增加商品营业额。

托比亚斯·普雷斯是德国复杂系统科学家、英国华威商学院行为科学和金融学副教授，2010 年普雷斯率领的研究小组使用谷歌搜索引擎和谷歌趋势查询，研究美国股市标准普尔 500 家股票 2004~2010 年的波动成交量数据发现，一个特定的公司名称搜索量增加，无论股票价格是上涨还是下跌，股票成交量都会增加。反之亦然，表明搜索量反映了股票的吸引力。

谷歌趋势数据的公司名称和对应的股票交易量，在每周一次的时间尺度上有高度关联性。研究发现，当某股票的谷歌趋势搜索量数字上升时买进该股票，当搜索量下降时卖出股票，六年时间可以获得假设 329% 的回报收益。

谷歌趋势能够显示关键词和名称被统计搜索数量的可视化图表，以数字 100 表示搜索热度峰值，一般最高热度数字是 100，大多数关键词的搜索量都很低甚至为 0，体现在图表上则是一个尖峰锐角。美国股市的迪士尼公司在 2013 年 5 月将电影《钢铁侠 3》推向全球市场公映，总计获得 10.70 亿美元票房。其股票从 5 月初开始成交量明显放大，谷歌趋势显示《钢铁侠 3》关键词搜索量暴增，跳升至最高热度峰值 100，对应的迪士尼股票价格从 4 月底的 63 美元上涨到 67.67 美元的最高价，上涨 7.41%。在此之前，迪士尼公司股票已经从 2012 年收盘价 49.15 美元上涨到 2013 年最高价 67.89 美元，从 2011 年底的 30.16 美元到现在累计上涨 124.37%。

A 股的影视传媒股票光线传媒（300251）也上演了如出一辙的好戏，在《泰囧》、《致青春》、《中国合伙人》上映后，谷歌趋势对应的三部电影名称搜索量暴涨 100，光线传媒的股票价格也同步暴涨 285%。利用谷歌趋势，对所有热点新闻信息进行关键词搜索大数据峰值，在相关关键词搜索量增长到 100 峰值时，同步买进股市对应的股票，同时使用关联规则挖掘影视传媒板块的五家公司股票——华谊兄弟、华策影视、光线传媒、华录百纳、新文化，进行关联组合买进。对这些影视传媒的公司网站公告信息进行谷歌趋势搜索量可视化量化数字趋势比较发现，特定影视名称出现猛烈上升趋势甚至跳升至 100 最高峰值时，即时观察对应公司股票的成交量和股价涨跌趋势，并且迅速买进以锁定投资目标，投资者也能够及时获取大数据带来的未来上涨获利趋势。

资料来源：作者根据互联网资料整理而成。

三、互联网金融与金融互联网

由于概念的模糊性，在很多人看来，"金融互联网"和"互联网金融"是一个概念。而在应用领域，这两个概念的争论也是一直持续着。阿里巴巴董事长马云认为："未来的金融有两个大机会，第一个是金融互联网，从金融行业走向互联网；第二个就是互联网金融，从互联网走向金融，纯粹的外行领导。"然而他也表示，很多行业的创新都是由外行进来才引发的。对马云的观点我们可以这么理解：只要是传统金融的互联网延伸，先有金融而后有互联网就是金融互联网；而只要是互联网企业的金融延伸，先有互联网而后有金融的就是互联网金融。可以说，马云的观点很容易让人理解，对这两个概念的划分也是非常清晰的。

而在理论界争论也在持续，《互联网金融——框架与实践》一书的作者李耀东和李钧认为，对这两个概念的争夺实际上是对创新金融的"话语权"的争夺。笔者对此表示赞同。其实不管是互联网金融还是金融互联网，都没有那么重要，重要的是它们内在的金融本质。随着互联网行业和金融行业的相互渗透和融合，未来互联网金融将会很难区分哪些是属于互联网，哪些是属于金融，你会感觉它们两者都属于。

本书认为，若是单纯地从谁先谁后去理解互联网金融，则对于互联网金融概念的理解是较为狭隘的。互联网金融和传统金融的区别更在于它为客户提供服务的方式及思维。如今，大部分人对互联网金融达成了一个共识，那就是用互联网思维，依托互联网技术，满足长尾市场中海量客户的个性化需求。所以，互联网金融有可能是电商主导的金融服务，如阿里小贷和支付宝；也有可能是传统金融机构主导的金融服务，如平安陆金所和壹钱包。

1. 互联网金融的主要内涵

互联网金融不仅仅是传统金融的线上化，虽然有时很难区分金融互联网和互联网金融，但是互联网金融具有自己一些独特的内涵。互联网金融依托"大数据"、"云计算"技术，及时有效地处理信息，形成以第三方支付为主的支付体系，从而达到资源配置的目的。

（1）大数据思维。互联网金融的大量客户是其基础，大量客户形成的大数据是互联网金融运行的基本条件。通过大数据，互联网金融挑战金融机构内部的部门划分，打破金融机构对客户的信息垄断，带来更迅速、更灵活的决策，形成更贴近客户需求的产品创新。所以说，互联网金融的发展壮大在很大程度上依托于大数据的分析和整合能力。大数据库对于互联网金融的优势，表现在产品创新、风险控制和用户体验上。

光大银行的大数据应用之道

在光大银行内部，一直认为 2013 年是光大银行的大数据元年，从数据治理、数据架构规划、数据仓库的不断升级扩容、新技术的应用到数据分析与挖掘、相关的技术准备、相关的协助配合，基本上光大已经做好了利用大数据发挥价值的准备。数据服务有三个方面：第一，光大属于全国性商业银行，首先第一步就是要面向总行提供专业的数据服务；第二，要面向分行提供数据服务；第三，面向业务发展的热点，不断提供数据分析报告，利用大数据来找到业务关联，发现业务机会。在大数据方面，光大银行已经在以下几个方面做出了尝试：

首先，大数据社区银行。光大银行近期在发展社区银行，也运用到了大数据分析技术。银行会拿到很多外部的数据，包括像 58 同城的数据、大众点评的数据、搜房网的数据，还有一些社区规划的数据，包括对社区银行经营模式的定位，以及差异化对社区银行的资源配置等。

其次，互联网舆情分析。对于互联网这种数据的查取，包括用中文语义进行关联性的分析，如今有很多公司都在做，光大银行先做了一些探索。分析现在光大银行在舆情上的数据，发现理财需求还是最重要的，实现点对点的精准营销是非常有帮助的。另外，根据不同的地区、不同的互联网用户的特点，针对客户情感的变化，也做了一些营销。

最后，Hadoop 技术应用。虽然很多人都在讲 Hadoop 不代表大数据，但是 Hadoop 是大数据的一个非常重要的应用架构。现在银行基本上都有对于大数据处理的架构，包括光大现在有的 Oracle 的一体机等，其横向扩展性都是有局限的，但是对 Hadoop 来讲，横向扩展性非常强，成本非常低。所以，

Hadoop 未来是非常有竞争力的。在对 Hadoop 的尝试中，因为银行都有历史数据，光大从 1999 年系统大集中以后，十几年的数据一直是在非在线的状态，会有很多的历史查证的要求，包括客户、监管机构、检察机关，都会来银行进行历史数据查证。这种查证的效率是非常低的，怎样解决查证的高效支持呢？就是 Hadoop。把历史数据查询功能架到 Hadoop 的基础上，其实最重要的是光大真正用了这种开放 Hadoop 的架构技术做一个银行非常传统的业务，这当然是现在看到的银行将 Hadoop 用在业务上的创新尝试。目前，光大在这方面的尝试效果令人满意。

资料来源：中国电子商务研究中心。

（2）强大的信息处理技术。互联网金融对传统金融的优势之一在于互联网金融能快捷方便地为客户办理业务，这都得益于互联网信息处理技术。互联网金融凭借大数据、物联网等最新技术，改变了传统金融信息处理的模式，主要表现在信息收集和信用评价体系两方面：在信息收集上，互联网金融凭借大数据库的应用，以自身数据为基础，加入电信、税务、水电等可获取数据，可以极大地提高信息收集的数量和精确度；在信用评价体系上，互联网金融本身就是建立一个有信用的体系，互联网金融企业利用的大数据分析、云计算技术，带来的实际上是信用评价体系与风险控制手段的革新。

（3）支付体系是重点。第三方支付是买卖双方在缺乏信用保障或法律支持的情况下的资金支付"中间平台"，买方将货款付给买卖双方之外的第三方，第三方提供安全交易服务，其运作实质是在收付款人之间设立中间过渡账户，使汇转款项实现可控性停顿，只有双方意见达成一致才能决定资金去向。第三方担当中介保管及监督的职能，并不承担什么风险，所以确切地说，这是一种支付托管行为，通过支付托管实现支付保证。

（4）资源配置是核心。资源配置自古都是金融的核心，在互联网金融领域也不例外。互联网金融通过自身性质，可以更有效地提供贷款，优化资源配置。互联网金融模式中资源配置的特点是：资金供需信息直接在网上发布并匹配，供需双方直接联系和交易，不需要经过银行、券商或交易所等中介。

2. 两者的联系与区别

互联网金融不同于金融互联网,两者既有区别,也有联系。互联网金融虽说依托于互联网,但其核心还是金融;金融互联网更多指的是传统金融机构的互联网化,如网上银行等。所以说,互联网金融和金融互联网本质都是金融,区别在于运作机构不同,互联网金融都是由互联网公司组成的,而金融互联网是由传统金融机构带动的。由于运作主体的不同,互联网金融和金融互联网在模式、产品和监管等方面有明显区别。

(1)两者的联系。无论是互联网金融还是金融互联网,主题都是资金融通。两者互相借力,缺一不可。

一方面,金融互联网是互联网金融的前提与保障。虽说互联网金融创新了金融结构,但其仍然依托于传统金融的渠道和资金,归根结底还要接入传统金融机构,如第三方支付业务,虽说其业务模式与网上银行不同,但其资金的收付还需存入银行。

另一方面,互联网金融又是金融互联网的延伸和补充。互联网金融发展迅速,产品创新快,能很好地开发出适合广大群众的产品,而金融互联网由于机构过于庞大,创新效率略显不足,这样互联网金融就能对金融互联网进行一定的延伸。同时,互联网金融服务了金融互联网较少涉及的中小客户,很好地补充了金融互联网的盲点。

(2)两者的区别。首先,互联网金融和金融互联网的运作主体不同。互联网金融的运作主体多为新兴的互联网公司,它们秉承自由、创新的精神,不断给人们带来全新产品、全新体验;金融互联网的运作主体为传统金融机构,包括银行、证券、保险的互联网化,金融互联网在方便用户的同时,也面临着互联网金融的冲击。

其次,互联网金融和金融互联网的模式不同。互联网金融通过资金需求者和供给者的直接联系,使金融机构作用弱化;而金融互联网只是将传统金融业务搬到网上,仅仅使金融柜台的作用弱化,强调的还是金融机构的职能。

再次,互联网金融和金融互联网的产品不同。互联网金融的产生晚于金融互联网,所以互联网金融的产品也颠覆了金融互联网的思维,P2P网贷和第三方支付是其中代表。

最后，互联网金融和金融互联网的监管不同。互联网金融新近产生，监管并没有跟上，造成互联网金融有一定安全隐患；而金融互联网的监管遵循传统金融机构的方法，使监管有严格和全面的特征。

四、互联网金融吹来的新风

1. 互联网的迅速发展

进入 21 世纪以来，互联网在我国飞速发展，有近 6 亿网民成为世界上上网最多的群体。现在，每天成千上万网民们开始体验到互联网金融为其生活带来的方便和时尚，如通过第三方支付瞬间就能买到飞机票、通过网上银行几秒钟就能完成异地跨行转账。2006 年首创的易宝支付，2009 年开始盈利，2012 年通过易宝支付的交易量达到 1000 亿元，其中航空行业的支付交易量达到 200 亿元。

2. 个性化要求的满足

收入生活水平的提高催生了个性化、多样化的理财期望，经济的发展拉动了人们不同种类的金融需求，人们不再满足于传统金融提供的同质化的金融产品，希望能够有更多的投资理财组合供不同的客户选择以平衡收益与风险。在快节奏的都市生活中，人们的时间和效率意识凸显，在传统金融行业时常面临的排队等问题使自助化的理财方式呼之欲出，而金融机构与客户最强大的纽带和平台就是互联网，所以互联网金融需求应运而生。另外，由于客户闲散的资金一直没有一个很好的渠道盘活，这就形成了碎片化理财的需求，而互联网金融迅速发展正是利用了互联网行业的长尾理论，将无数的闲散资金通过互联网平台汇集起来，进行投资理财，由于互联网平台没有地域限制，加上支付便利，成本较低，使得碎片化理财成为可能。

3. 几乎不受金融监管，存在制度套利

互联网 P2P 公司的业务模式主要分为互联网金融服务（网络基金、保险销售和融资）和金融的互联网居间服务两类，其中互联网金融的融资服务实际上在履

行传统商业银行的融资功能，即实现储蓄投资功能的转换。目前商业银行的存款负债业务接受严格的监管，存款需要向央行上缴约 20% 的存款准备金，贷款余额需要接受 75% 的存贷比限制。更重要的是，商业银行需要满足 8% 的最低资本充足率的要求。另外，银行还要接受监管机构对其流动性、合规性、反洗钱等方面的定期、不定期检查。而互联网金融 P2P 公司却可以不受这些监管规则的约束，尤其是可以不受资本充足率这一杠杆倍数的限制，这使得 P2P 公司的贷款业务扩张不受资本的约束，可以实现快速的扩张。简而言之，相对银行，P2P 公司通过监管套利实现较快增长。

4. 开创数据大分析时代，解决信息不对称问题，建立专门的信用评价体系和风险管理体系

互联网企业正以其大数据优势——交易平台网络数据作为网商和个人信用评分的一个重要来源，通过把握客户的消费记录、消费习惯及其他信息，甚至观察客户名字书写及电脑、游戏机、自驾车辆品牌预估客户购买力与还款能力，构成互联网金融个人和企业信用评价要素，建立不同于传统银行的专门的信用评价体系和风险管理体系。

现在大多数金融机构已经把互联网作为一个提升效率、降低成本、改进服务的工具，但是这还不够。真正意义上的互联网金融需要从流量开始切入，然后对这些数据进行分析，在此基础上形成决策，最后再提供金融服务。可以看出，在这一过程中，传统金融业的运行制度、用户信息的收集和处理都能在各环节上分别对应起来。

作为现代金融重要表现形式的互联网金融，其核心是新的风险管理方式，通过大数据等技术手段，形成一种新型的信用评价和风险管理模式。随着互联网金融的兴起，信贷机构得以通过互联网大数据综合判断授信对象的信用状况，这将推动我国征信系统信用评分模式的转变。现在，互联网金融的快速发展，大大扩展了征信体系的数据范畴，这将推动传统信用评分模式的转变。在互联网金融模式下，信贷机构可以广泛应用信用评分模式，通过电子交易平台信息、物流信息、资金流信息等互联网大数据综合判断授信对象的信用状况。正如马云所言，互联网金融要建立一套信用体系，这个信用体系和数据一旦建立以后，无数的金融机构将可以利用这套体系实现"百花齐放"。

5. 积极开拓电子、移动、智能银行

银行要加快转型步伐，提升网络银行、手机银行等支付工具功能，依托移动通信、互联网，改进和开拓网上银行、手机银行、iPad 银行、微信银行等电子银行"家族"业务，提供客户远程服务，向公众提供更加便捷、高效的现代金融服务。目前，北京银行已推出"直销银行"，光大银行推出"智能银行展示中心"，广发银行推出了"智能金账户"，具备自动余额理财、自动申购赎回货币基金、自动还信用卡等功能。

广发银行的智能银行

2013 年 7 月 5 日，广发银行在北京金融街支行推出了全国首家 24 小时智能银行，以客户自助服务和远程客服协助替代传统柜台服务，未来将部分取代银行传统网点的功能。这是业内首创的 24 小时智能银行，也是广发银行继 2012 年推出国内银行业首个智能网点后的又一创举。业内人士认为，广发的 24 小时智能银行将重新定义"银行服务"的概念，引领国内银行服务业进入一个"以客户为中心"的时代。

广发银行的 24 小时智能银行可以提供全天候的远程人工服务，不但能实现传统 ATM 的存取款和转账功能，还能做到传统 ATM 不能做到的事情，如自助开户、自助申领储蓄卡和信用卡，未来还可以实现以往只能在银行柜台办理的大部分传统业务和银行产品的咨询和销售。

走进广发银行的 24 小时智能银行，你只要拿起二代身份证，在自助智能设备的感应系统前轻轻一挥，即可进入申领储蓄卡或信用卡的界面，同时会出现客服人员的真人视频，"面对面"、"手把手"地教你如何操作。不管是白天还是晚上，你都能通过系统与客服进行远程视频咨询，并按照提示完成申请流程。其中，储蓄卡申请成功后，当场可以拿到卡片；信用卡则会邮寄到申请人指定的地址。许多试用过 24 小时智能银行的客户表示，广发 24 小时智能银行操作非常简单、流程简捷、界面友好，具备良好的使用体验。

广发银行有关负责人表示，24 小时智能银行与传统银行模式的主要区别在于：突破传统银行营业时间的限制，实现 24 小时全天候处理业务。24

图 1-3　广发银行的智能银行

小时智能银行通过科技创新开拓新型服务模式，有机融合了本地客户自助和远程座席协助，在远程终端进行操作、授权等应用，替代了普通柜员在柜台的业务操作。

未来广发银行将把 24 小时智能银行广泛投入到居民社区中，那些以往只能工作时间在银行柜台办理的业务，今后客户也可以选择在下班后、晚饭后的闲暇时间，轻松地在家门口的 24 小时智能银行自助办理，这正是广发致力打造的社区内的"广发金融便利店"的服务理念。

资料来源：作者根据多方资料整理而成。

6. 缓解中小企业融资难问题

互联网金融模式可被用来缓解中小企业融资难问题，促进民间金融的阳光化、规范化。互联网 P2P 融资模式发展的背景是正规金融机构一直未能有效解决的中小企业融资问题，而以互联网为代表的信息技术大幅降低了信息不对称程度和交易成本。互联网金融服务平台能适应小微企业快捷、高效、短期小额融资需求。如"爱投资"是国内首个 P2C 互联网小微金融服务平台，对申请融资的企业进行资质审核、筛选，出具有投资价值的优质项目在网站上向投资者公开，并提供在线投资的交易平台。

7. 推动证券、保险市场的变革

在互联网企业涉足的证券市场中，货币基金首当其冲。互联网企业将货币基金的投资价值、流动性、支付功能与用户体验立体结合，打造强大的现金管理工具，以构建争夺"存款搬家"的资金蓄水池。如 2013 年 10 月 28 日，百度与华夏基金合作的百度金融首款理财产品"百发"现金增利货币基金上线，销售已超过 10 亿元，参与购买用户超过 12 万户。同样，互联网企业也尝试涉足保险业。2013 年 11 月 6 日，国内首家互联网保险公司——众安在线财产保险股份有限公司在上海正式开业。众安保险由阿里巴巴、腾讯和中国平安保险等企业联合组建，注册资本 10 亿元人民币，主要业务包括企业/家庭财产保险、货运保险、责任险等，该公司将围绕电子商务、移动支付和互联网金融三大方向来设计产品运作。

五、互联网金融对传统金融的冲击

随着互联网的兴起，互联网金融成了一场火热大戏。2010 年我国第三方互联网支付市场全年交易额规模突破 1 万亿元人民币，较 2009 年翻了一番。2011 年至今，第三方互联网在线支付市场交易额继续保持快速增长，2013 年中国第三方互联网支付市场交易规模更是达 5.37 亿元，同比增长 46.8%。而据有关机构预计，到 2017 年中国第三方互联网支付交易规模将达到 18.48 万亿元（见图1-4）。

互联网金融相对于传统金融来说，它的优势是通过互联网实现资金信息的对接和交易，大大降低了交易成本，且手续简单，收益比较高，周期短，风险相对较低；而且解决了风险控制的问题，大量的客户通过互联网的交易，在网上留下交易记录和交易痕迹，这部分客户的信息和信息资料对于银行从事信息风险控制是非常重要的。互联网金融面对的客户基本以分散的个人客户和中小企业为主，由于传统的商业银行对此并未十分重视，互联网金融正好填补了这个空白，自然受到追捧而快速发展。

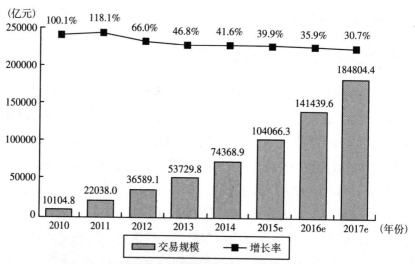

图1-4 我国第三方互联网支付业务增长示意图

注：①互联网支付是指客户通过桌式电脑、便携式电脑等设备，依托互联网发起支付指令，实现货币资金转移的行为。②统计企业类型中不含银行、银联，仅指规模以上非金融机构支付企业。③艾瑞根据最新掌握的市场情况，对历史数据进行修正。

资料来源：综合企业及专家访谈，根据艾瑞统计模型核算。

不仅如此，互联网金融业务量大，业务范围宽泛。一是互联网金融业务交易量大，单笔量小。二是相比于传统产业和传统金融行业，互联网金融产品众多，业务范围广泛，几乎每个行业、每家企业都能在互联网金融领域找到自己的位置。

互联网金融风生水起，给了原本安于一隅的传统金融业一记重拳，却也唤醒了金融业。互联网金融是一条鲶鱼，一方面冲击着传统金融，另一方面倒逼金融业转型。它的创新因子，将带动金融业未来的发展。

1. 客户群的萎缩

互联网金融向传统金融核心领域的介入或"蚕食"正以人们无法想象的速度推进。2012年"双11"当日，阿里巴巴集团天猫和淘宝的"支付宝"总销售额达到191亿元，而2013年更是达到了350亿元。铁路总公司2013年6月6日公告，支付宝中标成为铁路客票电子支付第三方支付合作伙伴，这将意味着消费者很快可以通过支付宝购买火车票。有专家分析表示，传统金融面临的来自互联网金融的竞争和挑战，不仅表现在多元化模式带来的挑战上，更重要的是互联网信息技术应用水平以及互联网思维方式和互联网商业模式的竞争。另外，短短几年，互联网金融已进入传统金融业的个人金融、公司金融、综合经营、跨境服务等多个服务领域，给金融业带来了不小的挑战，传统金融业应当高度重视和积极应对互联网金融带来的挑战。改变，不只是产品和服务的改变，更重要的是思维和商业模式的改变。在当前形势下，金融业单一的货币经营职能已经发生了变化，传统的金融业务已经不能满足客户的需求，未来的金融业务应通过优化支付中介功能、发挥信用中介功能、增强金融服务功能以及加强信息技术的融合等方面不断地拓展和创新，以适应新的金融形势的变化，应对互联网金融的挑战。

用数据看"双 11"

每年的 11 月 11 日被称为"光棍节"，同时也成为商家炒作的节日，所有商场、超市以及网购电商都在这一天前后推出各种抢购活动来促销。

2013 年 11 月 12 日凌晨，阿里公布了"双11"全天的交易数据（见图 1-5）：支付宝全天成交金额为 350 亿元，比上年的 191 亿元增长83%。"双 11"全天，支付宝达成的交易笔数为1.7 亿笔。这一交易额是 2012 年美国"网购星期一"121 亿元交易额的近 3 倍。

2013 年"双 11"总订单数量为 1.67 亿个，平均每个订单的价格为 209.7 元。"双 11"当天商家累计发送物流订单数量为 5697 万个，预计 24小时内能够达到的订单数量为 1820 万件。

此外，从淘宝公布的数据来看，"双 11"当天手机淘宝活跃用户高达 1.27 亿，成交订单数量为 3590 万个，占总体交易数量的 21%，而手机支付宝的交易额则达到了 53.5 亿元，约占总交易额的 14%。

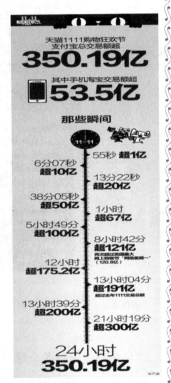

图 1-5 "双 11"温度计

"双 11"大战正式结束后不久，《天下网商》杂志公布了 2013 年"双 11"的网店支付宝成交金额 Top10（保险、基金等金融类店铺不计算在内）。具体数据方面，入围 Top10 的商家支付宝交易额均突破了亿元大关，小米以

5.50 亿元的总成交金额成功夺冠，而海尔则以 1.76 亿元的总成交金额位居亚军，骆驼则以 1.59 亿元的总成交金额排名第三。

排行第四位到第十位的商家分别是罗莱、杰克琼斯、优衣库、富安娜、茵曼、林氏木业家具以及 Artka，成交金额在 1.09 亿~1.55 亿元不等（见图 1-6）。

图 1-6　"双 11" Top10 榜单

资料来源：阿里巴巴集团网站。

客户是商业银行等金融机构各项业务的基础，但由于受二八定律的支配，传统金融模式下，银行服务了 20% 的客户，却赚了 80% 的钱，为数众多的 80% 的客户为银行做着贡献却享受着低端服务，而一旦他们发生动摇，对银行的冲击不可低估。据悉，截至 2013 年 6 月，我国网民人数已达 5.9 亿，其中使用移动互联网的网民占 4.64 亿，各类手机银行客户总规模也超过 2 亿。数据还显示，到 2013 年 6 月我国网络购物网民数为 2.71 亿人，与 2012 年底相比上半年网民增加 2889 万人，网民数量的剧增给互联网金融的发展提供了机会，而互联网金融正是发现这一契机，对传统金融模式下被忽略的客户发起精准营销，这直接导致传统银行的客户基础受到动摇，如余额宝，目前支付宝注册用户达8亿户，活跃用户上亿，余额宝的出现正在改变人们的理财观念，使人们坐在电脑前就能轻松理财。与银行理财产品相比，余额宝没有5万元的门槛限制，即使1元钱也能参与。另外，余额宝的7天年化收益率比银行活期存款高得多，甚至超过一些银行理财产品。就安全性而言，客户也不必担心放在余额宝里的钱被盗，如果资金被盗，支付宝将全额补偿。

2. 成本劣势凸显

由于互联网金融公司的主要交易是通过网络完成的，基本上没有物理网点，互联网金融公司也不需要传统银行物理网点高昂的租金费用和人工成本，可大幅降低银行的运营成本，另外，互联网金融主要采取线上操作，交易成本低，也不需要队伍庞大的营销人员，且流程相对简单，而商业银行通常都有众多的物理网点，有众多的前台营销人员、中后台管理人员，因此互联网金融公司的管理成本相对传统商业银行具有一定优势。尽管目前还没有互联网金融公司与商业银行管理费用的比较数据，但根据普华永道的调查，美国银行业一笔交易通过网点完成的平均成本为4美元，通过手机银行完成的平均成本为0.19美元，通过网银完成的成本为0.09美元，即网点的交易成本是网银的40倍。与美国相比，中国银行业每笔交易成本分别为：营业网点为3.04元，ATM机为0.83元，网络银行为0.49元，网络银行单笔交易成本仅为营业网点的16%，因此，像花旗银行等国际领先银行都开始收缩物理网点，大力发展不受时空限制、成本低廉的网络银行业务。

看招商银行的低成本"咖啡银行"

2014年3月的一天，北京慈云寺附近一家caffe bene里，招商银行全新的网点形态——咖啡银行正在紧锣密鼓地筹备中。除了咖啡厅一角的VTM智能设备和两张放着电脑的桌子，咖啡银行看似与一般的咖啡厅并没有太大差异。

招商银行与韩国第一咖啡连锁品牌——咖啡陪你（caffe bene）跨界合

作，把银行"搬进"了咖啡店，这在不少银行业内人士看来，物理网点向电子化、智能化、休闲化的变革，是未来的发展方向之一。不仅可以解决成本与扩张的问题，而且是适应用户生活习惯、提升用户体验的必然要求。

告别呆板的银行网点和漫长的排队办理，未来，在这里，人们可以在充满咖啡香气的轻松环境中与业务经理像朋友一样的交流，或者通过智能设备在银行人员的远程视频指导下完成业务办理。

既要抢滩"最后一公里"，又要考虑扩张的成本，物理网点变革的背后是商业银行对网点渠道和零售业务的重新布局与定位，也是商业银行在互联网金融发展的大环境下借力扩张的重要途径。

招行目前在全国的网点数量约1000家，尽管领先于不少同业，但仍难与国有大行动辄过万的网点比肩。如今，通过与咖啡陪你合作、互换资源，招行可以通过极低的成本快速扩大业务辐射面。

咖啡陪你进驻中国以来，已在全国开设近400家店，分布在北京、上海、青岛、杭州、成都、深圳等16省近20市。另据咖啡陪你控股有限公司相关高层人士透露，咖啡陪你计划三年内在中国开设6000家分店。

咖啡银行的租金成本较低，招行除了设备购置以外，可在低租金的情况下，为客户带来更好的服务体验，还可扩大银行网点覆盖，方便周边客户，同时为咖啡店带来客流，可以说是三方共赢。

咖啡银行前期只能办理自助银行业务，目前招行还未获得监管许可，在获得监管许可后咖啡银行将正式开业，至于门店数量，则需视监管审批情况而定。

现在银行都面临"客户下沉"的问题，有些银行尝试直销银行模式，也是希望通过互联网化去地域等限制，而辅以线下网点配合则可以让银行更加了解客户的需求，便于银行抓住客户。

智能设备的投放使用将是未来银行渠道建设发展的趋势，远程视频银行VTM可以看成是银行的一个微型网点，可以逐步实现银行所有柜面业务，替代人工柜员，推动银行服务智能化和自助化，实现银行网点服务的延伸。未来，社区银行可以通过铺设智能终端来解决银行服务问题。

资料来源：作者根据多方资料整理而成。

银行物理网点向电子化、智能化、休闲化的变革，是未来的方向之一。物理网点不断推出的创新改革，既有成本方面的考量，也与互联网技术的发展、客户的偏好改变息息相关。从银行经营来看，新型网点可以解决银行自身低成本扩张的问题。银行需要有更多的网点渗透，渗透以后才能够扩大业务量，但与此同时，银行对网点和新增业务有投入产出的要求，网点设立多少适合，银行也要精打细算。

3. 市场反应速度的制约

互联网金融最大的优势在于高效率。互联网金融使客户随时随地随心享受金融服务的心愿得以实现。微博、微信、易信等新技术的应用使得线上、线下的概念更加模糊，随时在线成为现实。随着移动通信的发展，电视、平板电脑、手机等都成为上网终端，使得随地上网成为可能。伴随开放式平台、大数据和云计算的广泛运用，互联网以其开放性、共享性和交互性的特征，决定了网络环境中的每个个体都有可能根据自己的意愿选择更加个性化和差异化的金融产品和服务。

4. 收入来源受到冲击

传统的金融模式下，银行创造和实现价值主要是以其专业的技术、复杂的知识和冗繁的流程向客户提供服务获得，利差仍然是中国商业银行的主要收入来源，另外由于金融业相对垄断，市场价格未全面放开，从而获得政策优势和行政保护，因此商业银行的发展模式和盈利方式基本上是外延粗放型的。但在互联网金融模式下，目标客户发生改变，客户的消费习惯和消费模式及其价值诉求发生根本转变，随着市场参与者更为大众化和普及化，社会分工和专业化被大大淡化，加之利率市场化进程的加快，利差收入将减少，非利息收入在收入中的比重会明显提高，传统金融模式下银行收入的来源受到严重冲击。

5. 管理方式受到影响

互联网金融模式下，对传统金融管理方式的影响主要集中体现在两个方面：一是挑战传统银行僵化而复杂的内部流程；二是颠覆传统银行对物理网点的高度依赖。正是这种集约僵硬的管理体制和与之相匹配的管理方式阻碍着业务发展，更为互联网金融所不容。互联网金融的优势在效率，如阿里信贷，其淘宝商户贷

款流程仅包括：3 分钟网上申请，没有人工审批，1 秒贷款到账。既不用去跑银行，又没有复杂繁琐的审批环节。传统金融效率不高的根本原因是信息不对称，具体表现在两个方面：一是对外产品和服务的信息是不对称的，所有的产品和服务的说明和解释都依赖于银行专业人员。合同协议的条款若没有专业人士的解答让人很难明白。二是传统金融内部上下级之间的信息不对称。管理的体制不是市场的而是行政的。业务的审批高度集中，审批的人不了解客户，凭上报材料审批，往往因信息不对称而碍事。

6. 经营模式受到挑战

传统金融模式有两个明显特征：一是利用实体网点，通过客户经理的营销，辐射服务半径内的客户，通过柜员来经办，以此开展业务活动，所以传统金融模式宣称渠道为王。二是信息收集和处理方式比较原始，一般人工收集后，采用录入的方式进入封闭的内部系统。但互联网金融彻底改变这种传统的经营模式，利用互联网搭建网络金融平台，客户自行选择适合的金融产品，只需自己动动手指便可办理业务。在信息收集处理方面，互联网金融将庞大分散的信息资源以及数据，利用"云计算"原理，将不对称、金字塔形的信息扁平化，实现数据处理的开放性、标准化、结构化，提高数据的使用效率。

六、互联网金融对传统金融的促进

互联网金融来势汹汹，势头强劲。互联网金融以其独特的优势向传统金融发起了挑战，这种挑战和竞争将产生深远的影响。根据互联网金融和传统金融的差异，可以将互联网金融对传统金融的冲击分为六个方面，包括改变银行的传统金融结构、业务构成、客户构成、盈利水平、管理方式和在舆论上的影响等。

互联网金融对传统金融的冲击具体体现在：

1. 在金融结构上倒逼传统金融改革

如图 1-7 所示，互联网金融在运行结构上与传统金融有很大区别，首先，互联网金融没有实体网店，优化了传统金融机构的营销模式；其次，互联网金融的信用收集利用大数据、云计算技术，实现数据处理的开放性、标准化、结构化，提高数据的使用效率；最后，互联网金融以移动支付和第三方支付为基础，大大提高了交易的便捷性，这些都是传统金融机构的软肋，亟须改革。

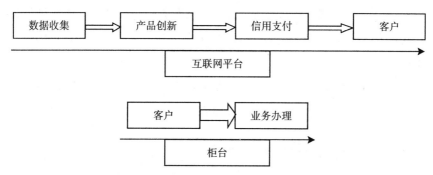

图1-7　互联网金融与传统金融结构对比

2. 在业务构成上与传统金融互补

传统金融的主要业务为存款和贷款，存款面向大众，但是贷款业务因为有严格的风险控制体系，只能面向少数有保障的大客户，中小客户在银行贷款非常困难。自从互联网金融诞生以来，越来越多的中小客户通过互联网获得了小额贷款，这样互联网金融便与传统的金融机构形成了互补。

"从市场体系看，互联网金融并没有对银行业产生实质性冲击，互联网金融与传统银行业的关系是互促互进的，而不是牵制关系。"中国工商银行原行长杨凯生在广西南宁举行的"2014年中国绿公司年会"上说。

从总量上看，互联网金融要与传统银行业抗衡还很困难。以余额宝为例，开始它的收益率确实比银行高，但要保持长久的高利率有一定难度，目前余额宝利率逐渐下降就是一个外在表现。在笔者写这段话的时候，余额宝的七日年化收益率已经下降到了4.16%，相对于当初的最高利率下降了近50%。

随着互联网金融的不断兴起，有观点认为传统银行业的"钱荒"时代已经到来，并且程度日趋严重。针对这种现象，招商银行原行长马蔚华认为，虽然传统银行目前面临融资困难，但并没有出现所谓的"钱荒"，目前面临的困难是这个阶段银行业发展的正常现象，即便融资困难，但将其归咎于互联网金融的兴起也是不准确的。

除短期内利率较高之外，目前，互联网金融并没有表现出更多的突出优势，

其繁荣也只是短期现象，待市场规范后，将归于平静。但是，随着利率市场化趋势不断加快，互联网金融具有很强的流动性，融资难度比传统银行小，从这方面看，互联网金融正在倒逼传统银行转型。

未来，金融和互联网将深度融合，传统银行和互联网金融互补是趋势，同时，互联网的思维方式也是开放的，它可以和客户一起开发产品，同时通过第三方支付绑定银行账户，这对银行业最大的冲击是有可能割断银行和客户之间的关系，但由于两者之间的客户群各异，互联网金融又很难动摇传统银行业的地位，因此，传统银行业与互联网金融的融合趋势是必然的。

3. 在客户构成上与传统金融互补

客户是商业银行等金融机构各项业务的基础。数据显示，截至 2013 年 6 月，我国网民人数已达 5.9 亿，其中使用移动互联网的网民占 4.64 亿，各类手机银行客户总规模也超过 2 亿。数据还显示，到 2013 年 6 月，我国网络购物网民数为 2.71 亿人，与 2012 年底相比上半年网民增加 2889 万人。而互联网金融正是发现这一契机，对传统金融模式下被忽略的客户发起精准营销，这直接导致传统银行的客户基础受到动摇。另外，互联网金融的门槛较传统金融大幅降低，也是吸引客户的一个重要原因。

4. 在盈利水平上刺激传统金融改进

就目前的市场数据而言，银行业总资产 2013 年初就已突破 130 万亿元，紧随其后的信托业和保险业的资产规模也分别达到了 10 万亿元和 7 万多亿元。单从规模上讲，互联网金融的资产总规模依然不够强大，但是互联网金融成长迅速，盈利水平也不断创新高。

2014 年 6 月 11 日，央行发布《中国人民银行年报 2013》，在年报中肯定了互联网金融的蓬勃发展。年报发布的数据显示，2013 年互联网支付业务规模继续保持高速增长势头，截至 8 月，在获得许可的 250 家第三方支付机构中，提供网络支付服务的有 97 家。支付机构全年共处理互联网支付业务 153.38 亿笔，金额总计达到 9.22 万亿元。

中天城投盈利暴增的背后

2013 年 8 月 14 日晚，中天城投发布中报等多则公告，中报营收和盈利双双暴增九成、投资入股贵阳互联网金融产投和非公开增发过会，可谓"三喜临门"，这让投资者多少有些应接不暇。

其中最大的惊喜是进军互联网金融，这也是中天城投多元化战略中的"新兵"。公告显示，中天城投与贵阳互联网金融产投、贵阳市旅游文化产业投资有限公司、贵阳观山湖建设投资发展有限公司签订《贵阳互联网金融产业投资发展有限公司增资扩股协议》，中天城投出资 3000 万元，拟投资入股贵阳互联网金融产投，占投资完成后贵阳互联网金融产投注册资本 6500 万元的 46.15%。

中报显示，2014 年上半年，中天城投实现营业收入 51.95 亿元，同比增长 89.83%；归属上市公司股东净利润 9.64 亿元，同比增长 90.93%。

在 2014 年上半年经济放缓和房地产行业下行压力之下，营业收入和净利润仍能获得九成的增长，对中天城投来说实属不易。

中天城投的多元化一直做得有声有色。在房地产主业之外，中天城投逐步投资涉足文化产业、矿产、大健康产业、金融及互联网。

资料来源：作者根据多方资料整理而成。

5. 在管理方式上促进传统金融改进

2013 年 11 月的某个下午，在上海复旦大学的礼堂里，随着中国平安保险董事长兼 CEO 马明哲、阿里集团董事局主席马云、腾讯 CEO 马化腾在显示屏上写下三个"人"字，一个流淌着传统金融企业和互联网企业血液的"混血儿"——众安保险呱呱坠地。这家互联网保险企业的成立，并不是简单地把保险业传统渠道延伸至互联网，而是要为互联网金融的参与者提供更多的服务。

而随着互联网经济的深入发展，在金融改革创新的大背景下，金融互联网化的趋势已经势不可当。金融业借助互联网平台销售产品，互联网改变了传统金融的运作模式、传播途径和销售渠道，传统金融业找到了一方新天地，发掘了更大的市场资源。而 2013 年关于互联网金融的消息也源源不断地传来：阿里联手天

弘基金推出"余额宝"、微信 5.0 平台的移动支付、新浪推出微博钱包、京东发力供应链金融和 P2P 等。不管是互联网巨头还是金融巨头，都纷纷出手抢夺互联网金融市场资源。

阿里贷款只要两天

淘宝，已经成为大多数人生活中无法缺少的一部分。随着淘宝的火热，一些针对淘宝商家推出的贷款也变得多种多样。

阿里巴巴就为淘宝商家推出了淘宝订单贷款用于解决融资难题，但是淘宝商家除了能够申请淘宝订单贷款以外，还可申请信用贷款，也就是说不需要抵押物，仅凭店主信用获取贷款，但是这里的信用度不是指淘宝交易信用即星钻等级，而是说店主的借贷信用等级。

对于贷款的流程非常简单。首先在我的卖家——店铺管理——淘宝贷款，点击"信用贷款"进入贷款页面，点击"申请贷款"按钮。进入页面以后就可进行以下操作：①填写个人信息资料；②填写申请额度和贷款期限；③确定贷款。然后就等待审批，需要 2 个工作日左右的时间。

而阿里在 2012 年推出的另一项业务——天猫商家扶持贷款计划，更是实现了当天申请、当天放贷的效率。天猫为符合资质的天猫商家提供现金担保，由第三方金融机构发放贷款，可以向中国银行或者重庆市阿里巴巴小额贷款有限公司申请"天猫商家扶持贷款"。

浙江省内符合条件的天猫卖家可以在 2012 年 3 月 30 日贷款上线后向中国银行申请"天猫商家扶持贷款"。贷款业务申请时间截至 2012 年 4 月 30 日 24 时，贷款发放总额为 1 亿元人民币。超过贷款申请截止时间或在贷款申请期内已无可贷余额，贷款业务即自动结束。浙江省外的天猫卖家，可以选择向重庆市阿里巴巴小额贷款有限公司申请"天猫商家扶持贷款"。贷款发放总额为 4 亿元人民币，分期放出，每两个月放出 1 亿元人民币。对于符合条件的商户，最快能够在一天之内完成申请、审核、放贷等流程，大大地节约了客户的时间。

资料来源：阿里巴巴集团网站。

6. 实现大财富管理时代

自 2012 年以来，很多业内人士都在强调一个"大财富管理时代"的到来，其背后原因，一是在居民收入水平提高、通胀等因素引发财富贬值风险加大、跨境资产配置可能性逐渐提升的情况下，公众对于财富管理的需求迅速膨胀；二是传统金融业态边界的模糊、机构综合化经营的深入等，都使得面向客户提供"系统性、多元化财富管理解决方案"愈发变得可操作。在此背景下，互联网金融的技术和理念，突如其来地震撼着传统金融体系的财富管理模式，并且在挑战中带来巨大发展机遇，其对于财富管理的挑战主要体现在五个方面：

（1）激发了主动财富管理模式的创新，使得大众化财富管理需求得到更大满足。一方面，互联网金融具有"去中心化"、"民主和分散化"等特点，新的信息与金融技术，不仅使得资金供给者与财富管理媒介更容易对接和配置，而且使原先只能被动接受金融机构财富管理服务的公众，以及难以投资门槛较高的财富管理产品的普通人，都能够更加主动地进行财富管理活动。例如，在近期货币市场上基金的网络化销售逐渐流行之际，越来越多的普通人可以把零散的资金投入其中。其中，支付宝公司推出的"余额宝"，就满足了许多网络购物者在资金待用闲暇之时，运用主动财富管理获得额外投资回报的需求。另一方面，通过互联网化、电子化、虚拟化的发展，传统金融机构不仅能创新和完善专业化和便利性的财富管理产品与服务，并且更容易通过互联网进行销售，而且可以开发和培育更多适应"E 时代"的客户，还可以不通过设立分支机构和配置营销人员，而在传统薄弱环节以低成本开发潜在客户，如满足广大农村领域的财富管理需求。

（2）通过技术与财富管理的有效结合，赋予了财富管理工具全新的吸引力。例如，在美国等发达国家，投资者可以刷货币基金卡进行消费支付，刷卡后货币基金的赎回资金自动被划拨到消费商户的账户中，这样大大增加了货币基金的功能，促使大批投资者将零散资金投资到货币基金上。又如，互联网的出现使得居民财富管理活动不需要投入太多的时间成本，智能手机的兴起让理财者能实时通过 APP 应用、移动互联网办理业务，社交媒体的出现让理财者能够实时与财富管理机构进行互动。同时，互联网最吸引投资者的一个优势是把财富管理服务的流程完整展现出来，服务更加透明化、标准化。

（3）促使财富管理工具的平台化融合成为可能。一方面，互联网加速了混业

经营时代的来临。随着未来我国金融业综合经营程度不断提高，有的机构会越来越专业化，有的可能会转向金融控股或银行控股集团。互联网信息和金融技术飞速发展，一是促进了以支付清算为代表的金融基础设施的一体化融合；二是使得网络金融活动深刻影响银行业、证券业、保险业等传统业态，并且给其带来类似的风险和挑战，由此，使得涵盖不同金融业态的大财富管理平台在制度和技术上逐渐显现。另一方面，除了第三方财富机构，互联网时代还促使新型企业逐渐加入财富管理的产业链中。实际上，在互联网技术的推动下，财富管理平台将逐渐跳出传统模式，如投行、信托、资产管理的服务平台，或多层次资金池平台，而成为面向机构、企业、个人等不同客户，提供包括融资、资本运作与资产管理、增值服务、消费与支付等在内的"金融与消费服务超市型"综合平台。

（4）降低了特定融资风险，并使新型的融资与财富管理模式不断出现。例如，一方面，近年来，欧美发达经济体的 P2P 网络借贷平台，实际上为许多拥有闲置资金的人提供了一种新型财富管理模式，在这类金融服务网站上可以实现用户之间的资金借入或借出，整个过程无须银行的介入，其便捷自助的操作模式、低廉的费率、透明的信息和差异化的定价机制已经对传统商业银行造成了强烈的冲击和影响。美国的 Prosper 和英国的 Zopa 是其中的两个成功例子。另一方面，基于互联网的众筹融资，不仅使得创业者开始有可能摆脱传统金融机构的局限，从认可其创业计划的大众手中直接筹集资金，也使得消费者在主动参与产品设计及生产过程的同时，实现新型的财富管理和投资。

（5）通过大数据时代的信息发掘与整合，形成更准确的客户定位。互联网最重要的功能之一就是提供信息支撑，而信息又是信用形成和金融交易的基础。例如，新型互联网金融企业之所以能够做好小微企业贷款，是因为对于小企业来说，由于缺乏信用评估和抵押物，往往难以从传统金融机构获得融资支持，而在电子商务环境下，通过互联网的数据发掘，可以充分展现小企业的"虚拟"行为轨迹，从中找出评估其信用的基础数据及模式，由此为小微企业信用融资创造条件。诸如此类的创新，能够为财富管理机构的资金运用开拓空间，形成新的良性投资回报与循环。此外，互联网时代也对商业银行提出挑战，因为金融数据的快速增长和高处理成本，导致了数据处理模式必须有所改变，银行除了关注内部数据，还需要纳入互联网数据，互联网数据记录了银行客户的痕迹和行为，可以从中分析出客户的风险喜好、投资偏好、个性特征等。通过传统银行金融机构、非银行金融机构、支付企业、互联网企业的有效数据整合，可以为新型社会信用体系建设与财富管理模式创新奠定基础。

总之，互联网金融从根本上完善了传统金融体系的功能，并对中国财富管理的体系、模式、环境产生深刻影响，因此有助于一个贴近各类客户需求的、灵活多样的财富管理时代的到来。

总体来说，互联网对传统金融的冲击显而易见，支付工具的替代、客户消费行为的屏蔽、金融产品消费渠道分流及资金融通脱媒等，正在蚕食传统金融的业务领域。第三方支付随着电子商务发展壮大，不断渗透到更广阔的应用领域；电商利用平台和数据优势，以网络贷款进入金融核心业务领域；互联网直接融资新模式推动交易主体和交易结构的革命性变化；符合互联网开放自主精神的聚合理财已逐渐成为更多人的选择；等等。例如，阿里推出余额宝，短短十几天募集了66亿元的资金，吸引200多万人参与，互联网金融可谓来势汹汹。

七、传统金融应对互联网金融的几个思考

自2012年以来，互联网金融迅速发展的势头让人惊叹，并且已硝烟四起，让人目不暇接，如P2P网贷迅猛发展、阿里余额宝悄然上线、京东已宣布成立金融集团、民生电商前海注册。一批互联网金融产品也密集上线，余额宝、全额宝、收益宝、活期宝、现金宝、易付宝、盈利宝等不一而足。

面对互联网金融队伍的不断壮大，传统的金融服务也开始在互联网进行延伸，它借助互联网的便捷性和强大的影响力将自己的服务在互联网上进行推广，最典型的代表是网上银行和电子银行。其中，网上银行主要是以中国工商银行和招商银行为首，取得了很多成绩。

面对互联网企业涉足互联网金融领域，监管部门一直采取认可和鼓励的姿态。2013年8月，在中国互联网大会上，央行副行长刘士余表示，央行支持互联网金融业务的发展，将陆续发放一批互联网支付牌照。

此外，央行、银监会等相关部门组成了互联网金融发展与监管研究小组，专程赴沪、杭两地进行调研，并到中国平安下属上海陆金所和阿里巴巴进行实地考察，就行业发展、企业诉求和监管建议听取建议，这说明高层对互联网金融的高

度重视。那么互联网金融浪潮的袭来，是否会对传统银行业造成冲击？传统银行业又该如何通过自身变革以应对挑战？

1. 互联网金融对传统金融业是否构成威胁

目前互联网公司虽然被允许开办余额宝、第三方支付、P2P贷款公司、小贷公司，但还是有许多功能不具备，如吸收存款、发卡派生、创造货币等功能。

从长远看，互联网信息的透明化一定会逐步取代金融机构的作用，金融机构本质上就是解决金融信息不对称的问题，但这需要时间。

目前阶段，互联网金融的发展机遇在于挖掘潜在市场，服务传统金融体系还没有服务到的地方。比如大家常说的中小微企业的融资需求得不到解决，对此我们还要强调，现在虽然有很多的宣传都提到这一点，但从事实来看，真正的微企业、个体工商户15万元以下的借款服务并没有多少机构在提供。另外，5万元以下的投资需求，也很少能在现有金融体系中找到投资工具。

此外，金融资产缺少流动性、金融运营及交易成本居高不下等都是现有金融体系存在的问题，而互联网行业信息透明化、擅长挖掘用户需求、重视用户体验的特点能有效提供解决方案。

互联网金融只是对金融板块的一个小板块的分割，互联网金融的各个子行业基本上是依据金融业的子行业进行扩张的，就目前来看，互联网只能冲击金融业极小的一部分业务，金融业庞大的体系需要互联网金融继续挖掘，未来的趋势是挖掘传统金融业的相关业务，让互联网渐渐渗入金融业中，并从金融业中独立出来，创造出属于互联网金融业的金融理财产品。从当前现状和未来发展趋势来分析，互联网金融对传统金融业的影响主要有以下三个方面：

首先，以支付宝为代表的第三方支付以及移动支付正在改变用户实现支付的接入方式，使顾客可以更方便地完成支付，而传统的支付介质被新型支付方式所替代，银行的传统支付结算业务受到巨大的冲击。

其次，以阿里小贷为代表的网络贷款模式浮出水面并逐步走向成熟，且由于对其平台上的小微企业无须抵押，方便快捷，所以增长速度迅猛，威胁到银行传统小微贷款业务。

最后，P2P信贷模式实现了小额存贷款的直接匹配，成为未来互联网直接融资模式的雏形，有效地弥补了银行信贷空白，形成了一种全新型的"网络直接融资市场"，并且未来有着广阔的发展空间。

总体上讲，到目前为止，尽管互联网金融仍处于发展初期，在规模上难以与银行相提并论，但从长远眼光来看，伴随着互联网、大众消费方式以及现代金融理念的发展，银行业支付、小额存贷款等传统业务领域将面临前所未有的挑战。特别地，互联网正在改变用户实现金融服务的接入方式，传统的渠道和产品被新型的互联网渠道和产品所替代，成为更好地处理金融交易和积累客户的解决方案，从而对银行的传统业务构成显著冲击。

2. 传统金融变革进行到什么程度

目前，互联网金融业正从单纯的支付业务向转账汇款、跨境结算、小额信贷、现金管理、资产管理、供应链金融、基金和保险代销、信用卡还款等传统银行业务领域渗透。可以说，在互联网金融的"进攻"之下，银行业已遇到全面挑战。传统银行业面对挑战也做了一些变革和创新，但是力度还明显不足。

其一，传统银行业跟进、模仿无疑很被动。2012 年 4 月，民生银行、包商银行、哈尔滨银行牵头成立"亚洲金融联盟"，其中一项重要目标就是联合联盟成员建立电子商务平台，发展多元化的微贷业务，与新兴金融体分庭抗礼。2013 年，国内四大银行对包括电子渠道建设在内的科技领域项目投入达到 250 亿元。对于券商而言，网上开户、搭建网络平台、发展移动终端服务等处处都留有券商进军互联网的足迹。不过，相对于银行的"钱荒"，支付宝推出的 T+0 理财产品余额宝，上线近两个月资金规模就达到了 200 亿元。有的金融机构对此表示不屑，有的机构如建行则发布报告呼吁商业银行快速跟进推出同类产品。但是我们必须看到，在吸引新增草根客户方面，互联网公司凭借产品与营销长项，像余额宝这样的产品注定占尽先机。

其二，合作要么感情破裂，要么被合作方驾驭。2011 年之前，建行与阿里巴巴的小微企业贷款合作计划执行了两年，阿里从建行学到了大量专业的信贷风险控制的依据和方法，随后一方面认为其中的大量互联网金融的赚钱机会该自己赚取，不应该分给别人；另一方面意识到国企部门之间效率之低，于是两家合作转冷。这也是刺激建行自己做电商平台"善融商务"的原因。

当然，银行业与互联网企业的合作过程中也有怨言，用户们在支付宝、财付通、快钱上通过快捷支付购买了一样产品，支付宝提供给银行的信息仅有交易金

额，却截留了具体的商户、产品分类等信息。但它们手中有大量的支付结算需求，银行又不得不合作去争取客户资源。一些激进的银行工作人员干脆把这类合作形容为"引狼入室"。

3. 传统金融该如何适应互联网金融浪潮

传统金融与互联网已然开始触电。互联网金融模式灵活多元化，主流机构包括第三方支付、P2P 贷款平台和网络信贷机构。实际上，面对互联网金融的冲击，传统金融机构并没有停下脚步。近年来，传统金融企业纷纷加入这个行列，例如，建行开通的"善融商务"、招商银行推出的"手机钱包"业务等都是互联网金融的组成部分，竞争趋势愈发明显。商业银行将互联网作为物理网点的延伸和补充，大力发展电子银行，在实现传统业务在线化方面已经取得了很大的成绩；同时，商业银行与电商、第三方支付机构开展转账、存管、网贷、保理业务的合作；在信用卡商城、积分商城之外，也进行了进军电商和云数据服务的尝试；等等。有些银行的电子银行已经非常发达，对柜台交易的替代率达到了 80%以上，传统金融实际上并没有被排除在互联网金融之外。

面对互联网金融浪潮来袭，传统银行业与其扭扭捏捏，欲拒还迎，不如主动出击，热烈拥抱，积极求变，以应对挑战。

首先，传统银行业应转变思路，着力于更好地服务中小微企业。一直以来，传统商业银行更喜欢将信贷资源投向上市公司、龙头企业、房地产、地方融资平台等领域，而对广大中小微企业的融资需求顾及甚少。而互联网金融企业更多地向中小微企业或个人贷款倾斜，这样既可盘活社会存量资金，又可弥补商品银行存在的不足。所以传统银行业在模仿、跟进互联网企业的同时，也要在中小微企业融资业务上争取主动权。

其次，传统银行业应该加大金融改革创新步伐。金融与互联网联姻，是金融业未来发展的大趋势。如何紧紧抓住网络金融创新的契机，大力开发新的金融产品是关键。一些银行已经看清了这一趋势，正在向着网络金融的方向寻求突破升级，例如，招商银行携手中国联通推出移动支付产品——招商银行手机钱包，浦发、农行、建行等也陆续公布了在移动支付领域的战略规划和最新产品。可以预计，随着互联网金融的创新产品越来越多，消费者将会得到更多实惠，经济的内生动力和金融支撑也必将更为强劲。

再次，传统金融机构可以从组织架构方面创新。传统银行与其抱怨被银行法、银监会与各种牌照缚住手脚，无法与草根机构位于同一起跑线，不如想想怎么变通。关于创新组织架构，民生银行玩得很漂亮：在深圳前海注册的民生电子商务有限责任公司认缴资本金 30 亿元人民币。这家公司的妙处在于，公司的发起人是民生银行的七家主要非国有股东单位和民生加银资产管理有限公司，而非民生银行自己。这样一来，民生电商与民生银行没有直接股权关系，仅为关联企业，为创新尽可能减少过严的监管阻碍。

最后，互联网金融企业运用网络技术使交易成本降低、效率提高，从而加快货币的流通速度，这等于绕开银行，增大了市场的货币流通量。而传统的银行业也应该从提高工作效率和服务质量方面入手，唯有这样，才能一改国企部门办事效率低下的弊端，更好地惠及和吸引客户。

4. 传统金融与互联网金融共同发展

互联网金融的发展促使资金融通成本降低，使得资金运用效率提高，同时依靠大数据、云计算优势，大大增加了客户服务口径，并利用强大的数据收集与分析能力，有效降低金融风险。这一切都为传统商业银行的未来发展敲响了警钟。

虽然互联网金融发展迅速，但因为总量比较小，还难以对银行业造成实质性冲击。一方面，传统商业银行模式在互联网时代仍有优势。商业银行资金实力雄厚，认知和诚信度高，基础设施完善，物理网点分布广泛，实体银行可建立看得见、摸得着的信任。另一方面，互联网金融作为一种新生事物，在其快速发展的过程中也存在一些局限。如信息披露程度低以及监管措施缺乏，使许多互联网金融模式走在法律的灰色地带，也使得该行业蕴藏着巨大的风险。

尽管如此，面对互联网金融的竞争，商业银行还是深刻意识到潜在危机和改革的必要性。商业银行求生存的措施，归根结底是加强自身与互联网金融的结合。无论是网上银行、手机银行，还是涉及 P2P 网络借贷，商业银行都在尝试"触网"，向互联网金融学习借鉴，进而完善自身。互联网金融的快速壮大与商业银行的应对措施均在说明一个道理，互联网与金融的深度碰撞、现代信息科技与金融的渗透融合已然成为现代金融业不可逆转的发展趋势。商业银行应密切关注互联网金融的发展动向，转变发展观念，积极调整战略。首先，商业银行应当以客户为中心，以互联网技术为依托，打造"智能"银行；其次，商业银行要利用

自身的海量客户资源，进行大数据挖掘及平台建立，充分增加商业银行服务的附加值；最后，商业银行必须不断通过金融创新、技术创新以及与互联网企业建立正常良好的合作竞争关系，全面提升金融服务水平，满足社会融资需求。

商业银行与互联网金融相融合的过程，就是一个深度整合互联网技术与银行核心业务的过程，二者虽然固有基因不同，却殊途同归。这一过程有助于提升客户服务质量，拓展服务渠道，提高业务水平，使商业银行适应互联网金融带来的冲击，并获得新发展。同时促使互联网金融发展得到规范，由幕后走到台前，带动银行与金融业更高质量的创新。

总之，互联网金融的袭来，对于传统银行业而言必将是一场不小的冲击。传统银行业应该通过争揽中小额贷款、加大金融创新步伐、提高工作效率和服务质量来惠及客户，唯有这样银行业才能直面拥抱互联网金融的变革。

章末案例：

苏宁云商的互联网金融

互联网金融是苏宁云商 2014 年的尝试重点，涉及苏宁银行、O2O 模式、易付宝、消费金融、保险代理等。其中保险代理牌照刚刚获批，苏宁云商也成为中国商业零售领域第一家具有全国专业保险代理资质的公司。

1. 苏宁银行

苏宁是一家互联网零售公司，是做零售的，做互联网金融、申请办银行的目的都是为了做好零售。苏宁要办银行，并不是因为苏宁的传统家电连锁业务利润低，银行业务利润高，之所以要做包括银行在内的互联网金融，是因为这些业务可以带动苏宁传统业务的升级。对于一家互联网零售企业来说，信息流、资金流和商品物流要高效融合。转型之前与转型之后公司最大的区别在于：产品销售的差价将不是公司盈利的唯一来源，以后公司的利润将集中来自金融服务、数据服务和平台物流服务。

拥有线下网点的商业银行更容易被客户信任、接受。如果未来苏宁这些店面获准开设银行网点，设置柜员机，苏宁银行卡与会员系统等全部打通，那么苏宁银行线上线下将具备互联网企业和银行都不具备的综合优势。不过苏宁沾上银行概念也引来了外界的质疑和非议。有人认为，作为一家传统零售企业，苏宁办银行不具优势。但苏宁做银行有自己的考虑，一是在消费者方面，可以提供信贷消费，从而刺激消费；二是可以向供应商提供融资服务；三是对沉淀下来的资金进行再投资、再理财。

2. O2O 模式

2012~2013 年是苏宁战略布局、转型路径确立的阶段，苏宁电器更名为苏宁云商，提出"电商+店商+零售服务商"的发展模式，进而明确了"一体两翼"互联网路线图，定位以互联网零售为主体，以 O2O 模式和开放平台为两翼的转型路径，苏宁互联网战略得以定型。

双线同价是苏宁 O2O 模式里线上线下融合的重要一环。苏宁希望借此将之前被外界视为"包袱"的线下 1600 多家门店盘活为优势。商务部电子商务委员会专家陈曙光表示，与天猫、京东相比，苏宁提出做 O2O 其实是打开了另一种思路，"线下门店成为苏宁做电商的巨大优势"。事实上，目前的发展态势也正在朝着苏宁的预期发展。2013 年 9 月，苏宁推出开放平台，向入驻的商家同时开放线上线下两个平台，目前已经吸引了过千家品牌入驻。

3. 易付宝

易付宝是苏宁云商旗下一家独立的第三方支付公司，2012 年获得了中国支付清算协会和中国金融认证中心颁发的"中国电子支付业最具潜力奖"。在苏宁易购的注册会员，同步拥有易付宝账户，可以在苏宁易购上直接给易付宝账户充值，付款时可用易付宝直接支付。用户对易付宝账户激活后，即可享受信用卡还款、水电煤气缴费等各种应用服务。

易付宝主要的生活应用服务有以下几类：信用卡还款，转账汇款，话费充值，水电煤气缴费，保险理财，固话宽带。

4. 消费金融

移动互联推动电商格局重构。伴随移动通信和互联网结合，移动互联突飞猛进，未来 LTE（长期演进，4G 通信技术标准之一）和 NFC（近场通信，移动支付支撑技术）等网络传输层关键技术将极大改善用户体验，消费习惯将随之变迁，由实体、PC 进阶更替为移动终端（手机作为移动终端核心，正向人体器官演变），抢占移动互联市场成为未来电商竞争的重中之重。当前电商竞争根植于 PC 端，移动互联时代电商竞争格局或被重构，短期无须太多关注存量市场份额，因为互联网用户忠诚度低，变化无处不在，关键是如何改善用户体验。苏宁正在推动由传统实体零售向传统电商再向互联网企业的跨越式转型，方向符合未来移动电商竞争大趋势，劣势在于用户体验差，本质是转型时间短；而公司在移动端、家庭互联端、支付理财等方面的布局已领先直接竞争对手京东，间接为改善用户体验赢得时间。转型期关注行业趋势和大方向，市场份额、收入、流量将水到渠成。

移动互联时代苏宁竞争优势渐显。苏宁互联网转型不仅定位为商业服务提供者，而且是生活方式的改变和引领者。

在业务板块，"互联生活、互联商务、互联金融"是公司互联网转型三大板块。首先，"互联生活"获得虚拟运营商牌照开拓移动转售业务，收购PPTV作为技术、内容重要支撑，未来或将拓展智能家电及配套服务（如互动娱乐、社区生活服务、视频通话等）；其次，"互联商务"基于传统家电3C零售进行转型，线上直销＋开放平台（苏宁云台）扩大产品丰富度，线下推进门店互联网改造计划，线上线下实现一体化融合，投入物流体系建设布局未来电商竞争；最后，"互联金融"成为苏宁2014年尝试重点，如线下便捷支付、易付宝、苏宁银行（产业银行＋信用模型）。

同时，硅谷研究院作为互联网转型的对外窗口和技术支持平台，基本架构分为战略研究（跟踪技术前沿）、投资合作（选定领域寻找收购标的）、自建实验室（技术研发，主要是搜索、大数据和互联网金融），硅谷研究院作为苏宁从零售公司向互联网公司转型的技术内核，重要性不言而喻。

5. 保险代理

苏宁云商保险代理牌照获批，成为中国商业零售领域第一家具有全国专业保险代理资质的公司。公司旗下苏宁保险销售有限公司的可经营业务为全国区域内（港、澳、台地区除外）的代理销售保险产品业务、代理收取保险费业务、代理相关保险业务的损失勘察和理赔业务以及中国保监会批准的其他业务。

保险是苏宁云商进军互联网金融一个重要业务单元，也是拓展全品类、布局全渠道、服务全客群的重要战略，对于消费黏性提升、互联网金融布局具有重要意义。在获得全国专业保险代理牌照之后，公司就可以合规地向投保者介绍、分析、挑选各家保险公司的各种保险产品并提供相关理赔服务。

苏宁易购于2012年8月就上线了保险频道,联合中国平安、中国太平洋、泰康人寿等多家保险公司推出了目前市场上热销的车险、意外险、旅游险、健康险等保险产品,为苏宁正式进军保险领域积累了相应经验。

苏宁易购保险频道运营经验已较为丰富,这使得苏宁云商相较于传统保险代理企业拥有先天的互联网运营优势。此外,公司拥有20多年商业零售经验和近1600家门店,在店面中引入保险产品和服务后可进一步发挥其O2O融合优势,将电子商务的便捷和实体店面的现场体验相结合,打造一个险种丰富、专业高效的保险超市,为客户提供一站式保险服务。

资料来源:作者根据多方资料整理而成。

互联网金融下的消费者和商家

百度理财金融平台——门户网站提供的新窗口

百度涉足金融业,核心要义是让金融业不得不主动接纳互联网基因,更加注重用户体验,以开放、创新的姿态服务用户。

1. 流量入口布局

2013 年 5 月 7 日,百度宣布以 3.7 亿美元收购 PPS 视频业务全部股份,并将PPS 视频业务与爱奇艺进行合并。百度称,双方业务合并后,全平台用户规模、时长均达到行业第一,爱奇艺将成为中国最大的网络视频平台。

"两家公司合并后,能在三个方面实现资源优化,一是规模效应,流量增值;二是产业链控制力,对上游(版权方)、下游(广告主)都有议价权;三是移动视频发力,PPS 在客户端用户量达 1.5 亿。"爱奇艺创始人、CEO 龚宇如此评价这次收购。

这次收购的用意其实很明显,视频移动端将会是一个很重要的移动流量入口,百度一举拿下,就把控住了一个重要的流量入口。

同年 7 月,百度又以现金形式向网龙公司(持股 91 无线 57.4%的股份)和其他股东收购 91 无线 100%的股权。据 7 月 15 日双方签署公布的谅解备忘录,并购交易总金额约为 19 亿美元,由于 91 无线为持有价值 5206 万美元特别股的股东派发有条件股息，实际收购总金额为 18.5 亿美元。

2013 年 7 月数据显示，国内用户通过百度与 91 无线平台下载应用总数达日均 6900 万，而其中绝大部分的下载来源于移动设备。百度收购 91 无线后，将大大巩固其移动互联网入口的地位。不仅将百度搜索流量导入 91 无线，而且可以将百度旗下众多应用产品导入该平台，全面布局基于搜索和基于应用商店的复合入口。

2. 百度金融中心

2013 年 10 月 28 日，百度旗下"百度金融中心—理财"平台上线，推出"百发"理财产品，该产品由百度金融中心、华夏基金联合推出，由中国投资担保有限公司全程担保。"百发"预期年化收益率高达 8%，采取限量发售的方式，售后支持快速赎回，即时提现，方便用户资金的流入和流出。于是，百度开始面向互联网用户打造金融领域的"百度联盟"。百度金融即百度金融中心，是百度旗下从事金融业务的组织结构。

在频道设置上，升级后的"百度金融"分为"投资"、"贷款"、"互动金融"三个频道，各频道负责的功能有所不同：

"投资"频道，保留了原有的"百度理财"服务，主要提供百度自有理财产品，目前还可以开放购买的是百赚及百赚利滚利。而广受欢迎的"百发"系列产品等都将在此频道发布。"投资"频道中还新增了"查看产品库"功能，用户可以通过该入口迅速查询到关于基金、保险和银行理财的信息。

"贷款"频道为新增频道，主要提供针对个人用户的信用贷款。用户登录后通过网页左上方快速申请贷款的入口，输入金额、期限、用户、手机号便可申请。为了给用户提供更加全面、便捷的服务，通过百度金融平台进行贷款仅需五个步骤完成：①贷款需求提交；②电话沟通贷款需求；③为您匹配贷款经理；④经理线下为您服务；⑤等钱来。互联网金融的关键在于通过互联网的方式盘活原有的金融业务，通过互联网的营销通道来销售金融产品，百度此次与 91 金融合作推出个人贷款业务，是在原有理财业务基础上进行新业务的尝试，也是其金融业务的又一次版图扩张。

新增的"互动金融"频道是互动及信息服务频道，与"百度知道"打通，为用户提供理财金融的问答，希望为广大网民提供更加贴心的咨询和更

加实时的信息。

"百度金融"的推出，是百度公司服务网民，将普惠金融真正落到实处的实际尝试。未来，百度将在互联网金融服务中不断创新，为满足网民的金融需求做出更大的努力。

"百度金融中心"在综合百度已有资源的基础上，与广大金融机构展开平等合作，打造一个面向大众客户的金融服务平台、理财中心和贷款中心，为用户提供安全高收益、简单易操作的理财服务。百度"百发"起点低，1元钱就可参与，凭借强势的议价能力，可以选择相对高收益、高稳定性的可靠基金。从表面上来看，这场互联网理财产品的战争似乎是"百发"与"余额宝"之争，其实质是基金公司的产品在互联网平台上的对抗。

3. 百度理财的深入

在百度"百发"爆热之后，百度理财又陆续推出了百度理财B、"百赚"、"百赚利滚利"等理财产品，收益率一直保持在稳定的水平。

其中，"百赚"对接华夏基金的公募基金，"百赚利滚利"对接的是嘉实基金，这两家基金的操盘团队都积累了大量基金管理和运营经验，可以说是公募基金的知名企业，为百度理财提供了较为可靠的保障。

华夏基金的"华夏活期通"公募产品，从2004年成立至今，规模突破500亿份，从未出现过亏损。而华夏和嘉实给百度减免了各种交易费用，降低了用户理财成本，变相增加了收益。但如果所有的互联网理财产品都从产品服务的收入中让利，那么基金公司就会出现更大的收入缺口，一旦管理和资金控制不利，将有可能出现崩盘的危险。

除了联手基金公司定制推出高收益的线上理财产品外，百度金融还从支付结算到融资以及投资理财类进行全线产品布局，贯穿产品设计、渠道、风险控制、服务等各个环节，提供一揽子理财解决方案。

"百度理财"业务的推出与百度搜索的大数据挖掘有关。在百度搜索引擎上，有上千万次关于"金融"、"理财"等关键字的搜索请求，正因为站在用户信息获取入口的位置，使百度拥有先天之便，因此百度下定了决心做金融理财业务。

百度当前做的是金融产品的营销，把现有的金融产品以更便利的方式推给受众，平台上已经有"众筹金融"、"粉丝金融"、"团购金融"等创新模式。目前，百度已经取得贷款业务资质，并在上海成立了小额贷款公司，优先扶持百度推广老客户中的小微企业。

"百度小贷"针对百度推广老客户，帮助这些企业成长，只有它们成长了，才会投入更多的广告给百度，这是一种相互"寄生"的生存关系。百度手中有大量数据，能够较为轻松地了解中小企业，在低风险的情况下，为小客户提供小额贷款服务，凸显了数据平台化的大生态思路。

最近几年，中国金融业改革迟缓，银行、证券、基金和保险等领域创新十分乏力，由于没有革命性的外力刺激，一些金融机构要么是坐享利差，要么是靠天吃饭，没有了创新和突破的激情。而百度和华夏基金联合，表明金融企业已经突破了过往局限在企业或行业内部的困境，决意利用互联网企业的优势资源，做大理财市场的"蛋糕"。基金业老大华夏基金的这一步，对其他金融机构有着很强的示范效应，警示传统金融业再也不能抱残守缺。

百度杀入这激荡的浪潮中还不仅仅局限在金融业，其对于以利率市场化为代表的金融改革的推进意义也不容忽视。百度金融产品流动性非常好，而且"T+0"赎回，外加完善的风险控制，收益水平颇高，使得市场参与者众多。在百度首款金融产品发售的首日，参与购买用户数超过12万。这样的火爆局面，在百度今后的理财产品发布过程中还会不断地出现。如果银行对此依然无动于衷的话，将会有大量的活期存款转化成像百度理财这样的互联网金融产品，这最终将会推动我国利率市场化的改革进程，一改存款利率上限始终难以突破的制度痼疾。

总而言之，百度适时的积极作为，在激荡起了互联网金融浪花的同时，也成为互联网改造升级金融业的典型案例。可以料想，随着百度这样的互联网巨头的不断加入，互联网金融在未来会发展得越来越成熟，而有着日益增加的互联网基因的金融业，也会更强有力地服务于广大民众，助力老百姓共同致富。一个用互联网精神促进金融市场的公平透明、造福广大网民的新时代已经到来。

资料来源：作者根据多方资料整理而成。

2013 年，在中国金融变革的大背景下，"互联网金融"已经成了全民的热点

话题，如余额宝、众筹、P2P。互联网金融的创新以人们意想不到的速度在进行、在革新，而传统金融机构也主动拥抱互联网、加快布局，让整个行业焕发新的活力。互联网的元素使得金融操作更为灵活，工具进一步丰富，社会的金融投资消费理念不断刷新，互联网金融的内涵不断延伸。但是，在互联网金融发展的同时，其风险也开始暴露出来，如P2P网络小额贷款公司的倒闭趋于常态化。与此同时，互联网金融时代的到来对消费者产生了巨大的影响，消费群体趋于年轻化，人们的消费行为也呈现出新的特征，如消费者开始追求个性化消费、主动消费，对购买的方便性的要求也不断增强，并且更加注重价值和信息等。

一、消费者的未来

对于很多人而言，时下流行的互联网金融并不只是个概念，在消费支付、理财和创业贷款等方面，互联网金融已经真真切切地改变了他们的生活方式。曾经，我们无论取多少钱都要跑趟银行，炒股票只能去证券交易大厅，做交易还要打电话给交易员，购物基本上都要出门逛街才能实现。如今，人们的很多需求皆可通过网络实现，尤其是移动互联网时代的到来、智能手机的普及，人们的理财生活也变得更加方便快捷。

1. 互联网金融使消费更加方便，支付更加快捷

近年来，随着互联网金融技术的快速发展，人们衣、食、住、行的日常生活习惯发生了变化，网络消费已经成为居民最重要的消费方式之一，对扩大内需、促进经济增长起着越来越重要的作用。网络消费的爆发式增长，催生并带动了第三方支付业务的快速增长，而第三方支付业务的成熟又给网络消费带来了巨大的便利。随着移动互联网支付技术的突破，中国零售业已经开始迈入线下实体店、线上网店、移动商务和社交媒体相互融合的全渠道营销时代，逐步实现网络与传统零售渠道相互融合，将消费者在各种不同渠道的购物体验无缝链接。

互联网金融的实质是用互联网的方式解决金融需求，其中很大部分是消费需求。作为资金流通"桥梁"的第三方支付，为消费带来了很大便利性。如果有消费者在淘宝、天猫购物，或者是在航空公司订机票、在网上订酒店，可能在无形

中就成为了第三方支付的用户。有专家分析称，目前第三方支付行业已经按照业务领域明显分为两类：一类是以支付宝为代表的互联网支付企业，多与电商平台捆绑在一起；另一类是以银联电子支付为代表的金融型支付渠道，开始在拓宽应用渠道以及满足消费者需求上大胆试水。

壹钱包，生活更加简单

壹钱包是中国平安旗下平安付科技服务有限公司推出的移动支付客户端。作为中国平安保险（集团）股份有限公司（简称"中国平安"）旗下品牌，壹钱包致力于为个人消费者及企业客户，提供互联网支付、移动支付等形式多样的第三方支付服务，希望通过一个电子钱包账户，给客户提供更多元化、个性化的支付体验及增值服务，成为客户需要的电子钱包。

使用壹钱包可以在线上和线下丰富的应用场景中消费支付，获得中国最大通用平台万里通的积分，还可以用"活钱宝"实现现金增值管理，平安集团客户可以用"借钱宝"获得消费额度。壹钱包还有社交支付功能，可以和好友聊天、转账、召集群活动、AA 制等。

可以花钱的钱包，无需现金信用卡，线上线下放心消费。在壹钱包合作的线上电商，选择壹钱包即可轻松付款。在壹钱包合作的线下门店，用创新线下支付形式，无需现金和信用卡即可快速结账。

7点，通过定位，找到就近壹钱包商户，享受美餐

壹钱猫的一天

18点，下班，来到壹钱包推荐的SPA 馆

明天要出差，通过壹钱包轻松订票，说走就走

8点半，通过APP 叫车，抵达公司，用壹钱包轻松支付

水电煤气缴费

11点半，随手把家里水电煤气费用缴了

图 2-1　壹钱猫的一天

可以赚钱的钱包，账户余额能增值，随时随地查收益。壹钱包"活钱宝"收益高出银行活期 16 倍，可 T+0 提现到银行卡，最快 1 分钟，火箭式到账。一元起买，简单方便，收益节节攀高。

可以省钱的钱包，支付送积分，还有更多优惠。壹钱包支付即送万里通积分，在中国最大通用积分平台万里通，300 家主流电商及 20 万家线下门店，送你各种给力优惠。

可以借钱的钱包，手头钱不够，"借钱宝"分忧。通过壹钱包 APP 即可申请"借钱宝"，省去繁缛流程，即时申请，即时获批，利息低于信用卡，还能在壹钱包商户消费（首期只对平安集团客户开放）。

图 2-2　壹钱包 APP 的聊天功能

可以聊天的钱包，灵活转账汇款。和亲朋好友谈钱很尴尬？在壹钱包可以和小伙伴边聊天、边转账，召集群活动，搞个 AA 制。钱来钱往，依然充满人情味。

资料来源：中国平安集团网站。

2. 互联网金融改变了人们的理财习惯

在传统金融时代，人们习惯把钱存入银行，或者买卖股票、债券，或者投资于实业，这些要么收益率低，要么风险大，要么收益慢。在互联网金融诞生后，人们原有的理财观念也逐渐发生改变。

以余额宝为代表的各种"宝宝类"网络理财产品，借助互联网技术手段将客户零散资金聚集起来开展理财活动，不仅满足了广大中低端人群小额、低风险、高流动性的理财需求，而且收益率明显高于银行存款，切实为普通居民提供了增加财产性收入的渠道。可见，互联网金融发展的意义在于用先进的互联网技术手段降低金融服务成本，提高服务效率，扩大金融服务的覆盖面和可获得性，使得人人都有享受同等金融服务的权利，从而充分体现党的十八届三中全会提出的"普惠金融"的精神。

例如，第三方支付巨头支付宝内嵌天弘增利宝货币基金的余额宝正式上线，宣告货币基金一个新时代的降临。余额宝操作简单，存入门槛低，1元就可起存，并且有明显高于存款的收益率，同时用户可以随时取出，按日支付利息，这些优点让余额宝脱颖而出。

"屌丝"的春天：上班投资两不误

今天是周一，过完一个休闲的周末，如往常一样，小A坐着地铁去外企上班。今天是股市新一周交易的第一天，他拿着手机看着最新的公司新闻，并打开手机证券交易软件，查看几只股票的K线图和股价。工作期间，他不再像之前那样，总要偷偷摸摸地在电脑前看股票，而是利用手机证券交易软件，偶尔看看经济资讯和股市行情，看好机会后，在手机上进行交易。

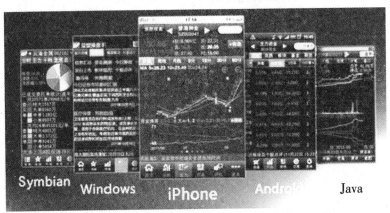

图2-3　股票交易软件支持多种操作系统

小 A 说，现在习惯了手机炒股，加上投资操作逐渐成熟，他不再像之前那样，频繁地在电脑前忙碌。尤其在如今股市结构性牛市的行情中，看准一两只股票，用手机买入，平常偶尔看看价格，达到目标价格，就直接用手机卖了。操作次数并不多，也赚了些钱。

其实，像小 A 这样的投资者，如今已经非常多见。可能你在乘坐公交车的时候，就会碰到身边的人拿着手机看股票。

虽然是网上理财，但手机炒股已经早已不是一件新鲜事了，现在更流行的是"屌丝"理财。

理财并不难，"屌丝"也可以，譬如时下很热的"余额宝"。本质上，余额宝是一种货币基金，但其除了具有货币基金低风险、收益稳定的特征外，更实现了 T+0 交易方式，投资者可以随时使用余额宝内资金购物或者转账给银行卡。

此刻，小 B 已经坚持上了三天班，可周末的来临还看不到头。还好，小 B 有个小兴趣，就是会在每周的这天查看自己余额宝的收益，看那每天累积的收益曲线一天天往上涨，心情也会不由自主地好起来。像往常一样，小 B 熟练地登录自己的支付宝账户，看到收益曲线已经从上月的 0.5 元涨到如今的 15 元了。

图 2-4　余额宝的理财优势

余额宝这样的小额资金理财，是非常适合"屌丝"理财的工具，比如像笔者这样的上班族。每次，笔者都会在发工资的时候，把要还信用卡的资金存入余额宝账户，等到信用卡还款日，再转出余额宝的钱来还款。这样就充分运用了信用卡 20 天的免息期生钱，虽然钱不多，但是，这种充分把闲钱利用起来的理财方法还是很给力。

资料来源：作者根据多方资料整理而成。

3. 中小贷款者更容易获得资金

由于传统金融的特点，其往往忽视中小客户，而互联网金融通过无差异化服务，为大量中小企业提供了贷款。网络 P2P 借贷模式改变了银行传统信贷供给单一的格局，使原先难以获得传统金融服务支持的群体，如小微企业、个人客户等，也可以较容易地得到信贷支持。未来一旦网络虚拟信用卡被正式推出运行，也将会进一步刺激消费信贷的发展。

以阿里小贷为例，阿里巴巴将自身网络内的客户交易数据、信誉数据、货运数据、认证信息、竞争力数据等进行量化处理，同时引入第三方机构，例如海关、税务、电力、水力等数据与之匹配，从而形成了一套风险判别和控制标准。这样，阿里就可以建立起纯粹的定量化贷款发放模型，这个模型的好处不仅仅是提升放贷效率，而且让金融机构的作用弱化，更好地服务于客户。

乾贷网：为中小企业打开融资新渠道

乾贷网金融信息服务平台是贵州省中小企业服务中心旗下机构，由贵州中小乾信金融信息服务有限公司（原贵州黔贷通金融信息服务有限公司）全面管理运营，平台致力于为个人理财用户及中小企业间搭建专业、安全、透明的金融互通桥梁。截至 2014 年 5 月，平台交易额已突破 1 亿元。乾贷网在为本土中小企业提供融资渠道的同时，通过严格把关借款项目质量及风险审核评估、联手大型担保公司等形式向全国个人理财用户提供安全有保障的理财服务，让个人用户通过自主出借增加理财收益。

贵州中小乾信金融信息服务有限公司成立于 2013 年，隶属于贵州省中小企业服务中心，位于金阳高新区。公司致力于建立国内领先的互联网金融

服务平台，由经验丰富的互联网领域人才负责建设产品和技术研发，另由专业的金融领域专家组成风控团队，实时监控项目质量，把控产品风险。2014年3月，公司正式在上海股交中心Q板挂牌。

在乾贷网中一个重要的业务组成就是P2B互联网理财平台（见图2-5）。该平台覆盖省内、面向全国，以互联网为载体，帮助贵州中小企业以较低成本快速获取资金，同时为有闲散资金的个人提供便捷的投资渠道，充分调动社会闲散资金，增强社会资本合理调配，为"引金入黔"激发新能量。

图2-5　乾贷网P2B平台原理

资料来源：http://www.qiandw.com/.

乾贷网通过P2B互联网金融方式为全国个人理财用户及中小企业搭建阳光、专业、透明的互联网理财平台，让个人理财用户通过乾贷网获取安全、优质服务的同时为中小企业打开融资新渠道。

资料来源：作者根据多方资料整理而成。

尽管互联网金融已在很多方面改变了人们的生活，但安全问题仍然让大家担忧。随着大量网络平台的线上服务规模扩大到一定程度以后，风险控制的压力会急剧增加。自2013年下半年以来P2P平台跑路事件频发并在2014年上半年持续发酵，互联网金融在越来越多的人眼里成了风险策源地。而且，移动支付也难以避免。前不久中国互联网络信息中心对移动支付用户的一项调查显示，有60.9%的网上支付用户认为移动支付安全性低于银行卡支付。同时随着手机病毒技术的发展，会有更多的黑客将恶意盗号程序嵌入电商的官方应用，从而在后台窃取用户的账号和密码。移动支付不同于银行卡支付，只要拿到账号和密码就行，很容易成为病毒的重灾区。一旦被入侵，损失可能会很大，挽回的余地很小。

然而，我们切莫夸大互联网金融的风险，应该清楚地认识到互联网金融不但能提高金融资源配置效率，而且在金融行业核心的风险防范上比传统金融具有更大优势。因为互联网金融风险的最主要形式就是信用的违约风险，所以只要能够快速甄别出金融交易对手的信用状况，互联网金融风险就会大大降低。恰好在这点上，互联网金融相比传统金融，更能借助大数据挖掘分析的优势，深度挖掘金融交易对手的信用资源状况。

总体来看，互联网金融有其固有优点，并且其在未来会更加全面地渗透到人们的生活，给人们带来更多便利。但到目前为止，互联网金融安全性可能不如传统金融，所以人们在享受这种快捷的同时，也要保持警惕。

二、年轻消费群体成中流砥柱

近年来，随着经济的飞速发展，人民生活水平不断提高，个人金融消费需求激增，使得人们对金融工具的要求也越来越高。余额宝、P2P、活期宝等产品的横空出世，引发了一股互联网理财热潮。而年轻消费群体成了网络理财产品的消费主力。

中国网购消费群体分布情况

数据显示，支付宝用户呈现消费能力旺盛与年轻化两大特点。2008年，支付宝用户人均交易金额同比增加32.5%，此数据远高于国内城镇居民人均消费性支出增速，电子支付节约成本的特点在当前经济形势下愈发显著。同时，21~35岁的支付宝用户占整体用户的83%，该部分群体具有较高的消费能力，乐于尝试新事物，有望带动消费者通过支付宝实现更多应用（见图2-6）。

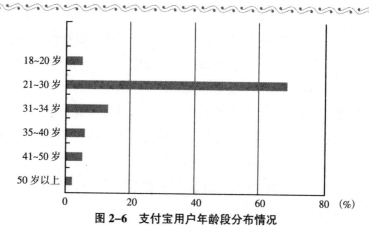

图2-6 支付宝用户年龄段分布情况

资料来源：https://www.alipay.com/index.html.

如图2-7所示，中国网购消费群体中近半数是大学生（18~22岁）和刚刚走上工作岗位的小白领（23~24岁），两者合计占比高达42.5%；另外，近半数是社会主流的中产阶层（25~33岁），合计占比高达42.7%；年龄超出33岁的中年人群整体占比不足13%。可见，年轻化是中国网购消费群体的显著特征。

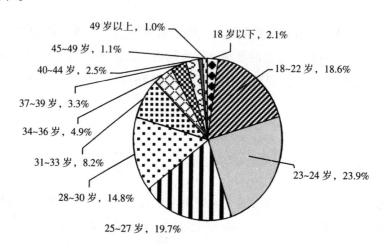

图2-7 中国网购消费者年龄分布情况

资料来源：中国工厂研究中心。

中国网购消费群体中较低收入家庭群体占比最高，达42.6%（低于0.5万元/月）；其次是中等收入家庭，占比达31.3%（高于0.5万元/月且低于2万元/月）；相对高端收入家庭占比为3.8%。

单纯从比例来看，中国网购消费群体中高收入家庭不足 5%，属典型的长尾范畴。可见，由互联网无疆性所催生的长尾效应的影响力是不容忽视的——或许这就是中国网购消费群体最重要也最具有商业价值的特征之一。

而在支付宝公布的 2012 年全民年度对账单数据中显示：从年龄分布看，"60 前"大叔大妈最舍得花钱网购，"80 后"的网上支出占所有支出的约 50%，是网上消费的中坚力量；而要论消费能力，"80 后"绝对要让位给"70 后"、"60 后"乃至"60 前"的前辈。据支付宝对账单项目负责人介绍，一个"60 前"的网上支出抵得上近 8 个"90 后"。但是，不要忘了，年轻消费者的成长潜力是巨大的，随着这个群体收入水平的增长，其网购能力也将随之增长。

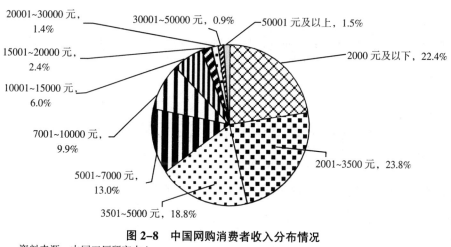

图 2-8　中国网购消费者收入分布情况
资料来源：中国工厂研究中心。

除了网购，年轻消费者在其他领域也是大放异彩，如余额宝的推出。2013年 6 月 13 日，天弘基金与支付宝合作推出的创新理财产品"余额宝"上线，其用户数不到 6 天就已经突破了 100 万。根据淘宝理财最新发布的相关数据可知，截至 2013 年第二季度末，在淘宝理财用户当中，18~23 岁（在淘宝理财上，年满 18 周岁的实名注册用户方可购买理财产品）的"90 后"最为活跃，占到了总用户数的 59.6%，超过半数；其次是 24~33 岁的"80 后"用户，占总用户数的 21.7%；其他则为 34 岁以上的消费人群。也就是说，"80 后"和"90 后"用户在

淘宝理财总用户中占比超过 80%。

分析来看，年轻消费群体成为主力军，其原因之一是年轻消费群体是在互联网环境中成长起来的人群，他们已经习惯了在电商平台上的消费模式，因此，他们比较能够接受互联网理财这种新兴事物。此外，由于网络理财产品相对于传统理财产品更加透明，购买环节和渠道也更加方便、快捷，因此一经推出就获得不少客户的青睐。

另外，有理财需求的年轻人手里的资金相对较少，他们很难逾越原有理财产品的理财申购门槛。而相较于传统的银行存款、基金、股票等理财方式，互联网理财产品的门槛较低，这也是年轻消费者更愿意选择此类模式的原因。如淘宝理财，其人均购买理财产品金额为 3417 元。对此，淘宝理财的运营专家警幻表示，在目前淘宝理财平台上，以低风险、有保本的保险类理财产品为主，起购额度最多也就 1000 元，有些甚至几十元，相比线下类似收益产品几万元的申购起点低了许多，使得原本被排斥在理财市场之外的"90 后"得以进入，获得公平的理财机会。

三、互联网金融背景下的商家 4C 营销

在商业银行的传统市场营销策略中，由于技术手段和物质基础的限制，产品和服务的价格、销售渠道、商业银行（或分支机构）所处的地理位置以及银行促销策略等构成了银行经营、市场分析和营销策略的关键性内容。美国密歇根州立大学的麦卡锡将这些内容归纳为市场营销策略中的 4P's 组合，即产品（Product）、价格（Price）、地点（Place）和宣传（Promotion）。但是，互联网和电子商务的快速发展在很大程度上改变了这种营销策略，它使地域和范围的概念没有了，宣传和销售渠道被统一到网上，因此在剔除了商业成本后，产品和服务的价格将大幅度降低。而一些其他的新问题被纳入营销策略需要考虑的范畴。例如，如何做好主页和建立网上交易与服务系统以方便消费者表达其要求服务的欲望和需求、如何使客户能够很方便地接受服务和咨询、如何使商业银行与客户之间建立方便快捷和友好的沟通等。在互联网金融背景下，营销模式变为以客户（Consumer）为中心进行营销，关注并满足客户在成本（Cost）、便利（Convenience）

方面的需求，加强与客户的沟通（Communication），由于这几个问题的英文打头字母都是 C，可以称之为基于 4C's 的营销模式。网络环境和电子商务彻底改变了商业银行传统的市场营销策略的基础，它极大地拓展了商业银行原有的市场营销的概念，为商业银行更进一步的发展提供了新的思路。

1. 从产品策略到满足需求策略

商业银行的产品是各种金融产品和所提供的相应服务，包括各种存款贷款服务、各种投资服务、信用卡以及结算等。在商业银行传统的 4P's 营销组合中，产品策略是很重要的一部分，商业银行提供的产品是否满足用户的要求，产品创新是否能够走到其他金融机构的前面，是否能够适应产品生命周期不断缩短的现状等，都是商业银行在营销中应该着重考虑的问题。但是随着互联网和电子商务的发展，产品策略中信息因素所占的比重越来越多。传统的产品策略开始发生倾斜，逐渐演变为满足客户需求的营销策略。

（1）产品从"物质"到"理念"的变化。传统意义上的产品多是一种物理的概念，即实实在在的东西或者是有形的服务。而信息化社会中产品的概念会发生变化，从"物质"的概念演变成为一个综合服务和满足的概念。也就是说，商业银行能提供的不仅仅是一些有形的产品和服务，而是一种综合服务的理念，是一种服务思想，它包括：直接面向消费者的各种金融产品和服务，产品形象、产品文化和后续产品的标准系列化，围绕消费者需求的新产品开发策略。

（2）产品生命周期的变化。在新产品开发过程中有一个周期的概念。在传统的营销和经营环境下，由于商业银行既不重视和消费者直接交流，也不重视对市场上消费者的需求变化等信息的收集和分析，信息的滞后使商业银行在掌握产品的饱和期和衰退期时总会不可避免地发生滞后。而在新的网络和电子商务环境下可以避免这种情况，因为商业银行和消费者可以在网上建立直接的联系并且及时了解消费者的意见。另外，由于在网上能从产品一投入市场就知道应改进和提高的方向，于是老产品还处在成熟期时就开始了下一代系列产品的研制，使得产品一直保持旺盛的生命力。

（3）信息管理方式由单向静态管理转向双向式动态管理。网络环境下的网上交易系统中所有的信息都不是一成不变的，而是动态变化的，允许信息提供者（通常是商业银行等供应商）随时随地动态地更新商品和服务以及有关方面的信

息（甚至是单位介绍信息），包括新产品的性能价格介绍、供求信息、服务信息（售后服务点、新增或变动服务点、服务承诺等）、单位信息（如商业银行总体情况介绍、主要职能介绍、迁址、增删分支机构、分行介绍等）、当今金融形势分析、股票市场行情、各种金融产品交易规则等，这种方法特别适合于当今社会市场竞争激烈、环境瞬息万变的情况，是传统广告方式不可比拟的。

2. 从按成本定价到满足需求定价

最早，商业银行的商品定价策略基本上是按着下面的公式进行：

商品价格＝开发（生产）成本＋生产利润＋销售利润＋品牌系数

在这种价格策略中，产品或服务的提供者即商业银行对价格起着主导作用，因为产品的开发成本很高，商业银行作为卖方，不会以低于成本的价格出售其开发的商品。正是由于这么高的开发成本，阻碍了商业银行对新产品的开发，从而使产品的生命周期很长，消费者没有新鲜的产品可选择，只好接受也许并不太满意的金融产品。而随着市场竞争的加剧、科学技术的发展和我国对外开放程度的加深，产品品种增加，产品生命周期缩短，产品更新速度加快，消费者对琳琅满目的商品的挑选余地越来越大，商品价格也越来越受消费者的"控制"，这时的价格策略逐渐变为：

商品价格＝开发（生产）成本＋生产利润＋销售利润＋品牌系数＋心理调整值＋竞争策略调整值

这个"心理调整值"基本上是根据消费者对某商品的心理价位对原商品价格进行调整，而"竞争策略调整值"则是根据本组织或机构的竞争策略，参考竞争者的定价调整产品价格，其可能是正值也可能是负值。

而新型的 4C's 组合则与上述两种定价方式均不相同，这种策略组合不再以商业银行的开发成本和销售成本为基础，而是根据消费者和市场的需求来计算满足这种需求的产品或服务的成本，是以满足需求的程度来计算成本的。由这种成本方式开发出来的产品和服务，是以消费者和市场为核心，以产品的最终职能——"满足需求"来计算的，因此，用这种方法制定出来的产品或服务的价格，其风险比较小。满足需求定价的公式如下：

消费者需求→产品功能→生产、开发与商业成本→市场可以接受的性能价格比→商品价格

3. 从传统商业到现代商业的运作模式

在商业银行传统的营销策略中，有非常强烈的地域限制。各个地区的总行之间划定各自的服务范围，我国各个省市内的支行又各自申请不同数量的分理处，从而形成了各自的区域范围。因此，商业银行在制定各种营销策略时，不得不考虑到营销渠道地域的问题。另外，我国明确地规定了各个商业银行的"管辖范围"，并在法律上规定了各个银行的业务范围，其中包括地域划分，因此从法律环境考虑也不能忽略商业银行的区域问题。同时，商业银行在制定营销策略时，还会受到所服务地区的银行业务覆盖范围、收入和消费水平、特点和职业结构等的限制。

在商业银行的现代网上营销策略中，情况就大不相同了。商业银行不再受地域的限制，而是可以延伸到任意网络可以到达的地方。商业银行的所有网上营销过程全部没有了地域的概念，相应的营销渠道和宣传策略也变成了电子商务的过程。商业银行和客户之间商务信息的交换和处理取代了原有银行和客户之间柜台交易过程中的大部分工作。在这种情况下，营销策略中要考虑的重要问题就是如何在网络空间上用丰富的商品信息资源吸引客户，以及如何使所开发出的电子商务系统既安全又方便地服务银行的各种客户。

在传统商业银行的运作模式中，另一个很重要的问题就是银行必须通过种种运送过程来保证现金的安全和流通顺畅。这样做的结果不但费时、费力，而且现金交易存在很大的风险，从物理的角度讲，作为现金的纸币和辅币都存在易损性，且易于丢失，不好保管，各种保管措施和安全设施大大地增加了商业银行的经营成本。在未来的商业运作模式中，情况将会有很大的不同，商业企业和生产企业以及消费者与银行进行结算时，可以使用电子现金，通过在网络空间上建立的密切联系，直接通过网络进行划拨，无须物理上的传送，既简捷又安全。

如果银行没有了网点

埃森哲公司曾在一份名为《2016 年的银行业》的报告中提出了"未来银行"的三种主要创新模式："智能多渠道"型银行、"社交参与"型银行、"金融或非金融数字生态系统"型银行。

不用等到 2016 年，在银行同业竞争加剧以及互联网金融浪潮的推动下，这些"未来银行"已然提前落地，越来越多的创新模式正在改变传统银行物理网点"刻板"的面貌。

在前面的案例中，我们讲到招商银行的"咖啡银行"，也讲到广发的"智慧银行"，而正在物理网点上变革的并非只有这两家。事实上，从 2013 年开始，招行、光大、建行、农行等陆续开设了以体验为主的智慧银行，开始尝试用移动金融、VTM 等智能设备替代传统的银行服务模式。如今，这些体验式的网点正在向功能性迈进。

在深圳建行前海分行营业部里，每天都要接待不少来自媒体的记者，以及同业其他银行、建行各地分行的考察团，因为其所在的网点是建行首家具有全功能的智慧银行网点。

走进网点，现代感十足的装修风格、各种高科技前沿应用以及智能设备完全打破了人们对传统网点固有的印象。临街的玻璃幕墙看似一面镜子，实则应用了 AR 增强现实技术，通过人脸识别和动态捕捉系统，客户可以和建行小精灵进行互动与合影，生动了解建行最新推出的房贷、理财、分期等产品。

在二楼的金融超市，客户只要在货架上拿起感兴趣的产品卡片，旁边的

图 2-9 互动桌、电视屏、手机、PAID 的四屏交互融合

屏幕就会自动播放该产品的动漫介绍。而在智能互动桌面上，客户经理现场为客户设计理财方案，方案还能即刻上传手机供客户带回家。

互联网金融的发展可以取代银行网点的很多功能。未来银行的业务是线上线下结合的，两者有分工，交易业务分流到线上，线下主要负责财富管理和复杂产品的销售。另外，未来银行要强化客户体验，让客户喜欢来网点，来网点不是为了办理交易业务，而是来学习理财、来社交。

告别冰冷的网点，客户可以在咖啡银行网点轻松、舒适、愉悦的环境里办理银行业务，也可以和银行工作人员像朋友一样边喝咖啡、边聊财富的保值和增值，让银行的服务更加亲切和人性化。

线上与线下分工，同样也是建行的思路。智慧银行另一个主打功能就是打造体验式银行，通过移动金融场景应用区的布局，在银行的实体网点提供客户体验和习惯培养的环境。客户在这里完成开户、签约、客户端下载，学会操作并实际体验手机银行的便利，以后转账、缴费、支付和结算类的操作都可以在线上完成，这是一种O2O的线上交易、线下体验运作模式。

未来，除了大额现金、理财咨询等业务，交易类的业务都可以在手机银行上办理，这也是以后银行业务基于移动金融发展的趋势，是银行物理渠道的有效延伸。

针对中国目前银行客户的情况，做到完全的"无人"服务还比较困难。而客户也需要"面对面"的一些服务，所以无人银行实际上背后也有客服人员做引导。

如今，银行客户对理财投资等方面的服务需求凸显出个性化的特征，在银行物理网点转向互联网、电子化的同时，客户也需要有人来解答服务咨询，例如理财产品详细情况介绍等，所以需要线上、线下结合。

资料来源：作者根据多方资料整理而成。

4. 从不定时的沟通到网络在线实时沟通

传统的商业银行与客户之间的沟通一般是通过相关的业务工作人员来进行的，这样，由于银行的工作人员有限，就只能保证与少数重点客户之间的信息沟通，其他大量的一般客户则不会受到同样的重视。在这种环境下，商业银行就不

能够通过与客户的亲切沟通来了解市场信息，同时，也无法接触到各种潜在的银行客户。而在网络和电子商务环境下，网络可以建立起厂家、商家、消费者和商业银行之间的在线实时沟通，这是由网络技术所决定的。在营销策略中，商业银行可以利用这一网络技术特点与各界建立不同层次的广泛沟通，以达到提高经营效率和赢得更大利润的目的。

（1）组织内部的实时沟通。如果将网络技术和商务信息的传递用于商业银行内部管理，就构成了商业银行内部网络即企业内部网。商业银行内部各个分支机构、各个分行、各部门、各成员、各个柜台之间的沟通完全可以通过网络来实现，内部员工可以通过电子邮件或者 BBS 等进行信息交换、实时讨论、提供建议等，部门内部开会通过网络就可以进行；各个分支机构之间的营业状况、相互之间的现有资金状况等商业信息能够通过内部网络传递于总部和分部之间，便于总行或各个支行的管理人员对本行业务进行了解和管理控制。

（2）商业信息的实时沟通。在各单位和各个银行之间及时沟通商务信息，也是商业银行网络营销的重要组成部分。这些信息包括各种金融产品的价格、金融期货市场的状况、客户信息和银行各个分行的动态联系等。通过商业银行和客户之间的实时沟通和各种新信息的交流，不仅有利于客户与商业银行各自的业务，还可以加深客户和商业银行之间的感情，树立良好的银行形象，便于吸引住老客户，进而通过老客户的宣传争取到更多的新客户，无形之中扩大商业银行的市场占有率。

（3）文化和感情上的沟通。在网络上树立银行和各种金融产品的形象将会是 4C's 营销组合中的重要内容。这是一种文化和感情上的沟通，是商业银行和其客户之间的人与人的交流，即双向沟通。商业银行在树立自己银行和产品形象的同时，会了解到消费者和客户感兴趣的内容，会发现自己产品的不足，会找到新的利润点，从而开始构思新产品、开发新服务和不断丰富、完善形象这个过程。最终，商业银行的"亲善"形象会使消费者对银行的网址发生兴趣并记住它，更为重要的是在生活中不断地自觉宣传它。

（4）与客户的沟通。商业银行网络营销策略中与消费者和客户的沟通大致分为两个部分：如何在网络上介绍自己的产品；如何"营造"出一个好的服务环境。通过对访问站点人数的统计了解消费者的购买意向，可以发现产品和经营中的一些问题，便于及时地改进。

因此，在网络环境下，商业银行应该打破传统的营销策略的范畴，从网络的角度和无限制地域的前景中找到新的营销视点。网络意义上的4C's组合打破了传统营销的局限，从客户的角度出发，处处以客户和商业银行的长期发展为主要目标，力图实现"服务营销"的最高境界，从而在未来的网络世界中领先一步，在越来越激烈的商业化竞争中独占鳌头。

四、传统金融服务的互联网延伸

互联网金融的第一种模式就是金融借助互联网渠道提供销售服务，在这种模式中，资金融通仍为核心，互联网技术是连接渠道，提供更高效的服务是目的。

渠道模式的互联网金融所经营的产品在产品结构上并没有明显的创新，不是严格意义上或金融产品意义上的"新金融"，而只是金融销售渠道、金融获取渠道意义上的创新。互联网在渠道意义上挑战传统的银行和资本市场，但在产品结构和产品设计上与银行、保险、资本市场等所经营的产品没有区别。金融的本质没变，还是交易各方的跨期价值交换，是信用的交换。互联网的出现，改变了金融交易的范围、人数、金额和环境，但没有改变金融交易的本质。渠道模式的互联网金融主要包括两大类：一是门户网站提供的互联网金融，如新浪微财富平台、百度百发等；二是互联网公司与金融机构联合推出的理财产品，如余额宝、现金宝等。

1. 银联

2002年3月26日，一直为社会各界所关注的中国银联股份有限公司在上海正式举行了挂牌仪式。在此之前同年1月13日，中国人民银行宣布北京、上海、广州、杭州和深圳的银联卡可以进行跨行、跨地区的联网通用；同时，2002年内将有包括5城市在内的40个城市实现现有银行卡的联网通用，2003年底，银联卡将在全国范围内全面推行。中国银行业联网联合之路终于有了一个里程碑式的纪元。迄今为止，银联取得了很大的发展，并有着很多创新成果。

在2009年金融展上，中国银联携智能卡手机支付、互联网支付和N3智能卡多应用平台三项创新科技产品参展。这些产品集中反映了中国银行卡产业的前

沿科技和发展趋势，它们的不断普及使人们的生活发生了巨大的变化。

作为国内卡组织巨头，银联在 2013 年下半年推出"银联钱包"的增值服务。通过此服务，消费者能通过刷卡实现优惠和支付的统一，为消费者省钱的同时提供便捷。"银联钱包"的推出标志着银联首次试水建设线上到线下的开放型银行卡增值服务 O2O（Online to Offline）平台。值得关注的是，"银联钱包"背后的意义并非局限于产品本身，打造"银联钱包"是银联加速市场化转型的重要措施，同时银联借此搭建银行、商户和专业化服务机构的开放式平台，加强与银行、收单机构、支付机构和商户的黏度，以在与国际卡组织竞争中占据优势。

2014 年 1 月，中国银联与新浪互联信息服务有限公司及其子公司新浪支付科技有限公司宣布达成三方合作，通过整合各自产品、客户、渠道等资源，进一步丰富和提升互联网支付服务，共同打造开放合作、互利共赢的互联网支付生态圈。新浪是我国四大门户网站之一，是覆盖全球华人社区的最大中文门户网站，新浪微博用户目前已达 5 亿之多，优势异常显著。而中国银联几乎就是中国银行卡业的象征。银联实现了银行卡在全国范围内的联网通用，截至 2013 年末，国内受理银行卡的商户超过 700 万户，POS 终端首次超过 1000 万台，同时 ATM 超过 50 万台，国内累计发行银行卡近 40 亿张，居全球之首。2013 年，银行卡跨行交易总额高达 32.3 万亿元。银联拥有国内银行卡间清算的垄断权力，一般商家需要拿出交易额的 1% 给交易环节上的各家金融机构，包括发卡行、接单机构和清算机构，其中清算机构只有银联一家。发卡行拿到这笔钱的七成，接单机构拿到两成，银联稳收一成。此外，银联还在继续打通产业链，力图通过布置银联的 POS 机介入接单环节，获取更丰厚的利润。目前在接单环节，银联旗下的银联商务也处于绝对领先的地位。

2. 网上银行

网上银行又称网络银行、在线银行，是指银行利用互联网技术，通过网络向客户提供银行服务的虚拟银行柜台。自 1995 年 10 月 18 日全球第一家网上银行——"安全第一网上银行"在美国诞生以来，目前全球有近千家银行加入了互联网，其中有 100 多家可提供在线金融服务。在国内，中国银行于 1996 年第一个在互联网上建立了自己的主页，同年末，招商银行又率先在国内推出了网上金融服务，并于 1999 年 6 月全面启动了网上银行业务。其中，招商银行的"一网通"已经被业界公认为目前最适合国内市场的最成功的网上银行。继招商银行之后，工商银行、建设银行、农业银行、浦发银行等多家商业银行也相继开展了网上银行服务。据统计显示，中国目前已经有 20 多家银行的 200 多个分支机构拥有网址和主页，其中开展实质性网上银行业务的分支机构达 50 余家，客户数超过 40 万。

网上银行是一种高科技、高智能的"AAA"式银行，即能在任何时间（Anytime）、任何地方（Anywhere），以任何方式（Anyhow）为客户提供服务的银行。网上银行的出现彻底改变了银行业的经营环境，使传统银行面临严峻的考验和挑战。相对于传统银行，网上银行具有以下优势：

（1）低成本优势。网上银行是虚拟化的电子空间，主要借助智能资本为客户提供服务。客户无须银行工作人员的帮助，即可自助式地获得网上银行高质、快速、准确、方便的服务。网上银行的组建成本较低，其创建费用只相当于传统银行开办一个小分支机构的费用。而且业务成本也较低，据工行统计，单笔手工交易业务的平均成本约为 3.06 元人民币，而网上银行的单笔成本仅为 0.49 元。

（2）服务个性化优势。传统银行一般是单方面开发业务品种，客户只能在规定的业务范围内选择自己需要时提出具体的服务要求，网上银行一对一的金融解决方案使金融机构提供的产品和服务更具个性化、更有针对性，从而增强客户的认同感。

（3）不间断的标准化服务优势。网上银行系统与客户之间可以通过电子邮件、账户查询、贷款申请或档案更新等途径，实现网络在线实时沟通，客户可以在任何时候、任何地点，以任何方式享受到银行全方位 24 小时的不间断服务。同时，网上银行提供的服务可以避免由网点工作人员的业务素质高低及情绪好坏所带来的服务差异。

（4）服务快捷优势。网上银行实现交易无纸化、业务无纸化和办公无纸化。全面使用电子货币取消了纸币的使用，一切银行业务的办公文件和凭证都改用电子化文件、电子化票据和证据，签名也采用数字化签名，利用计算机和数据通信网传送，利用 EDI（电子数据交换）进行往来结算，这些使瞬间传递变为现实。

（5）业务全球化优势。传统银行是通过设立分支机构开拓国际市场的，而网上银行只需借助互联网，便可以将其金融业务和市场延伸到全球的每个角落，这一金融运营方式的革命，使得银行竞争突破国界变为全球性竞争。

3. 互联网基金

近年来，随着以云计算、大数据、社交网络等为代表的新一代互联网信息技术的快速发展，互联网企业靠其多年积累的海量用户活动记录数据，不再局限于以信息技术支持为主的传统互联网业务，开始逐步向金融业务渗透，构建出以互联网为交易渠道的互联网金融模式。互联网金融产品近两年层出不穷，例如，阿里巴巴集团推出了阿里小贷，是大电商企业在小微贷领域的创新；人人贷、宜人贷等公司推出了互联网个人对个人的信贷业务（P2P）。互联网金融开始逐步打破传统商业银行在金融业务方面的垄断。

2013 年 6 月 13 日，支付宝网络公司开通余额宝功能，与天弘基金公司合作，直销第一只互联网基金。作为一种创新性互联网金融产品，短短两个月规模已超 200 亿元。按此规模计算，从上线至今，余额宝以平均每天 3 亿元的增速在成长，市场预期规模将超过 1000 亿元。随后，东方财富公司上线"活期宝"互联网基金，规模在短期内也超过百亿元。互联网基金的出现引起了金融市场的高度关注，它具有以下特征：

（1）效率高，成本低。互联网基金以互联网平台交易和大数据分析为基础开展业务，比以商业银行为主要销售渠道的传统基金销售模式效率更高且成本更低，提高了投资人的收益率。

（2）操作便捷，人人参与。互联网基金业务操作过程便捷流畅，给予客户极佳的交易体验。互联网基金业务的资金交易门槛很低，有效缓解了金融排斥，提高了社会金融福利水平。

（3）信息对称，供求匹配。互联网基金模式实现了基金销售的"金融脱媒"，基金公司通过互联网平台公司将基金产品直接送到海量的互联网客户群体面前。同时，互联网客户可以通过网络平台自行完成对基金信息的对比、甄别、匹配和交易，有效激活了市场存量资金，提高了社会资金的使用效率。

4. 金融混业经营模式

在传统金融时代，我国实行金融业分业经营原则，通常是指金融业中银行、证券和保险三个子行业的分离，商业银行、证券公司和保险公司只能经营各自的银行业务、证券业务和保险业务，一个子行业中的金融机构不能经营其他两个子行业的业务。虽说分业经营能增加金融系统的稳定性和安全性，但以法律形式所构造的金融业务相分离的运行系统，使得金融业务难以开展必要的业务竞争，具有明显的竞争抑制性，并且分业经营使商业银行和证券公司缺乏优势互补，证券业难以利用、依托商业银行的资金优势和网络优势，商业银行也不能借助证券公司的业务来推动其本源业务的发展。而在互联网金融时代，公司可以利用互联网的开放性和兼容性，突破分业经营的枷锁，创造出全新的混业经营模式。信息技术公司、电子商务平台，以及依靠这个机遇成长起来的网络支付机构，掌握了大量的客户信息资源，这种海量、多样、快速的信息就是"大数据"。在大数据的支撑下，这些公司和机构完全具备了跨业经营的能力，可以利用自身的平台实现很多传统金融业的功能。

通过互联网平台对所有金融机构开放共享资源，可以为金融产品销售人员发布各种金融理财产品、项目信息，为客户打造和定制金融理财产品。在金融混业经营中使用的互联网平台定位于服务 500 万金融机构和非金融机构及客户经理，并将囊括房产、汽车、奢侈品销售人员，提供一个开放共享、进行综合开拓交叉销售的平台，悬赏、交易、展示、学习以及管理和服务自己的客户。

金融业混业经营由于具有服务项目多样化、规模效率高、调整灵活、易顺应环境变化以及金融创新空间大等客观优势，已被世界上越来越多的金融机构所采用。但混业经营客观上也使得金融非协同效应显著超越经营协同效应，过度的金融创新使交易对手、信贷机构、评级机构、监管机构都无法准确地评价新业务独立风险，诸如"次级按揭贷款"、信用违约掉期（CDS）等创新工具最终脱离了金融监管的能力范围，使得经营复杂金融产品的金融机构杠杆率过高，最终导致金融风险集中爆发，而且危机一旦发生，由于资本纽带和担保关系将引发新老业务的风险串联，使得金融风险扩大化。

金融互联网化的起源就是让银行挠头的"金融脱媒"（指在金融管制的情况下，资金的供给绕开商业银行这个媒介体系，直接输送到需求方和融资者手里，造成资金的体外循环），正是因为信息技术的迅速发展，金融领域的银行、基金管理等金融范畴都逐步地网络化。

电子银行（主要包括网上银行、电话银行、手机银行、自助银行以及其他离柜业务）就是金融互联网一个很好的佐证，它的出现很好地帮助银行客户减少了物理性交易成本。不过，几年来，银行似乎在网络化上止步于此，直到马云的

"银行不改变，我来改变"喊醒了从前"以不变应万变"的银行家们。

从根本而言，阿里开始做支付实际上就已经进入了金融领域，商业银行传统的存贷汇，支付是其中的重要组成部分。另外，支付宝之所以能够完成线上支付，采取的是虚拟账户的方式，而虚拟账户的建立实际上就是账户。如果要把电商进入金融说得更严重些，如比尔·盖茨所言，传统商业银行都将会成为 21 世纪的恐龙，银行将灭亡。随着信息技术的发展，传统的金融业也可能走向衰亡。

今天，不甘将业务拱手让人的银行就把第三方支付作为其自救的突破口。

平安口袋银行设计团队就开发了手机无卡取现、手机钱包、快捷转账等功能，并增加了更多的金融资讯、金融行情等信息功能。另外，平安银行手机银行还推出了掌上商城，完成了对客户吃喝玩乐资讯的提供以及预订业务。

华夏银行小企业服务团队在三年间自主研发出基于互联网技术的资金支付管理系统（CPM），该系统集信用中介、支付中介、信用创造、金融服务四大银行基本职能于一身，具有在线融资、现金管理、跨行支付、资金结算、资金监管五大功能。如今，华夏银行的"平台金融"服务模式给不少的企业提供了网上金融服务。

现在金融行业的基本特征是混业经营，包括产品混业、营销模式混业。网销在混业经营大环境下是一种多元经营模式下的某个环节，如网销和电销结合、网销和个险代理人的结合。可以说，这样的混搭已成为了发展趋势。

在越来越多的互联网企业开展跨业经营、提供金融服务的情况下，金融监管模式有必要从机构监管向功能监管转型，针对其不同于传统金融业的特点，制定有针对性的监管措施。另外，在保证投资者资金安全和防范风险的基础上，也应尊重互联网业务的自身发展规律。监管机制在未来一定会更多地考虑互联网金融下的混业经营，企业在涉及互联网金融时也要适应监管规律和要求，最大限度地发挥互联网的潜力。

5. 金融交叉销售模式

所谓交叉销售，就是发掘现有客户的多种需求，并通过满足其需求而实现销售多种相关的服务或产品的营销方式。

营销实践证明，交叉销售在银行业和保险业等金融领域的应用效果最为明显。这是因为，消费者在购买这些产品或服务时，必须提交真实的个人数据资料。这些数据资料，一方面可以用来进一步分析顾客的需求，作为市场调研的基础，从而为顾客提供更多更好的服务；另一方面也可以在保护用户个人隐私的前提下，将这些用户资源与其他具有互补性的企业互相营销。

金融企业通过数据挖掘技术对客户信息进行细分，再进行有针对性的产品和服务的交叉销售，提高了市场营销工作的精准度，同时也提高了顾客满意度和忠诚度。

交叉营销是指在整合拥有的各类营销资源的基础上，提供一个较低成本的渠道去接触更多的潜在客户。其模式往往建立在若干个有相关用户需求特点的企业或企业内部组织之间，目的是降低营销成本，主要体现为通过交叉营销使模式中的关系组织均能得到更多的潜在用户而不需要因此增加额外的营销费用。交叉营销之所以能够增加各参与方的收益，主要在于其突破了"个体"层级的局限，在一个"1+1"结构的简单交叉营销模式中，每一个"1"都不再是与"2"一样的个体，而是"1+1"这个组合体的一部分，"1+1＞2"的关键不在于我们看到的表面数量的叠加，而是背后两个个体立足于整体结构所进行的合理性组合的过程，这个过程产生了著名的"米格−25效应"，即对多个相对落后的部件基于整体合理性的考量进行重新组合，就产生了优于相对先进部件常规组合的整体效应。这就是交叉营销在没有增加资源投入的情况下增加回报的秘密所在。

交叉销售打破理财行业的机构壁垒，通过平台上各类理财产品的展卖聚拢投资人资源，促进金融产品销售人员产品的销售。金融产品销售人员可以在平台上进行内部的交流沟通和资源置换，在不同产品领域寻找并组建自己的合作团队，达成利益分享规则，团队内共享投资人资源，为投资人推介团队内部产品进行资产配置，从而实现金融产品销售人员间的交叉销售合作，取得共赢。

章末案例：

平安集团：打造金融生态圈

自1995年中国平安提出探索综合金融模式以来，至今已20年。这期间，中国资本市场几经沉浮，但中国平安始终坚持在综合金融的道路上探索这条独具特色的成长之路。

如今，中国平安的综合金融战略框架已经搭建成熟，保险、银行、投资

三大传统主营业务协调发展，非传统互联网金融业务引流获客、聚焦迁徙。在综合金融战略优势的助推下，中国平安的业绩也成为市场上的一枝独秀。

1. 交叉销售

平安保险是交叉销售的探路者，平安集团最初的交叉销售主要在产寿险之间进行。数据显示，2003~2005 年，平安财产险通过寿险交叉销售的业务由 4.43 亿元增长至 13.38 亿元，两年增长了 2 倍。同时，财产险交叉销售业务占总财产险业务的比率也由 2003 年的 5.2% 提升至 2006 年 9 月的 10.5%，体现出交叉销售的巨大潜力。

后来随着平安集团完成了对保险、银行、资产管理公司三大支柱的资源整合，交叉销售延伸到银行、信托、证券等非保险业务。

目前，平安集团已成为国内交叉销售最为活跃的金融集团，交叉销售的框架已经初步完成。

中国平安发展 20 多年，在渠道建设方面着力甚多。为实现交叉销售，平安保险在整合旗下业务、建设后援平台上投入了大量的资金。随着其综合金融战略的推进，交叉销售实践日趋深化，平安在渠道建设方面表现出越来越鲜明的综合金融特点。

保险集团内部强大和完善的 IT 平台，是保险集团进行交叉销售的信息技术优势。保险集团对于信息技术的广泛应用与信息数据的传递、存储的高标准要求，以及通过客户关系管理数据库的建立对客户信息进行积累和分析，为保险集团公司进一步分析客户的购买行为和购买规律，提高交叉销售的准确性和成功推行交叉销售具有重要作用。

近年来，保险业集团化发展和混业经营格局初步显现，财险公司和寿险公司纷纷"扩军"，中国人保、中国人寿和平安保险等保险巨头都拥有寿险、财险、健康险等子公司，交叉销售也成为大势所趋。子公司之间的交叉销售正促使保险公司向综合化经营迈进。

但是，保险集团内部产寿险之间的交叉销售仅仅是交叉销售的初步阶段，更高阶段的交叉销售是在银行与保险之间的交叉销售。

中国平安控股平安银行后，与其他保险公司相比在渠道方面具有明显优势。银行和保险的合作将产生良好的协同效应，平安的银行与保险交叉销售主要体现在客户资源共享、资金拆借、银保销售、理财产品等方面。平安控股合并深发展以后，银保双方作为利润导向型的市场主体，将进一步改进和深化合作模式，变短期、单向的策略合作为长期、稳定、利润共享的双向战略合作，将合作内容拓展到组织设计、信息共享、产品共同设计、人员培训领域。

2. O2O"车主生态圈"

买车、用车、玩车、养车，甚至吃喝玩乐等车友关注的日常信息都将在一个互联网体系内打造，这在未来的1~2年将全面实现。

如果你想买一辆车，在这里将可以为你推荐心仪的车型，免去评测、比较的烦恼；如果你已经有车了，那么还有各种车饰、零配件、养车用车服务、保险、维修厂商等优惠商品供选择。未来平安"车主生态圈"互联网平台将给广大车主带来这样的互动。目前，平安互联已经成功建成积分兑换、理赔服务、违章查询等模块，接下来将全面整合车主日常汽车生活的一切所需。据了解，无论是购车者、车主、汽车制造商、经销商、零配件供应商、维修厂商、各种配套设施供应商，平安都将为双方提供免费的优良服务，形成一个完整的汽车交易生态链。而在这个链条中，平安将嵌入自己的金融服务，如购车贷款、租赁、二手车抵押，后期还将加入自驾游甚至衣食住行的优惠等，为车友们带来与车相关的一站式服务。

平安希望"车主生态圈"能成为为汽车各项需求提供整体解决方案的平台。"车主生态圈"未来战略定位是一个融车主服务、交易服务、金融服务为一体的O2O综合电子商务平台，以流量促交易，以车主服务增强客户黏度，通过此平台消费者可以享受到汽车用品购买、车辆保养、维修、事故理赔、代驾等信息，将集成大量商家优惠，同时围绕衣食住行为车友提供生活便利，让车主享受到优质、快捷的一站式汽车生活服务体验。

3. 传统金融切入"医、食、住、行、玩"

中国平安在互联网领域的布局在继续扩张。近来，先有"好房网"上线，再有平安银行与1号店合作发行1号店联名信用卡，紧接着平安银行继续推出面向货代企业的"货代运费贷"互联网贷款产品。

在中国平安掌门人马明哲的"平安战车"战略和"4-2-3-1"阵型驱动

之下，中国平安在非传统金融业务上进一步加速，将金融服务融入客户"医、食、住、行、玩"的生活场景和需求，通过传统与非传统齐头并进，最终实现"一个客户，一个账户，多个产品，一站式服务"的目标。

近期备受关注的平安好房的推出正是平安对"住"这一生活场景的建设。在此之前，平安已经在社交、医疗、支付、消费等生活场景有所布局。其中，平安好车目前已经建立了 11 家线下门店；"万里通"积分商圈规模从 2012 年底的 0.5 万家终端大幅增长到 2013 年底的 20 万家，增长了 40 倍。

平安搭建的这些平台之间的交叉销售已经开始。以"平安好车"为例，其实经营二手车只是平台的基本功能。平安此前在调查车险客户流失情况时，发现有很多客户是因为进行了二手车买卖而没有在平安续保。与此同时，平安产险接到大量客户电话，希望平安产险能出相关证明，证明该客户的车在平安购买车险期间没有发生任何事故，车况良好。为此，中国平安通过"平安好车"提高老客户换车后的续保率，并招揽买二手车的新客户。与此同时，还会推介平安银行的车贷业务，这样就使得过去一张车险保单有可能扩展成三单业务，即两张车险保单再加车贷业务。

如今，中国平安已经完成包括陆金所、万里通、平安付、新渠道、好车、好房、征信、健康管理等在内的非传统业务板块布局。

按照马明哲的构想，非传统业务板块将起到引流获客的作用。马明哲曾公开表示，平安的互联网金融立足于社交金融，将金融融入"医、食、住、行、玩"的生活场景，实现与用户的高频互动，并从生活到金融，推动非传统金融客户转化和迁徙成为金融客户。

对于中国平安来说，互联网金融不仅仅是一种业务模式，更多的是这个庞大的金融组织选择的一种生存状态。在较早之前，马明哲就意识到科技对于金融业态的颠覆性力量，并在平安内部提出"科技引领金融"的战略思路。

事实上，非传统业务板块算是中国平安综合金融战略最为典型的体现，其板块内的每一条业务线的背后，都绑定着一家或多家传统业务板块，如平安好车的背后导入的是平安银行的车贷和平安财产险的车险业务。

对于综合金融战略，马明哲曾经说过："迎难而上是平安成就百年基业的唯一武器。守业被淘汰是必然的，这是历史永恒的规律。综合金融是全球金融业的发展趋势，是时代发展的必然产物，平安唯一的选择，是顺应客户的需要，顺应市场的变化。无论在什么行业，只有顺应市场和客户的要求，企业才能生存并获得可持续发展的源泉和动力。"

20多年来，中国平安也是一直在综合金融的道路上"上下而求索"，并逐渐获得区别于其他金融集团的核心竞争力。

资料来源：作者根据多方资料整理而成。

支付与跨界的融合

阿里巴巴的互联网支付霸主

第三方支付行业已经进入了一个规范发展的阶段。第三方支付通过在网络交易的买卖双方之间设立过渡账户，有效保障了交易过程中的货物质量、交易诚信、退换要求等环节，解决了网络交易的信用支付问题，促进我国电子商务进入迅速发展的阶段。支付宝作为全球领先的移动支付公司，目前实名用户超过3亿，手机支付用户超过1亿，其发展过程相当程度上体现了中国第三方支付的发展轨迹。

1. 支付宝的发展

支付宝是国内领先的独立第三方支付平台，是由前阿里巴巴集团CEO马云在2004年12月创立的第三方支付平台，是阿里巴巴集团的关联公司。目前，支付宝实名用户超过3亿，在电商支付、移动支付、航空支付等多个领域占有优势。

支付宝公众服务平台是支付宝为个人、企业和组织提供的直接触及用户的服务平台，入驻商户可以通过此平台对用户进行信息推送、交易场景打通和会员服务管理。支付宝公众服务平台面对所有支付宝钱包用户，目前已经超过1亿，并在飞速增长。

　　与微信公众平台相比，支付宝公众服务平台的优势在于拥有的用户都带有现金流，在每个支付宝账户的背后，有着信用卡、银行卡、余额宝，只要商户提供优质商品和服务，用户的付款流程会非常流畅。

　　除此之外，作为国内最大的第三方支付平台，十年来支付宝积累了海量的用户交易行为数据，并搭建了强大的用户模型，这部分用户模型正在与公众服务平台逐步打通，入驻公众服务平台的商户可以通过后台了解到用户的具体信息，并根据用户特征，给不同的用户发送不同的消息、推送不同的商品，实现精准营销。

　　2005~2007 年，支付宝系统从轻量型多层架构起步，快速使支付宝成为服务于整个中国电子商务的第三方支付平台。从 2007 年起，支付宝开始研发第二代架构，通过面向服务的架构模式重构支付宝平台，以应对快速增长的业务量与灵活多变的应用场景。

　　2. 支付宝的支撑体系

　　支付宝平台能做到国内顶尖水平，与其先进技术和敬业精神密不可分。具体而言，支付宝安全技术体系、支付宝公众平台、阿里金融云计算为其三大支撑。

　　（1）支付宝安全技术体系。随着云计算的发展，安全技术成为互联网应用技术体系中越来越重要的一环。安全能力可以说是金融企业的核心能力。支付宝作为一种互联网金融，其安全理念更是以端+云两种方式协同去做风险控制。

　　支付宝安全技术架构的发展经历了从 1 代到 4 代的艰辛历程：2006~2007 年，1.0 架构：功能简单，规则过滤，烟囱型功能模块；2007~2010 年，2.0 架构：提供多业务支持，识别、决策和管控独立，服务化；2010~2013 年，3.0 架构：风控体系平台，标准化快速接入，模型+规则的支持；2013 年至今，4.0 架构：数据云，实时智能的运营闭环，多维立体识别和管控。

　　自成立以来，支付宝从安全体系理念以及安全技术架构两方面进行探索，紧紧围绕满足用户便利性和安全性双重体验要求逐步发展。同时，在安全技术体系发展中具有明确的长远目标和敢于面对挑战的勇气，使支付宝在未来更具潜力。

（2）支付宝公众平台。支付宝钱包是支付宝面向未来支付的一个独立品牌。从支付工具出发，逐步成为生活服务和金融理财的入口。这个定位变化，对支付宝钱包业务和技术挑战都很大。公众服务平台建立在业务诉求以及原有支付宝开放平台基础之上，并建设成为一个更加开放、更为轻量的平台。支付宝钱包具有开放的特性，使其成为服务的总入口，给用户带来无限的价值。目前支付宝钱包的用户数已经远远超过1亿，成为国民级APP。

支付宝在7.6版钱包的发布时正式推出"公众服务"。在支付宝钱包内，用户不必下载第三方应用，只要添加自己所需的公众服务账号，就可以在手机上享受多项公众服务。这种方式与微博上的实名认证，以及微信上的公众服务账号类似，可以由商户直接接触用户，并为用户提供多元化的服务。支付宝钱包7.6版全面加强了"扫码"功能，不但能够扫描商品条码比价、扫描二维码付款、扫描快递单号查物流，还将投入使用全新的"拍卡支付"技术。

支付宝钱包功能强大，主要功能有转账、水电煤气缴费、信用卡还款、余额宝管理等。转账：目前转账到银行卡功能已支持国内100多家银行间的跨行转账，有80%的用户选择使用手机转账到卡，最快10分钟即可到账，且手机转账5万元以下全部免费；水电煤气缴费：450个城市的用户可以使用这一服务，其中又有超过36%的用户选择在手机上缴费；信用卡还款：支持38家国内主流银行信用卡跨行还款，当天24点前到账，最快10分钟，使用支付宝钱包还款全部免手续费；余额宝管理：备受关注的余额宝已经登录支付宝钱包，这个理财项目进入支付宝钱包后被称为"最成功的手机理财服务"。

（3）阿里金融云计算。2013年底，阿里云对外宣布整合阿里集团旗下资源，正式推出阿里金融云服务。金融云服务业务范围主要是为银行、基金、保险等金融机构提供IT资源和互联网运维服务，还为金融机构提供必要的标准接口等。

阿里金融云总体规划中主要涉及大规模分布式云操作系统（飞天平台）、云计算服务、金融增值服务、金融能力开放以及金融行业合作伙伴等内容。飞天平台是大规模分布式集群操作系统，可以将几千台PC Server合成一台

"超级计算机"。

3. 阔步向前的跨界金融之路

（1）并购新浪微博。2013 年 4 月 29 日，阿里巴巴和新浪微博宣布达成战略合作协议。阿里巴巴通过其全资子公司，以 5.86 亿美元购入新浪微博公司发行的优先股和普通股，占微博公司全稀释摊薄后总股份的约 18%。同时，新浪授予了阿里巴巴一项期权，允许阿里巴巴在未来按事先约定的定价方式，将其在微博公司的全稀释摊薄后的股份比例提高至 30%。

（2）入股高德地图。2013 年 5 月 10 日，淘宝十周年庆典当天，阿里巴巴和高德双双宣布，阿里巴巴以 2.94 亿美元入股高德。收购高德是阿里巴巴布局 O2O 的重要举措，或将会通过高德大量的位置信息和数据结合自身的商家推动 O2O 的进一步发展；这同样对菜鸟网络意义非凡，将使菜鸟更加智能；另外，地图应用将会是未来移动互联网的重要流量入口，对于互联网金融布局来说，移动流量入口的意义极为重大。

（3）推出余额宝。继早期的阿里小贷，余额宝成为阿里巴巴集团互联网金融布局的又一颗重要落子。2013 年 6 月 13 日，阿里集团旗下支付宝推出"余额宝"，用户在支付宝网站内就可以直接购买货币基金等理财产品并获得收益。除了购买理财产品，"余额宝"内资金仍可以同时用于网上购物、转账和缴费。余额宝是马云"搅局金融"的一个有效武器，推出不久，阿里巴巴趁热打铁，将其在移动端上线，绑定用户的消费和理财行为。

（4）与银行合作。2013 年 9 月 16 日，民生银行公告了和阿里巴巴达成的八项合作协议，包括资金清算与结算、信用卡业务、信用支付业务、理财业务合作、直销银行业务、信用凭证业务、互联网终端金融、IT 科技。至此，阿里巴巴正式与民生银行达成战略合作协议。其实在民生银行之前，阿里巴巴就与至少不下八家大中型银行签署了战略合作协议。在民生银行高层眼里，这些合作主要基于具体业务，且过多集中于操作层面，民生则扩大了合作领域。双方合作协议并不局限于融资，更着眼于未来大零售战略布局。

互联网金融蓬勃发展的背后是对技术的高要求和新挑战，互联网公司依托技术正在逐步向金融领域跨界渗透，数据是重要资产的理念已经是金融行业的共识，而对于数据的洞察力也成为核心竞争力；云计算在金融业应用前

景广阔，与数据挖掘技术结合，可以增强数据处理能力，且利用云计算相关技术可实现金融电子化，降低整体拥有成本。

资料来源：作者根据多方资料整理而成。

假期到来，正是上班族的欢乐时光，您打算趁着这个假期去圣洁的香格里拉感受那优美的风景和独特的风情。于是，您掏出手机搜索了去香格里拉的火车票，万幸，票源充足，您当机立断预订往返火车票，并通过支付宝支付成功。而当您赶到火车站，恰巧还有 1 个小时的空闲时间，那意味着您的银行时间到了。打开智能手机，确认工资已经到账、偿还信用卡、进行公共事业费缴纳，并将资金转入储蓄账户。在上车之前，您还有足够的时间通过手机定位最近的自动存取款机，并获得您所喜欢的午餐餐厅的电子优惠券。吃完之后，还有一点时间，你决定去附近的商场逛一逛，于是你选了一顶漂亮的帽子。而付账的时候，售货员说用手机支付可以打折，于是，你很高兴地拿出手机，靠近那个盒子模样的机器，就这样完成了你们的交易。

这就是互联网金融时代下人们的支付，很多业务已经不需要人们亲自去网点办理了，缴费付账也不需要你掏出钱包和现金了。这与传统银行服务有着天壤之别，但就互联网和移动技术可提供的功能而言，这仅仅是一个开始。随着手机技术的发展和网络速度的提高，消费者对金融活动的期望也随之增高。下一代客户希望服务能适应他们的生活方式，而不是遥不可及。

一、互联网金融支付已经改变了我们的生活

1998 年 4 月，招行员工彭千通过"一网通"网上银行支付系统，从先科娱乐传播有限公司购买了一批价值 300 元的 VCD 光碟，完成了国内第一笔网上买卖，但这离网上购物真正的流行还有五年以上的时间。

2003 年 10 月，远在日本横滨留学的淘宝卖家崔卫平将一台九成新富士数码相机，通过支付宝"担保交易"卖给西安买家焦振中，这是该支付工具第一笔交易，预示着网上支付和网上消费即将空前繁荣。截至目前，仅仅支付宝一项工具就拥有中国 3 亿的注册用户，整个网上支付产业的发展拉动了网络经济，更在无

形中改变了 2 亿人的生活模式。

事实上，当时整个网购市场也还处于萌芽期，网络交易之间的付款主要依赖银行间转账或是同城面对面的交易付款。因为支付形式的单一，让网购市场的发展停滞不前，2004 年网上支付市场总额不过 72 亿元。

但支付的"瓶颈"一旦解决，正接触网络购物的用户立刻变得疯狂起来。2005 年，中国网络购物用户数已经高达 1855 万人，相应地，第三方支付平台的市场规模增至 161 亿元。

2006 年，更多的用户发现，第三方工具已不仅可以用于网上购物的付款环节，它还可以买机票，甚至缴纳水电费。

2008 年 10 月，经由支付工具与银行的合作，上海和杭州地区的市民可以轻点鼠标缴纳水电煤气费用。与此同时，徐州和云南的用户可以上网缴纳通信费。在广东韶关，全市参加社保的人员可以使用支付宝缴纳医保。在浙江，很多地市则可以通过支付宝缴纳养路费。除此之外，网络支付工具还增加了许多生活化的场景，如 AA 餐费、发红包、信用卡还款等。

此时，网上支付不仅仅是网购专利，它已经深深地融入了各种生活场景，成为人们青睐的选择。

对银行而言，这意味着我们必须突破传统思维，重新思考我们开发产品和服务的方式。在下一代银行中，不存在自上而下、视野不足的创新。我们绝不能问"我们希望销售什么？"而必须问"客户需要什么？我们如何帮助他们做到这些？"

对于银行及其他金融机构来说，网络支付的兴起，无疑也逼迫着它们在支付上进行创新。例如，秉承着"方便、快捷、简单"的原则，银联的网上支付、快捷支付、闪付等应运而生。

快乐闪付　一晃就搞定了

四川某大学的小 A 课余时间喜欢在超市买些小东西，去时总得准备好零钱。因为买东西不多，也不贵，没带零钱就很不方便。今年开年，小 A 在工商银行办了张银联 IC 卡，到附近超市买东西，像刷公交卡一样，一晃就搞定了。闪付时不用输密码，充值可以通过 ATM 机、银行柜台完成，很方便。

受小 A 的影响，身边同学用闪付的人越来越多，其宿舍同学都已经习惯了闪付。

镜头转到另一个繁华都市——中国香港。香港地方并不大，但那么多车却不拥堵。而且，海底隧道、桥梁不少，但就是看不到收费站。而解决这一问题的莫大功臣竟然就是一张小小的卡票，名叫"八达通"的闪付卡：车子经过隧道时，只管开，进口一瞬间一闪就通过车内的闪

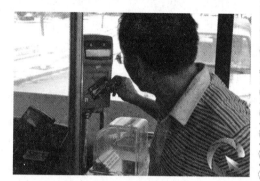

图3-1　闪付刷公交卡

付卡付费。而十年前，这一支付方式已经在香港地面交通中普及，除了出租车还不能闪付外，其他的都可以闪付。

镜头再回到四川。目前，闪付已可以在成都市的部分超市、药店、百货等商家进行消费支付。就在推出闪付的当年，工商银行四川省分行已发行金融IC卡近100万张。农业银行四川省分行、中国银行四川省分行、建设银行四川省分行、交通银行四川省分行、成都银行、成都农商银行将陆续发行可闪付的标准IC卡。而且，还将陆续开通停车场、咪表、菜市场和公交地铁等场所的标准IC卡闪付功能。

闪付，代表着一种全新的支付使用体验。

资料来源：作者根据多方资料整理而成。

渣打银行的客户研究表明，客户最需要的是更加简单、快捷的银行服务，而不管是在分行、通过电话，还是手机来享受这些服务。总而言之，客户逐渐要求电信运营商提供更多服务，而银行似乎未能齐头并进。

过去，银行希望客户遵循它们的规则。而如今，世界各地引领潮流和精通科技的消费群体不断增多，他们希望银行服务也能即时高效、直观方便，而又综合全面，进而能够灵活运用科技轻松自如地掌控资金。如果银行过去未能迅速调整其服务的可用性，那么现在就需要迎头赶上了。银行业务的最终宗旨将是帮助客户实现目标、保护和增加财富，并改变他们的生活方式。但是交付渠道会随着技术和需求的变化而变化，这一点应永远牢记。

而随着网上支付工具的普及，另一项成果也浮出水面：大量的交易数据为个人在网上的诚信分数提供了绝对直观的参考，进而帮助构建可以覆盖整个网络经济的诚信体系。目前，来自支付工具统计的网上商人诚信体系已形成复杂的数学计算模型，分值高的卖家将直接得到好处，如更容易得到银行的信任和贷款。事实上，通过这种方式，阿里巴巴的小额贷款已经崭露头角了。

而在不久的将来，诚信体系的覆盖范围还将进一步扩展到网上个人消费者。通过对其支付行为的诚信"打分"，信用度高的用户可能享受更高的购物折扣、更高的支付限额，而出现信用违规的人则会被限制或终止支付服务，甚至不能享受更多银行服务等。到那时，人们也许会更深地体会到网上支付无处不在的影响力。

二、互联网金融支付方式

2014 年 7 月 15 日晚，央行宣布发放第五批第三方支付牌照，19 家企业获批，加上之前发放的牌照，目前具有第三方支付资质的企业已达 269 家。金融业在发展过程中已经历了无数次的变革、革命乃至颠覆。我们知道，支付是金融业乃至整个经济运行的基础设施。互联网金融的到来，使得非金融企业提供支付服务成为了可能。

互联网支付系统分为客户、商户、银行三大部分，通过管理系统和互联网网站完成一系列的交易。其中，互联网金融的主要支付方式有如下几类：一是以 POS 机切入的银行服务机构，如银联商务；二是以支付终端硬件切入的第三方支付厂商，如拉卡拉、汇付天下、钱方等；三是以软件、APP 为代表的钱包产品切入的移动客户端支付，绑定银行卡支付方式，如支付宝、微信；四是以渠道切入为代表的 NFC 芯片支付方式，此类方式的服务主体包括电信运营商、手机终端企业和移动等运营商，如中国电信的支付服务、三星等手机厂商的 NFC 支付方案。

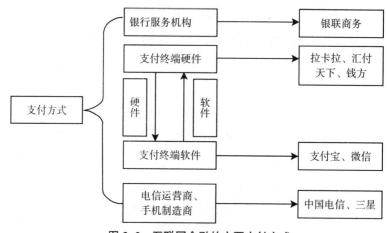

图 3-2　互联网金融的主要支付方式

表 3-1　互联网金融主要支付方式优劣势比较

	优　势	劣　势
银行服务机构	用户稳定，安全	适用范围小
硬件支付终端	支付方便，无须联网	不易携带
软件支付终端	用户范围广，成本低	安全性欠缺
NFC 芯片	系统集成，使用方便	适用范围小

1. 以 POS 机切入的银行服务机构

以银联商务为例，POS 收单业务是指银行向签约商户提供的本外币资金结算服务。银联支付模式的重点在于 POS 机，POS 机是通过读卡器读取银行卡上的持卡人磁条信息，由 POS 操作人员输入交易金额，持卡人输入个人识别信息（即密码），POS 把这些信息通过银联中心，上送发卡银行系统，完成联机交易，给出成功与否的信息，并打印相应的票据。简单来说，商户在银行开立结算账户，银行为商户安装 POS 机具，持卡人在商户进行购物消费时，通过刷卡方式支付款项，收单行负责扣减一定手续费后，将消费资金记入商户账户。POS 的应用实现了信用卡、借记卡等银行卡的联机消费，保证了交易的安全、快捷和准确，避免了手工查询黑名单和压单等繁杂劳动，提高了工作效率。

目前，银联支付是线下支付的主要方式之一，其网络遍布中国城乡，并已延伸至亚洲、欧洲、美洲、大洋洲、非洲等境外 140 多个国家和地区。根据银联的数据，截至 2013 年底，银联境内联网 POS 终端已经突破 1000 万台，2013 年银行卡跨行交易金额达 32.3 万亿元，银行卡支付在社会消费品零售总额的占比达到 47.45%。海量刷卡交易数据包含了消费者在餐饮、娱乐、旅游、航空等各行业的消费情况信息。而其线上支付，亦显示出了其品牌优势以及强大的银行网络优势。根据中国电子商务研究中心（100EC.CN）监测数据显示，截至 2014 年 7 月，银联互联网与移动支付用户数突破 1.5 亿，业务布局进入规模化阶段，"银联在线支付"和"银联手机支付"成为持卡人在线消费及支付的重要选择。同时，银联开始整合线上线下支付，在 2014 年 9 月 10 日，银联更是宣布推出一站式跨境网购平台"银联海购"二代产品，让人们轻松体验海外购物的乐趣。凭借其网络优势，银联必将成为线上线下最为强大的支付平台之一。

足不出户购遍全球

随着中国居民收入水平的提高，越来越多的国内消费者将购物和消费转向海外市场，海外购物成为时尚。银联国际日前也正式推出了一站式跨境网购平台"银联海购"二代产品，让银联持卡人足不出户、购遍全球。银联海购提供了中文翻译、优惠精选、国际转运、人民币支付等功能，解决了海淘过程中的语言沟通、繁复的国际转运手续等问题。

图 3-3　银联的海购平台

资料来源：http://haigou.unionpay.com/.

　　此次升级的银联海购平台，在原有的商品分类、语言翻译、商户导购等功能基础上，增设了更多服务，包括商家精选推荐、优惠折扣、国际转运、帮我代买、购物返现、购物保障等，基本覆盖了境内消费者跨境网购的各个环节。而此次升级，最大的特色就是中文翻译和人民币支付功能。

　　关于海淘，买家最担心的就是转运、汇率、语言等问题。而银联海购就解决了这一系列问题，其主打中文翻译、人民币支付，用户只要持有银联卡，即可足不出户完成海淘。通过银联海购购买境外商品时，使用银联在线支付，将以外币标价的交易金额实时转为人民币记入账户，免收货币转换费。目前还可享受多种优惠，包括银联卡用卡返利（返利金额直接返还至消费的银联卡中）、运费打折等。针对在线支付安全问题，银联在线支付系统为用户提供密码安全防护控件、动态手机口令、信息安全加密传输等安全产品，网上所有交易信息均已加密，保障消费者支付安全。而银联海购独特的"帮我代买"功能，更是方便了缺乏"海淘"经验的消费者。消费者找到想要的商品，"一键代买"，只需支付一定的服务费，平台即可帮助消费者完成下单、转运等全流程。

　　至于货源方面，银联海购与美国网络零售巨头 Amazon、eBay、Reeds，日本乐天以及韩国 Gmarket 合作，其类别包括母婴、化妆品、服饰、鞋包和健康食品等。除此之外，银联海购还提供航空公司 Emirite、酒店预订网站 Agoda、大学缴费类平台商户 Peertransfer（支持美国 300 所大学学费在线即时缴纳）、乐天免税店等的服务信息，方便用户出境旅游和留学缴费。

　　近年来，银联国际通过与境外机构合作，已实现境外 1000 万家网上商户接受银联卡在线支付。这些商户遍布欧美、日韩、南太、中国港澳等 140 多个国家和地区，涵盖零售、在线旅游预订、学费缴纳、航空预订等行业，汇集美国 Amazon 和 eBay、日本 Rakuten、韩国 Gmarket、Agoda、汉莎航空等境外知名商户。这些商户中，绝大部分已入驻"海购"平台，未来还将有更多国际知名商户陆续加入。

　　资料来源：作者根据多方资料整理而成。

2. 第三方支付平台

第三方支付企业是以软件、APP 为代表的钱包产品切入的科技企业，绑定银行卡支付方式。互联网金融支付平台为第三方支付，在通过第三方支付平台的交易中，买方选购商品后，使用第三方支付平台提供的账户进行货款支付，由第三方通知卖家货款到达、进行发货；买方检验物品后，就可以通知付款给卖家，第三方再将款项转至卖家账户。这是最为典型的第三方支付方式，也是国内第三方支付第一品牌支付宝的支付模式。

第三方是买卖双方在缺乏信用保障或法律支持的情况下的资金支付"中间平台"，买方将货款付给买卖双方之外的第三方，第三方提供安全交易服务，其运作实质是在收付款人之间设立中间过渡账户，使汇转款项实现可控性停顿，只有双方意见达成一致才能决定资金去向。第三方担当中介保管及监督的职能，并不承担什么风险，所以确切地说，这是一种支付托管行为，通过支付托管实现支付保证。

正在迅猛发展起来的利用第三方机构的支付模式及其支付流程可以相对降低网络支付的风险，而这个第三方机构必须具有一定的诚信度。在实际的操作过程中，这个第三方机构可以是发行信用卡的银行本身。在进行网络支付时，信用卡号以及密码的披露只在持卡人和银行之间转移，降低了通过商家转移而导致的风险。

同样，当第三方是除了银行以外的具有良好信誉和技术支持能力的某个机构时，支付也通过第三方在持卡人或者客户和银行之间进行。持卡人首先和第三方以替代银行账号的某种电子数据的形式（例如邮件）传递账户信息，避免了持卡人将银行信息直接透露给商家，另外也不必登录不同的网上银行界面，而是在每次登录时都能看到相对熟悉和简单的第三方机构的界面。

第三方机构与各个主要银行之间签订有关协议，使得第三方机构与银行可以进行某种形式的数据交换和相关信息确认。这样，第三方机构就能在持卡人或消费者与各个银行，以及最终的收款人或者商家之间建立一个支付流程。

支付宝最初是淘宝网公司为了解决网络交易安全所设的一个功能，该功能首先使用"第三方担保交易模式"，由买家将货款打到支付宝账户，由支付宝向卖家通知发货，买家确认收到商品后指令支付宝将货款转至卖家，至此完成一笔网络交易。又如微信支付是由腾讯公司知名移动社交通信软件微信及第三方支付平台财付通联合推出的移动支付创新产品，旨在为广大微信用户及商户提供更优质的支付服务，微信的支付和安全系统由腾讯财付通提供支持。财付通是持有互联网支付牌照并具有完备的安全体系的第三方支付平台。

3. 以支付终端硬件切入的第三方支付厂商

以支付终端硬件切入的第三方支付厂商，典型的如拉卡拉、汇付天下、钱方等。此类支付通过手机或移动智能终端与银行卡相连接的移动支付硬件产品，为个人用户提供银行卡转账、信用卡还款、便民缴费、购物商城、景点门票、游戏充值、商旅预订等多种远程支付服务。用户在手机或移动智能终端上安装指定客户端后，通过耳机接口插入该产品，在其刷卡槽上轻松一刷银行卡即可完成支付。

用过拉卡拉的人们都知道，此类支付系统就是一个手机刷卡器。支付硬件、智能手机、软件、网络构成了一个完整的、更强大的 POS 系统。此类支付方式可以说是 POS 机和第三方支付的结合。相对来说，此类支付方式有其优势，如拉卡拉支付，因为在手机应用 APP 这一层，拉卡拉有很多方便的功能，这样就可以借助于类似传统的刷卡服务，而这个是银联的 POS 所严重缺乏的。目前来说，移动支付里最方便的肯定是支付宝的快捷支付，但考虑国内目前的安全环境，用户把银行卡和密码托管给一个网站来管理，明显不如在使用时输入的方式更能被接受。相对于支付宝加网银的方式，拉卡拉做到了与发卡行无关，也不需要在手机上安装各种不同的银行网银客户端。所以，拉卡拉在某些应用场景显然比一些其他的移动支付方式更有优势。

拉卡拉手机刷卡器
超级手机银行，智能手机新标配

拉卡拉手机收款宝
拉卡拉手机收款宝最省钱的收款神器

拉卡拉充电宝
刷卡充电合二为一，功能更强大，使用更方便

图 3-4　拉卡拉支付方式

  然而，这种支付方式也有一定缺陷，而这些缺陷使得其竞争优势锐减。此类的支付需要通过硬件接入，而硬件是需要消费者自己购买的；同时，虽然便携，但还是需要携带，外出不便，而消费者都是用脚投票的，一个免费，一个付费，优劣不言自明，而且为了不常用的功能，整天口袋放一个拉卡拉，这不是常人的思维。在用户行为数据上，移动支付的表现似乎也不太乐观。根据速途研究院2013 年上半年移动支付用户行为分析显示，手机刷卡器刷卡支付占比仅为4.55%。截至 2012 年 12 月，"考拉"已售出 200 万台，手机刷卡器的客户端安装量更是超过了 500 万，虽然"考拉"市场占有率达到 83.5%，但是算下来拉卡拉手机刷卡器也只占整个市场的 3.79%。

  在移动互联网大潮下，以支付宝钱包以及微信支付为代表的移动互联网支付对以硬件支持的手机刷卡器支付的冲击明显。此类刷卡器有多此一举之嫌，支付宝钱包以及微信已经成了年轻人智能机的标配，现在的年轻用户在十年后会成为中国的中流砥柱，从这一点来看，以支付终端硬件切入的第三方支付方式已经落后半个身位。

信息传输
将两台青柠柠檬 G26 手机背靠背轻轻接触，即可通过 NFC 近场感应自动识别并建立连接，进而利用 WLAN 直连技术实现大容量文件、通讯录、图片、音乐或视频的高速传输，让你与朋友轻松分享。

身份识别

票据

会计

支付

门票
配备 NFC 的智能手机正被赋予下一代门禁卡功能。能够识别 NFC 手机的读卡器被越来越多地用于建筑门禁系统、学生 ID 读卡器、追踪员工签到和出勤。通过使用青柠柠檬 G26 手机，用户只需在读卡器前出示手机，系统即可识别身份，自动开门和打卡。

打卡

门禁

安全登录

支付
NFC 可以提升现代购物体验。消费者可以用青柠柠檬 G26 手机扫描产品货架上的NFC 标签，获得关于该产品更加个性化的信息。举个例子，如果你对坚果过敏，通过扫描产品，你的 NFC 设备能自动检测出该产品是否含有坚果并做出提醒。

物流

信息读取
用户只需用青柠柠檬 G26 手机在 NFC 海报、广告、广告牌或电影海报上挥一挥就可以立即获得产品或服务的信息。日常生活中使用的公交卡，也可以通过青柠柠檬G26 手机随时随地查询卡里面的余额，方便快捷，非常实用。

图 3-5 NFC 支付场景

4. NFC 支付

NFC 支付是指消费者在购买商品或服务时，即时采用 NFC 技术（Near Field Communication）通过手机等手持设备完成支付，是新兴的一种移动支付方式。支付的处理在现场进行，并且在线下完成，不需要使用移动网络，而是使用 NFC 射频通道实现与 POS 收款机或自动售货机等设备的本地通信。

NFC 近距离无线通信是近场支付的主流技术，它是一种短距离的高频无线通信技术，允许电子设备之间进行非接触式点对点数据传输交换数据。该技术由 RFID 射频识别演变而来，并兼容 RFID 技术，由飞利浦、诺基亚、索尼、三星、中国银联、中国移动、捷宝科技等主推，主要用于手机等手持设备中。消费者借助 NFC 芯片，只需要将智能手机靠近终端读卡机就能完成支付。手机用户凭着配置了支付功能的手机就可以行遍全国，他们的手机可以用作机场登机验证、大厦的门禁钥匙、交通一卡通、信用卡、票据结算、支付卡等。

NFC 手机

NFC 手机是指带有 NFC 模块的手机。市面上常见的 NFC 手机包括三星 I9308（S3）、三星 I9508（S4）、HTC New One（802t）、中兴 U807N、华为 T8950N、小米 2A 等机型。目前，NFC 手机覆盖三星、HTC、索尼、联想、魅族等多个国内外品牌。据市场研究机构 ABIResearch 预测，2015 年 NFC 手机市场渗透率将超过 50%。

图 3-6　NFC 手机

此前，支付宝在中国首届城市建设信息技术产品博览会上发布了"未来公交"计划，宣布使用支持 NFC（近场通信技术）手机的用户可在支付宝客户端内实时下载一张公交卡，并在 35 个城市中刷手机通行。

公交卡是 NFC 最广泛的应用，但是在打通线上线下的移动支付领域方面，NFC 支付始终得不到真正的释放。而支付宝做公交卡 NFC 的目标当然不仅仅是公交卡应用这么简单。

线下支付的场景千差万别，很难用一种移动支付方式去解决所有问题。就NFC来说，在近距离的高频小额支付场景中，它有着很好的使用体验，公交服务正是这样的使用场景。可以说，做 NFC 与做其他移动支付技术的目的都是一样的，力争在不同的使用场景中给用户提供最合适的使用体验。

此次支付宝与 OPPO 手机合作，采用的是 NFC 卡模拟的技术，即嵌入式安全模块 eSE 方案，安全芯片（SE）集成在手机通信芯片模块。在支付过程中，NFC 芯片作为非接触通信前端，将从外部读写器接收到命令，转发到SE，然后由 SE 进行回复，完成交易。

资料来源：作者根据多方资料整理而成。

三、互联网金融支付的特点

传统金融领域在进行支付时，主要采用现金、支票、转账等支付方式。而随着互联网金融的到来，支付方式也变得多样，在缺乏有效信用体系的网络交易环境中，以第三方支付为主要方式的网络支付模式的推出，在一定程度上解决了网上银行支付方式不能对交易双方进行约束和监督，支付方式比较单一，在整个交易过程中货物质量、交易诚信、退换要求等方面无法得到可靠的保证，交易欺诈广泛存在等问题。首先，对商家而言，通过第三方支付平台可以规避无法收到客户货款的风险，同时能够为客户提供多样化的支付工具。尤其为无法与银行网关建立接口的中小企业提供了便捷的支付平台。而对客户而言，不但可以规避无法收到货物的风险，而且货物质量在一定程度上也有了保障，增强了客户网上交易的信心。

而从支付的结算模式来看，在第三方支付产生以前，支付清算体系是客户与商业银行建立联系，商业银行与中央银行建立联系，中央银行是所有商业银行支付清算的对手方，能够通过轧差进行清算。在原有支付清算模式下，由于客户不能与中央银行之间直接建立联系，客户必须分别与每一家商业银行建立联系，支付清算的效率较低。第三方支付诞生以后，客户与第三方支付公司建立联系，第

三方支付公司代替客户与商业银行建立联系。这时第三方支付公司成为客户与商业银行支付清算的对手方，第三方支付公司通过在不同银行开立的中间账户对大量交易资金实现轧差，少量的跨行支付则通过中央银行的支付清算系统来完成。第三方支付通过采用二次结算的方式，实现了大量小额交易在第三方支付公司的轧差后清算，在一定程度上承担了类似中央银行的支付清算功能，同时还能起到信用担保的作用。

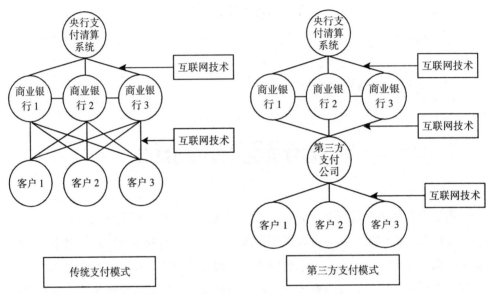

图 3-7　传统支付模式与第三方支付模式示意图

相对于传统支付，其具体特点有：

（1）数字化：网络支付是采用先进的技术通过数字流转来完成信息传输的，其各种支付方式都采用数字化的方式进行款项支付；而传统的支付方式则通过现金的流转、票据的转让及银行的汇兑等物理实体的流转来完成款项支付。

（2）互联网平台：网络支付的工作环境是基于一个开放的系统平台；而传统支付则是在较为封闭的系统中运作。

（3）通信手段：网络支付使用的是最先进的通信手段，如互联网、Extranet，而传统支付使用的则是传统的通信媒介。网络支付对软、硬件设施的要求很高，一般要求有联网的计算机、相关的软件及其他一些配套设施，而传统支付则没有这么高的要求。

（4）经济优势：网络支付具有方便、快捷、高效、经济的优势。用户只要拥有一台上网的 PC 机，便可足不出户在很短的时间内完成整个支付过程。支付费用仅相当于传统支付的几十分之一，甚至几百分之一。网络支付可以完全突破时间和空间的限制，可以满足"24/7"（每周 7 天，每天 24 小时）的工作模式，其效率之高是传统支付望尘莫及的。

四、国内互联网支付公司先锋

1. 首信易

首信易支付是首都电子商城的网上支付平台，创建于 1999 年 3 月，是国内首家中立的第三方网上支付平台，开创了跨银行、跨地域、多种银行卡、实时交易模式、二次结算模式以及信任机制。首信易支付目前支持国内 23 家银行卡及 4 种国际信用卡的在线支付，拥有国内 800 余家企事业单位、政府机关、社会团体的庞大客户群。在公共支付、教育支付、会议支付等服务领域发展尤为突出，并在银行合作和银行卡交易数量等方面，大举超越竞争对手，已成为支付产业的资深支付专家。

首信易支付作为具有国家资质认证、政府投资背景的中立第三方网上支付平台，拥有雄厚的实力和卓越的信誉。同时，它也是国内唯一通过 ISO9001:2000 质量管理体系认证的支付平台。规范的流程及优异的服务品质为首信易支付于 2005 年、2006 年和 2007 年连续三年赢得电子支付用户最佳信任奖，为获得 2006 年度 B2B 支付创新、2007 年度挪威船级社 ISO/IEC27001:2005（信息安全管理体系 ISMS）国际认证和 2007 年度高新技术企业认定证书的殊荣奠定了坚实的基础。

2. 云网

北京云网公司成立于 1999 年 12 月，是国内首家实现在线实时交易的电子商务公司。公司从成立之初就把充分利用电子商务的优势，切实方便普通人的生活作为自己的使命。作为国内 B2C 电子商务网站中最早、最专业、最具规模的公

司之一，云网目前拥有国内极其完善的银行卡在线实时支付平台和五年的数字商品电子商务运营经验。占有国内网上数字卡交易市场份额的 80% 以上，日成功交易过 4 万笔，年营业额逾 2 亿元人民币。目前，云网支付 @ 网是在支持银行卡卡种、覆盖范围和实时交易速度等方面都居国内领先位置的支付平台。

云网是中国建设银行第一家正式授权开通的网上银行 B2C 商户，是中国工商银行电子银行部最早实现接入且业绩最好的电子商务合作伙伴，还是招商银行、农业银行、民生银行等国内知名银行网上支付交易量最大的合作商户。云网在线支付平台与全国多家主流银行及通信集团独立直接连接，在网上支付领域积累了丰富的经验并保持领先优势。

3. 易宝

易宝（北京通融通信息技术有限公司）是专业从事多元化电子支付一站式服务的领跑者。易宝致力于成为世界一流的电子支付应用和服务提供商，专注于金融增值服务领域，创新和推广多元化、低成本、安全有效的支付服务。在立足于网上支付的同时，易宝不断创新，将互联网、手机、固定电话整合在一个平台上，继短信支付、手机充值之后，首家推出易宝电话支付业务，真正实现离线支付，为更多传统行业搭建了电子支付的"高速公路"。

易宝具有三大特点：易扩展的支付、易保障的支付、易接入的支付。由于用户的重要数据只存储在用户开户银行的后台系统中，任何第三方无法窃取，为用户提供了充分保障。从接入易宝到使用商家管理系统，无须商家的任何开发，实现零门槛自助式接入，流程简单易学，即接即用。凡是易宝的客户，都可以自动成为财富俱乐部的会员，享受易宝提供的各种增值服务、互动营销推广以及各种丰富多彩的线下活动，拓展商务合作关系，发展商业合作伙伴，达到多赢的目的。

五、支付的跨界融合

自 2004 年支付宝上线以来，支付产业至今已经历了十多年的发展历程，如果按 2011 年牌照发放来看，支付产业纳入正规军也已有三年。数据显示，从 2008 年到 2010 年的三年间，第三方网上支付交易规模翻了近 4 倍。

如果说过去十年是电子支付的 1.0 时代，那么信息技术的成熟与普及标志着支付 2.0 时代的到来，将不断推动第三方支付产业升级。在电子支付的 1.0 时代，得益于电子商务的发展，电子支付行业整体保持了高速增长，但行业本身的价值实际上尚未真正发挥出来。

近年来，我国电子支付行业发展迅猛，信息技术的发展不断推动第三方支付产业升级，其重要标志就是支付 2.0 时代的到来，而与此同时支付产业也正经历着重组洗牌。在互联网金融、大数据发展的背景下，电子支付业未来核心竞争力将产生重大变化。支付将不再仅仅承担原本单一的收付款功能，而是与财富管理、金融服务、营销管理等各类应用场景进行叠加，延伸支付效应，帮助企业提升经营效率。

电子支付汇总了企业最真实的资金流和信息流，是一座真正的金矿。在电子支付 2.0 时代，比拼的是挖掘金矿的方法和速度，也就是说，谁能捕获用户的深层次需求，叠加更多增值服务，谁就将抢占市场先机。

电子支付公司最大的优势和资产就是客户数据，凭借积累的客户交易记录、经营情况、资金流向等，并运用大数据和云计算分析系统将用户行为模型化、企业信用数据化、数据资产化，支付公司形成了资金流和信息流的交易数据闭环，从而可以为商户叠加更多增值服务，让商户获取多方位的效率提升，这恰恰是支付行业的核心优势所在。

支付的跨界也成为了业内最为热门的话题。所谓支付跨界，就是借助大数据、云计算的互联网技术，对用户的行为特点和经营数据进行分析，开始在支付的基础通路上发展营销和客户关系管理、理财服务、融资服务。具体来看，就是以综合支付平台为基础，围绕支付，叠加财务管理、营销服务、金融服务等各种应用场景。同时，以支付为基础，利用信息流和资金流的整合叠加创造更多有价值的服务，进一步帮助商户降低金融服务门槛，提高金融服务效率。支付跨界创新经营模式如图 3-8 所示。

随着移动互联网的兴起和用户行为的改变，商户对于用户营销和管理的需求变得愈发迫切。尤其是大多数线下传统商户，它们迫切需要有一个工具帮助它们具备电商一样的营销能力。例如，如何识别老客户，与消费者之间建立一个直接有效的沟通平台；如何主动即时地发起营销，让消费者第一时间看到企业的促销优惠信息；如何简化优惠凭证的现场验证过程，并对老客户进行有效的二次营

图 3-8 支付跨界创新经营模式

销；等等。在支付 2.0 时代，支付将串联起企业营销的闭环，这些难题都将随着支付与营销的叠加而迎刃而解。电子支付可以通过支付与营销的叠加，有效帮助商户解决上述问题，也给行业发展拓展了新的空间。

易宝支付的跨界 CRM 营销

2013 年 7 月，国内第三方支付企业易宝支付开始低调测试一款餐饮营销类产品"哆啦宝"，欲凭借其掌握的支付数据反向尝试客户管理和精准营销。这也标志着易宝支付将从消费后端的支付环节正式涉足消费前端的营销环节。

哆啦宝主要面向餐饮类商户，通过在商户 POS 机中内置一套系统来采集用户交易数据、进行客户管理。

消费者第一次在商家刷卡消费时，在 POS 机上输入手机号，可以短信收到商家的红包信息，同时将手机号与其银行卡绑定。下次到店刷卡消费时，POS 机内置系统将自动识别红包信息，并扣掉相应优惠金额，并再生成一个红包，以此循环。

哆啦宝主要与易宝支付在线下铺设 POS 机的商户合作，易宝支付还联手银行做推广。通过内置的软件，POS 机产生的每一笔刷卡交易都将在哆啦宝形成记录，哆啦宝则将基于交易数据做精准的客户营销，提高二次消费率，其营收主要通过商户返点获得。

从目前来看，哆啦宝主要有以下几个意图和着力点：

（1）哆啦宝主要解决的是餐饮行业"回头客"的问题。传统团购通常满足的是新用户营销需求，一次性合作，黏性不高。在营销方面，哆啦宝主要是针对老客户做精准营销，只面向已经到店消费过的顾客。哆啦宝运营期间，合作商户的回头率已高于16%，超过了团购行业大约10%的回头率。

（2）营销效果可验证。由于商户整体IT水平存在差距，优惠券的验证与支付系统脱节，造成大多数生活服务类应用最终沦为商家广告平台，商家与券商之间结算起来非常麻烦。相比之下，易宝支付在先天上有一定的优势，其掌握的交易数据有利于直接与商家分成，没有商业模式之忧。

（3）哆啦宝将成为易宝支付前进当中的另一条腿。通过用户手机与银行卡的绑定，它可以深入到商家的CRM管理系统，从支付环节走向用户管理，从后端交易数据渗透到前端用户。如此，易宝支付不仅知道了是谁在埋单，还能够与埋单的人发生关系，进而为易宝支付带来更多业务增量。

易宝支付未来的重点已经不在支付，而在金融和营销。易宝支付在未来将不再满足于仅仅作为一个支付工具，而是要更深入地影响行业，并逐步加深面向C端的业务。

资料来源：作者根据多方资料整理而成。

如今，跨界在支付领域中已经不是一个新词了，几乎所有的支付公司，不管是银行还是第三方支付，都深刻地认识到了跨界所带来的巨大商机，特别是结合大数据技术、O2O模式，支付的跨界几乎成为一种必然的趋势。

例如，支付宝作为第三方支付企业中的代表，在创新方面也一直走在前列，2014年7月，支付宝与环球蓝联宣布达成战略合作，联合推广支付宝海外退税服务。消费者在欧洲等地购物消费，可以用支付宝办理退税，退税金最快10个工作日到账支付宝，并且支持支付宝钱包实时查看到账情况。据悉，该服务已率先覆盖法国、德国、意大利、英国和韩国的环球蓝联退税合作商户，不久以后，瑞士、荷兰、西班牙等国家的商户也将陆续加入。通过对退税业务的开拓，支付宝给众多出国进行线下消费的消费者带来了极大的便利。

和支付宝"走出去"相比，拉卡拉则在社区电商O2O模式上进行了尝试。拉卡拉主要依托在全国300多所城市成熟运营的30万个便民终端，推出适合社

区用户习惯和认知的智能终端产品——拉卡拉开店宝。该产品囊括了自助银行、便民缴费、生活服务、转账汇款等多种便民增值服务，并立足于社区，利用社区便利店主成熟的"社区熟人网络"，打通线上到线下的闭环。同时，该产品搭载了拉卡拉开店宝的商户，借助拉卡拉平台上承载的大品牌商品，可以直接进行O2O模式的电商销售，并从商品利润中获得一定提成。低成本、高效率、信息对等的优势让其成为社区环境中至关重要的消费环节。拉卡拉业务覆盖支付、生活、金融、电商四大领域，第一步做社区缴费，第二步发展为社区生活服务，现在是社区电商业务，后面还会有社区金融服务。目前而言，拉卡拉的定位是利用互联网技术为中小微商户提供社区金融服务与社区电商服务的运营商。

不仅支付宝、拉卡拉要跨向金融领域，其他支付机构已悄然实行跨界。例如，汇付天下联合西南财经大学家庭金融调查与研究中心联合发布了"汇付—西财中国小微企业指数"；微信支付跨界演艺娱乐业；民生银行与盒子支付展开了跨界融合。至此，支付跨界将成为支付2.0时代最重要的趋势。

六、互联网支付创新

互联网技术进步及其广泛应用不但改变着人们的生活方式、生产方式，更重要的是深刻地改变着人们的思维方式和行为方式。在这样的背景下，许多行业和市场都发生着巨大变革，引起了社会广泛关注。发生在支付领域和支付市场的一系列创新与变革，也是其中很重要的组成部分。

随着电子商务的普及与互联网技术的广泛应用，传统的金融业务逐渐延伸到互联网，两者的结合出现了互联网金融这个新兴领域。第三方支付作为互联网金融的重要组成部分，经过短短十多年就有了飞速发展。截至2014年7月15日，获得央行发布的第三方支付牌照的企业已达250家之多，从PC网络支付到移动支付，从条码支付到"刷脸"支付、"刷宠物"支付，各种有趣的创新支付方式层出不穷，而恰恰是因为这些创新的支付方式，不断地促进着网络支付的发展。

"靠脸"行走江湖的时代

2014年的愚人节，支付宝发布消息称，今后用户不需要借助手机、电脑、银行卡，只要凭借脸蛋、手掌，甚至是文身、宠物等实物都可以实现支付。当人们在怀疑这仅仅是愚人节的一个玩笑的时候，支付宝工作人员言之凿凿：这并不是恶作剧，支付宝将用无硬件的方式来实现"KungFu"（空付）。

按支付宝的说法，空付可以是这样的：你走进一家便利店，身上没带钱包，也没带手机，你挑了一堆日用品，价格是94元，然后你在支付设备前做了一个鬼脸，支付就成功了。可以想象，在未来，不需要钱包，不需要手机，不需要银行卡，只要带上"自己的脸"，就可以进行任何消费活动，"靠脸"行走江湖的时代已经来临。

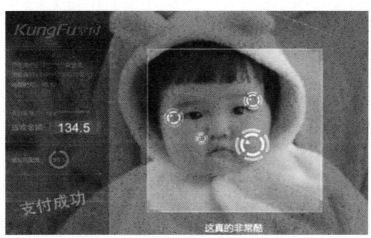

图3-9 空付示意图

它的核心技术是，通过对任一实物扫描授权赋予支付能力。在商家处出示该实物，经过独有的技术快速识别后，即可成功完成支付。通俗地来说，用户可以在最新版本的支付宝钱包里找到"空付"入口，然后对着自己想要授权的物体进行扫描录入，并设置可支付的额度。随后就可以使用这个物体出门，在任何商店进行支付。用户可以多次对多个实物进行授权，还可以将已授权的实物赠予他人。授权物体可以是戒指、鞋子、宠物或是胳膊上的文身等。

"刷脸"支付系统是一款基于脸部识别系统的支付平台，它于2013年7月由芬兰创业公司 Uniqul 在全球首次推出。此系统拥有"军用级别算法"的保护。Uniqul"刷脸"支付系统的用户注册已经启动，首先会在芬兰赫尔辛基地区部署。而在中国，对这一支付技术的研发也在2013年由中科院重庆研究院智能多媒体技术中心正式启动，截至2014年8月，技术中心已经完成了人脸识别支付系统的关键性技术研究。

人脸识别是一种基于人的相貌特征信息进行身份认证的生物特征识别技术，该技术的最大特征是能避免个人信息泄露，并采用非接触的方式进行识别。人脸识别属于人体生物特征识别技术，是随着光电技术、微计算机技术、图像处理技术与模式识别技术等的快速发展应运而生的。该技术可以快捷、精准、卫生地进行身份认定；具有不可复制性，即使做了整容手术，该技术也能从几百项脸部特征中找出"原来的你"。人脸识别系统在世界上的应用已经相当广泛，如公安、安全、海关、金融、军队、机场、边防口岸、安防等多个重要行业及领域，以及智能门禁、门锁、考勤、手机、数码相机、智能玩具等民用市场。而人脸识别技术在支付市场上的应用是一个突破，其将识别功能和支付功能相结合，不仅是识别技术的场景拓展，更是支付市场的一个创新应用。

资料来源：作者根据多方资料整理而成。

然而，网络支付的创新，不仅仅体现在支付方式上。在2013年6月中旬，支付宝推出一款金融理财产品"余额宝"，又一次打破了网络支付领域的商业模式，成为集支付与理财于一体的互联网金融模式，是一款典型的互联网金融服务创新。事实也证明，此次的创新取得了巨大的成功，在推出短短一个月，其资金规模已经突破百亿元。因此，第三方支付企业除了做支付业务，还应在金融领域不断进行探索，抓住互联网金融的发展势头，结合自身实际，利用现有优势，与银行、保险、证券等金融机构融合，创新更多的金融服务产品，在抢占市场的同时扩大自身收益。

1. 互联网支付的移动化

长辈们或许还在掏钱包付现金，而年轻一代已经把手机变成了钱包。他们拿着手机在各种识别器前晃出"滴滴声"，这种花钱方式又被称为"刷手机"；或者是用手机摄像头拍摄一些长相奇怪的二维码直接购物；又或者是走到咖啡馆，仅靠说出名字就端走一杯拿铁，因为钱会自动扣掉；在朋友聚餐之后，年轻人摇一摇自己的手机，就能把钱转给朋友"凑份子"。

移动支付主要指通过移动通信设备、利用无线通信技术来转移货币价值以清偿债权债务关系。近年来我国移动支付发展迅速，移动支付的形式更加多样化，出现了短信支付、NFC近场支付、语音支付、二维码扫描支付、手机银行支付、刷脸支付等移动支付方式。

移动通信终端设备和移动通信技术发展日新月异，从模拟终端到数字终端，再到现在的智能终端，其发展速度远远超乎人们的想象。手机从20世纪80年代的奢侈品，如今已经成为普罗大众的日常用品，而每一部手机都可能成为一个移动支付工具。面对互联网时代人们生活中碎片化、随机性交易不断增加，也只有移动支付能够满足这种特殊条件下的支付需要。现代移动通信技术和移动互联网的发展，使移动支付的基础越加牢固。可以预料，移动支付所能够带来的价值附加，将远甚于互联网支付。

图 3-10　移动支付业务范围

国外的移动支付模式在发达地区与我国比较相似，而在贫穷地区主要表现为手机银行，一般不需要第三方支付来配合。我国的移动支付模式如果是由银行推出，则需要开通手机银行，同时为了配合近场支付，可能还需要手机具有 NFC

功能。如果是三大运营商推出的移动支付，一般是通过在 SIM 卡植入芯片来完成支付（如手机贴膜卡、翼支付的 RFID-UIM 卡等）。如果是纯粹的第三方支付公司推出，可以不用开通手机银行就可直接进行支付，如支付宝的"碰碰刷"、微信支付等，其特点是方便快捷，最大限度地满足客户对速度的要求。但第三方支付公司推出的移动支付的安全性不及手机银行，多数情况由保险（放心保）公司来进行承保。

2. 支付平台下的理财服务

支付宝利用自身庞大的客户资源、海量的交易数据及先进的信息技术手段在金融服务领域不断开展商业模式创新，与天弘基金管理有限公司合作推出的"余额宝"上线仅一个月，其资金规模就突破百亿元。余额宝作为支付宝的一项增值理财服务，是将基金公司的直销系统内置到其网站中，用户将资金转入余额宝的过程中，支付宝与天弘基金公司通过系统对接一站式为用户完成基金开户、基金购买等过程。同时，余额宝内的资金可随时用于网购消费和转账。余额宝实际上是一款消费型货币基金，最低 1 元即可购入，这不仅为支付宝用户提供了高效便捷的理财体验，而且购入的基金理财产品盘活了用户支付宝余额资金，满足了增值需求。余额宝的推出不仅有助于支付宝进一步提升用户黏性和活跃度，也有助于其积累互联网金融产品的开发和运营经验，从而赢得更多的合作商户，巩固互联网支付市场领先地位。余额宝的成功发行引致多家互联网公司也迅速跟风推出类似基金理财产品，诸如东方财富网的"活期宝"、数米基金网的"现金宝"等，掀起了一波互联网现金理财热潮。虽然这些金融服务产品在细节上有一定差别，但本质上是同一类产品，均是实现碎片化理财功能，唯一区别是通过不同平台购买不同种类的货币基金进行保值。这些产品是互联网金融的创新形式之一，顺应了金融业和互联网相结合的趋势。

3. 互联网金融服务支付的创新要求

随着第三方支付应用领域的不断深化和拓展，第三方支付金融化将成为未来支付行业发展的一个重要方向，同时具备金融和支付实力的企业将拥有更好的市场竞争力和发展潜力。而随着年轻一代逐渐成为社会消费的主力军，像"余额宝"这样的网上金融理财服务必将是未来几年内第三方支付行业的一大发展趋势。在未来的金融服务创新上，第三方支付企业要把握以下几点：

（1）重视移动互联网的价值。互联网金融的运行是依靠先进的移动通信技术和设备，尤其是近年来互联网金融的发展形势不仅仅表现在电脑上，人们的上网方式也不仅仅局限于电脑上的互联网。随着移动互联网的发展，个人的消费行为和行业的商业模式有了很大程度的改变，未来第三方支付企业应该充分挖掘移动互联网的价值，利用移动平台实现对金融产品的开发、销售，满足客户的需求。

（2）不断进行行业渗透。随着当前行业之间的壁垒不断被打破，边界逐渐模糊，第三方支付企业开始向金融、物流等其他行业进行拓展，以期获取附加利润，这种行业之间的渗透将成为必然。在行业拓展之前，第三方支付企业需要系统地对行业拓展的可行性和必要性进行研究，充分发挥自身资源和能力优势，发挥行业间的协同效应。

（3）尽可能多地掌握客户资源。在互联网金融时代，掌握客户就等于掌握了业务发展的主线，尤其是庞大的上下游客户资源及由此形成的海量交易信息，这些资源和信息可以构成第三方支付企业实现商业模式创新的基础和根本，而有了客户，就有了满足客户多元化需求的原创力。

（4）满足小微企业和大众的金融需求，注意长尾效应。广大群众尤其是年轻人，具有强烈的消费意念，但拥有的资金并不多，不具备进入传统理财门槛的资格，但叠加起来也具有明显的长尾效应。长尾效应强调"个性化"、"客户力量"和"小利润大市场"，也就是要赚很少的钱，但是要赚很多人的钱。第三方支付企业需要注意这种长尾效应，整合长尾市场，创造出相应的互联网金融创新产品。

（5）力求更加便捷的操作，提升用户体验。虽然互联网金融逐渐为大众所接受，但仍有某些第三方支付平台因操作复杂、专业术语晦涩难懂，致使部分客户放弃了互联网金融。因此，便捷的操作模式是互联网金融今后的发展趋势，应该提升用户的实际体检，让用户能够更为便捷地进行金融业务操作。

（6）加强互联网金融风险的管理。在互联网交易的过程中，人们除了要求方便快捷，同时也很关注使用过程中的安全性问题，包括自身的资金安全、信息保密和交易私密性等，这就要求第三方支付公司在研发创新过程中对互联网金融风险管理要到位，针对不同业务类型制定不同风险管理措施，确保互联网金融服务使用者的资金安全和信息保密。

七、支付安全与监管

1998 年至今是中国网络支付从无到有、从小到大的发展时期。网络支付的快速发展对支付体系、支付习惯乃至金融服务产生了深刻的影响和改变。

央行公布的《2013 年支付体系运行总体情况》显示，2013 年，全国共发生电子支付业务 257.83 亿笔，金额 1075.16 万亿元，同比分别增长 27.40% 和 29.46%。其中，网上支付业务 236.74 亿笔，金额 1060.78 万亿元，同比分别增长 23.06% 和 28.89%。支付机构累计发生互联网支付业务 153.38 亿笔，金额 9.22 万亿元，同比分别增长 56.06% 和 48.57%。

截至目前，央行已对 269 家第三方支付机构发放牌照，其中共有 90 余家支付机构获准开办互联网支付业务。支付服务市场参与主体呈现多元化和多层次性。支付牌照的发放，让第三方支付的法律地位获得肯定，增强了其在金融服务领域的信任度。然而随着行业的发展，第三方支付企业自身存在的问题不断凸显，开始面临诸如信息泄露、账户被盗、盈利模式、恶性竞争、风险控制等越来越多的挑战。而随着网络支付深入亿万用户的日常生活，围绕网络支付的各种安全问题不时见诸报道，网络支付安全日益受到关注。

1. 令人忧心的安全问题

隐私泄露的事件在近几年层出不穷，2012 年 1 月，电子商务网站 Zappos 遭到黑客攻击，2400 万用户的电子邮件和密码等信息被窃取。2012 年 7 月，京东、雅虎等多个网站累计超过 800 万用户的信息遭到泄密。2013 年，中国人寿的 80 万页客户资料被泄露。随着越来越多的个人信息被转移到网上，信息泄露的风险还在不断扩大。

2010 年，阿里巴巴旗下支付宝的一个前技术员工，利用工作之便，分多次在网络后台下载了超过 20G 容量的支付宝用户资料，并分别出售给电商和数据公司。网络第三方支付以及网络金融安全的问题再度浮出水面，成为互联网金融创新开疆拓土的巨大障碍。

2013 年 3 月，一起弃用手机号引发网上支付账号被盗的新闻引发媒体的广泛报道。一位福州用户弃用手机号后没有及时取消手机号和支付宝之间的绑定，几个月后，运营商将该手机号重新发放给他人使用，该手机号的新户主发现自己的手机号已经绑定了一个支付宝账号，遂利用手机号盗用了原用户的支付宝账户。

图 3-11　信用卡被盗刷

2014 年 3 月 22 日 18 点 18 分，一个编号为 54302 的漏洞报告，被曝光在互联网安全问题反馈平台乌云（wooyun.org）之上。这份报告表明，携程的一个漏洞会导致大量用户银行卡信息泄露，而这些信息可能直接引发盗刷等问题。

从网络支付出现开始，安全问题一直为人们所担忧。支付安全问题产生的原因多种多样，如内部人员泄露、系统漏洞、外部攻击、操作失误等都可能引起支付的风险。根据中国互联网络信息中心（CNNIC）发布的《2013 年中国网络支付安全状况报告》显示，有近半数用户对网上支付安全问题表示并不关注。而在用户可能遭遇的不安全事件中，钓鱼网站诱骗支付依然占首位，占比达到 64.4%。

而对于现在流行的移动支付，安全问题也一直存在，特别是在安卓系统被爆出漏洞后，大众的目光开始聚焦于移动支付的安全问题。根据一家移动安全服务厂商提供的数据，在该"云安全"的监测平台上，2013 年上半年查杀到手机恶意软件 51084 款，同比 2012 年上半年增长 189%；2013 年上半年感染手机 2102 万部，同比 2012 年上半年增长 63.8%。通过对这一数据的了解，可以看到，黑客已经盯上移动支付存在的数据安全问题漏洞。

支付宝信息泄密也引起了用户对于信息安全问题的关注，令网络信息贩卖产业链浮现。目前有价值的用户信息大致被分为两类，包括用户的姓名、年龄、性别、联系方式等基础信息，以及有关用户消费记录等在内的业务性信息。对于商家而言，购买用户信息几乎是成本最低且最为快捷的营销手段。而如果信息经过了二次挖掘和包装，价格会更高，一条价值较高的用户信息甚至可以被卖至数十元。基础信息一般被购买用以发送垃圾短信、进行电话营销，而业务类信息通过

数据分析、加工和挖掘后可以实现精准营销，更具商业应用价值。

相对于传统支付，网络支付在安全方面有其天生的劣势。某些第三方支付机构在用户注册时只需用户在支付机构的页面输入证件信息、银行卡号和在支付机构的账户密码，这种做法难以核实客户的真实身份，其安全性比银行降低了几个层级，尤其是支付过程中必须遵循的反洗钱法规难以有效落实。有的第三方支付平台在进行大额资金汇划时，也不需使用 U 盾等安全校验工具，而只需客户录入绑定手机收到的动态校验码，甚至是第三方支付的账户密码即可完成大额资金的划转。近年来就曾发生过多次未经客户授权就从客户账户上划走巨额资金的案例。此外，央行等有关部门规定的对客户保证金等资金应实施托管的要求，由于种种原因也一直难以真正落实。

2. 安全与便捷的矛盾

第三方支付在最初为企业服务时主要是提供企业资金流转的便捷性。消费者之所以愿意使用网络支付，在很大程度上是因为网络支付无可比拟的便捷性。例如手机支付，根据支付宝的调查，要让用户在手机平台上支付的话，每多输入一步，用户使用移动支付的意愿就会降低。随着行业的发展，支付风险控制已经日益成为全行业所关注的问题，所以，必须有很好的手段保障企业资金能够便捷和安全地完成支付。

对安全性和便利性的追求，从来都是支付的目标，也是人们支付活动中特别关注的两大问题。至少从目前来看，银行和非金融支付服务机构面对产品设计和创新时，在理念上存在较大差异。银行考虑的因素中，安全性是首要的。安全性贯穿于银行产品设计的全过程，并由此对银行产品设计、推出速度以及客户体验等环节产生一定影响。而非金融支付服务机构在进行产品设计时，首先考虑的是便捷性和客户体验等因素，因此对市场反应速度较快，并且其产品容易被客户接受。在互联网时代，大家对便捷的要求更高，但对安全的顾虑也更多。如何处理好这二者之间的关系是支付服务提供者无法回避的难题，而这对互联网支付而言又至关重要。强调安全，必然要以牺牲便捷为代价；强调便捷，也将以牺牲安全为代价。为了在二者之间寻找一个平衡点，支付服务提供者需要特别关注对风险控制和风险补偿机制的进一步完善。强调安全，并非一点损失都不能发生，也不是一点风险事件都不能承受。关键是有能力去管理风险，特别是对客户资金风险、信息风险、信用风险的管理。

3. 支付的监管要求

近几年来，随着互联网技术和电子商务的快速发展，互联网支付也呈现跨越式发展的态势。在此，监管将显得尤为重要。

互联网时代的支付变革，其影响不仅限于对支付服务提供者，监管者同样面临很大挑战。以传统支付监督管理的理念和方法来监督管理新兴支付服务市场，显然行不通。面对新兴支付服务市场的发展，监管者首先需要有宽容、谨慎的心态，要相信市场、依靠市场、尊重市场、关注市场，要以保护消费者权益和市场公平为重点，而不是着力于去监督某一个支付产品或某一种支付方式。应当谨慎对待市场创新，多观察，多研究，看准问题提出规范和措施，建立并不断完善相关法规制度体系。同时，监管者还应该发挥支付服务的组织者、推动者和引导者作用，协调包括政府部门和相关市场参与者在内的有关各方，为支付服务创新、支付产品创新和支付市场创新提供有效保障。

顺应互联网支付服务市场高速发展的态势，监管部门应引导建立多层次的市场管理体制。互联网支付业务创新较快，特别是支付机构相比支付服务市场的其他参与主体更善于捕捉机会与机遇，积极拓展新业务，这给监管带来了一定挑战。监管制度建设相对滞后于市场发展是客观事实，也是常态。先有创新，后有监管，创新突破原有监管框架，这符合事物发展的客观逻辑顺序。在市场创新不断与监管滞后的矛盾中，应坚持鼓励创新与防范风险并重的原则，支持各机构创新、规范与健康发展，促进市场参与主体提供灵活的支付服务，满足社会公众多样化的支付服务需求。互联网金融支付体系的组织者、建设者和监管者，应密切关注市场动态，立足防范支付风险、保护客户权益、保障支付信息安全，抓住监管重点与核心，对各类创新业务及时进行审慎评估。网上支付业务乃至未来互联网金融的发展，有两个底线不能突破：一是不能非法吸收公共存款；二是不能非法集资。同时，顺应多层次的互联网支付服务市场需求，应引导建立"企业内控、行业自律、政府监管、社会监督"的多层次管理体制，在维护金融市场发展和保障客户权益的前提下，鼓励并支持各市场主体积极创新，规范开展互联网支付业务。

技术变革将引起产业革命，对传统产业以及历史现状的巨大颠覆性超乎我们

的想象。在互联网技术变革的时代，不管是银行、支付机构还是未来支付服务市场其他可能的参与主体，唯有顺应潮流，主动变革，才能在新的金融生态中找到自身的立足之地。在互联网金融体系中应秉持鼓励创新、加强监管的管理理念，引导各参与主体做大、做强互联网支付服务市场，共同促进我国互联网金融支付市场的稳健发展。

章末案例：

移动互联网的支付方式

移动互联网，这是一个全新的互联网。第一个移动互联网是一个很个性化的互联网，首先，主要通过你的手机，和 PC 不一样，个性化的工具感觉是不一样的；其次，有精准的地理位置信息，可以结合起来做营销类的服务；再次，是把你和这个世界随时连接，不分线上线下，打破了线上线下；最后，手机上的功能还是一个传感器，比如你想知道一个很漂亮的建筑物的历史，然后图片一拍传到谷歌就会告诉你，把你的感知能力通过移动互联网延伸了，使之更强大。这四点决定了移动互联网完全不同于传统互联网，是可以精准化、随处随地让你更加强大的全新的东西。

互联网改变支付方式，互联网支付能够带来绿色，因为绿色是促进电子交易、促进电商的，支付能够让中国互联网过于信息化和过于娱乐化的平台变成一个促进效率、让生活更美好的交易平台。而在移动互联网时代，支付的这种便捷和美好生活将会得到深化和加强。下面就列举几个移动互联网的支付方式。

NFC 手机钱包：通过在手机中植入 NFC 芯片或在手机外增加 NFC 贴片等方式，将手机变成真正的钱包。在付钱时，需要商户提供相应的接收器，这样，大家才能拿着手机去完成"刷一下"这个动作，便捷付款，整个过程很像是在刷公交卡。此支付方式已在本书中提及，在此就不做赘述。

随身刷卡器：随身刷卡器可以用来识别各种银行卡，从而实现随时刷卡消费或缴费的目的，就是上文中提到的以支付终端硬件切入的第三方支付，如Square、拉卡拉、盒子支付、快钱、乐刷等。

短信支付：短信支付由来已久，发送一串字符到指定号码就可完成手机充值等各种支付，而现在有了更多的演绎。比如说，短信支付让网上缴水电费这件事变成了一项堪称"惊艳"的功能，第一次使用时，你还是用PC在网上操作的，在第三方支付网站登录账户，缴完水电费后选择"缴费提醒"。此后，每个月到了缴费时，支付公司将自动发来短信，回复三个验证码，水电费就缴完了，仅仅只需3秒，家里永不停电。后来，这项功能又演变为"超级转账"，你甚至不用知道对方的账户，在支付客户端上发起转账后，对方短信回复银行卡号就能完成收款。

条码支付：这个支付方式更像是"条码收款"。通过安装支付客户端，你的第三方支付账户可以生成一个条形码，而收银员用条码枪在用户的手机上一扫，用户点下同意支付的按键，一次付款就完成了。

二维码支付：也就是所谓的"即拍即付"。在该支付方案下，商家可把账号、商品价格等交易信息汇编成一个二维码，并印刷在各种报纸、杂志、广告、图书等载体上发布。打开手机上的支付客户端，通过二维码识别功能拍摄和识别印制在各种物体上的二维码商品信息后，直接点击付款，完成交易，商品由快递员送到家里。二维码场景下支付应用广泛，进入门槛低，在我们的生活中，亦可随处见到二维码支付。二维码支付业务完美地结合了二维码技术和移动支付技术，是连接实物商品与移动应用软件之间的桥梁，引入了时尚、创新、发展前景无限的O2O购物模式。

摇一摇转账：通过GPS、蓝牙、重力加速感、NFC等技术的集成，转账只需摇一摇自己的手机即可完成。"摇一摇"我们并不陌生，在社交类产品中，有摇一摇寻找附近的其他用户，在商务应用中，有摇一摇交换名片等，都是利用手机传感器和基站/GPS位置信息，完成用户之间的匹配。支付宝把摇一摇和转账功能结合在一起，原本用户通过支付宝转账时需要在"手机转账"中输入对方的支付宝账号，而通过摇一摇，可以自动获得账号，省去在手机上输入的麻烦（也有可能会出现多人在同一地点一起摇的情况，这时需要在出现的多个结果中选择要转账的账号）。接下来就是便捷的输入金额和收款付款了，简直是聚餐凑份子和水果摊小老板结账的利器。目前，除了支付宝、财付通、腾讯等第三方支付公司推出此支付方式外，中信银行更是在传统银行内进行首推。

声音支付：声音支付是通过手机对特定声音的识别进而进行相关支付的一种方式，声音支付分为语音支付和声波识别支付。当你在看电视时，把支付应用打开，它通过接收和识别广告里嵌入的特定语音波段，并主动询问用户是否需要购买此商品并完成付款，这种支付方式被称为语音支付。而声波识别支付其实是一种"近场"的识别，但它利用的是超声波，而不必依赖专用的芯片，用户体验就和所有"刷手机"付款的方式一致。其具体过程是，在第三方支付产品的手机客户端里，内置有"声波支付"功能，用户打开此功能后，用手机麦克风对准收款方的麦克风，手机会播放一段"咻咻咻"的声音。然后售货机听到这段声波之后就会自动处理，用户在自己手机上输入密码，售货机就会吐出商品。

虽然都是通过对特定声音的识别实现支付，但是语音支付的声音是人发出的，而声波识别的声音是特定的声波。

图像识别支付：这种支付堪称信用卡版的"名片全能王"，它使用手机摄像头来读取信用卡信息，包括信用卡号码和到期日，接下来就可以发起收款。此支付方式关键是将信用卡的图像信息转化成文字信息，特别是卡号的识别。

"地理围栏"识别支付：当你到达 A 咖啡厅 100 米的范围之内，咖啡厅正在使用的支付应用会启动 Geofencing（地理围栏）技术，自动感知你的到来，调出你的账户、名字和照片等资料，当然同时也会向你发出通知。一旦你收到通知，确认购买了一杯咖啡，到达咖啡厅后，你只需要说出名字，收银员看着照片确认那就是你，就可以按下支付确认键完成支付，你就可以端着咖啡走了。很快你还将收到一个推送通知，告知消费了多少钱并且得到一份电子发票。目前 Square 在这一领域中有较成熟的技术和应用。

这么一个移动互联网一定是打破线上线下，一定是紧密结合，使新的支付模式正在出现。从以上可以看出，移动支付玩家有很多，有运营商、银行、银联这样的企业，到底谁主沉浮，谁在里面会成为主角，这是一个未知数，但是其必然是属于具有互联网基因的企业。

资料来源：作者根据多方资料整理而成。

P2P 平台与众筹模式

合拍在线：低调的 P2P 领先者

国内互联网金融行业如火如荼，作为最早一批的 P2P 机构，陆金所已经人尽皆知，而合拍在线却鲜为人知。但这并不妨碍它在中国 P2P 市场上激起一层涟漪。

1. 快速的成长能力

合拍在线三大产品模块分别是在线借贷、融资咨询和理财产品，而 P2P 在线借贷是其最为重要的模块，也是增长最快的一个模块。

在业界，合拍在线素以创新发展、稳健增长著称，堪称 P2P 行业领跑者。追溯合拍在线的历史，合拍在线于 2012 年 6 月正式上线，次年 5 月下旬其安全交易额即突破 10 亿元。2013 年 7 月，合拍在线荣登网贷之家月交易额英雄榜前三宝座。2013 年 11 月底，上线仅一年半的合拍在线平台安全交易额超 30 亿元，再度雄踞全国 P2P 行业前三甲。

2014 年 1 月，第三方网贷资讯平台网贷之家公布了 2013 年全国 P2P 平台总成交额排行榜。合拍在线以 32.2 亿元的总交易额成功击败平安集团旗下的陆金所跻身前三甲。截至 2014 年 9 月，合拍在线的累计交易额已经突

破 70 亿元大关，根据其成长速度，极有可能跻身全行业极其稀少的百亿俱乐部。

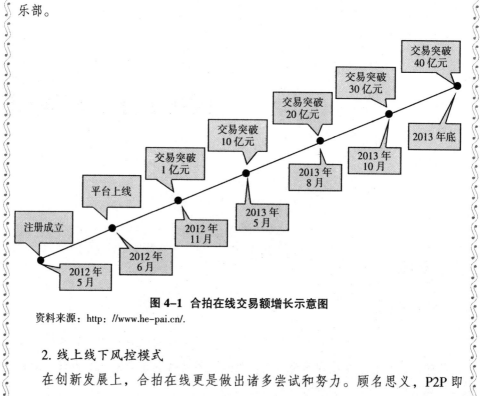

图 4-1 合拍在线交易额增长示意图

资料来源：http://www.he-pai.cn/.

2. 线上线下风控模式

在创新发展上，合拍在线更是做出诸多尝试和努力。顾名思义，P2P 即个人对个人借款。因整个过程无须银行的介入，P2P 模式对于以传统银行为主的信贷模式形成了极大的互补，也带给投资人一些风险问题。为破此难题，合拍在线另辟蹊径，创造性地引入了专业担保机构，为所有上线项目提供担保服务，为投资人的本金和利息提供全额保障，首开业界"P2P+融资担保"模式。2013 年 9 月，合拍在线更是正式启动数字证书服务，成为国内首家引进数字证书的 P2P 平台。近日，合拍在线还代表全国数百家 P2P 平台获评"2013 年度 CCTV 中国影响力品牌企业"，成为全国唯一获此殊荣的网贷平台。

同时，为了进一步降低项目标的风险，平台在线上线下实施了更为严格的风控手段，以稳健发展、主动控制交易额换取投资人资金安全的最大化。合拍在线的风控团队由多名有着 10 余年从业经验的专业人士组成，线上线下同步把关，三道审核关卡严控风险。首先，独立审核部门对合作担保机构、小贷公司等进行实地调查，专家组评审会依据资本实力、成立时间、在保业务情况、风险管理能力、内部管理规范严格评审准入；其次，各大合作担保机构对每一笔项目实地考察，对借款申请人身份、还款能力、资信情况、借款用途等进行调查核实，并出具独立调查报告，为项目严格把关；最后，通过与第三方支付机构合作、开展信息调查搜索等方式，在项目上线前对会员的身份、信用记录再次核实、确认。在如此严苛的风控体系下，合拍在线以远低于同行业的累计代偿率傲视 P2P 群雄。

3. 双向收费盈利模式

传统担保业务在融资企业资源上的积累是合拍在线成交量走高的关键优势。而在平台操作上，合拍在线采用投资人和融资方"双向收费"的模式。

向融资方收取包括借款利息、担保费用外的平台费用是 P2P 平台的主要盈利来源，而合拍在线还向投资人收取 10% 的利息收益。

整个行业里，就合拍在线一家向投资人收费，特立独行。对此中科智集团有限公司总裁张锴雍表示，"我坚持这么做，这个逻辑（向投资人收费）是成立的，平台为投资者的有形资产赚取了收益，一般的基金按本金部分收 2%，有限合伙基金的超额收益还收 20%，而我只收利润的 10%。"

事实上，其收费是因为平台担保模式。在中科智、中兰德等担保公司担保的情况下，其中六个项目年利息为 15%，另一个为 14.4%。网贷之家数据显示，合拍在线投资人的综合收益为 14.17%，扣除 10% 的平台收费，投资人实际收益为 12.75%，而有担保的同类平台陆金所为 8.61%。

张锴雍认为，二者的差别是陆金所大股东平安集团的品牌效应，合拍在线前期是通过让利策略吸引投资者，"随着投资人对我们的信心增强，收益率以后会逐渐降下来的"。

4. 口碑营销

合拍在线的另一个策略是口碑营销，投资人第一次注册账号时，必须填写一个 6 位数字的推荐码，注册成功后系统会为每位投资人生成一一对应的推荐码，以便向其他人推荐。同时，平台也对应生成一些公共推荐码，以便投资人索取。

根据张锴雍所称，合拍在线的第一批投资人都是公司员工，然后再推荐

给他们的亲戚朋友，口口相传。

合拍在线P2P平台隶属于三合创业工场，是其中的一个模块，其他两个模块还包括合富、合投。

三合创业工场由张锴雍在2013年创设，是中科智集团的升级，其模式是通过融资、投资、股权交易、财务咨询顾问甚至与上市辅导相结合的方式，向中小企业提供综合配套服务，类似中小企业孵化工场。

合拍解决的是小额、短期的流动资金；合投是通过互联网众筹的方式，对有成长潜力的中小企业进行股权投资，相对来说期限会更长、金额更大；合富是解决中期、中额资金，即在小范围内召集投资人，以有限合伙的形式对项目进行投资。合拍在线的融资项目大多以1~3个月的短期项目为主，半年以上的中长期项目较少，所有项目基本控制在1年以内；在融资规模上，单笔一般都在800万元以下，2013年单笔平均融资额为197万元。

合拍在线为什么能发展这么快？除了以上策略之外，很重要的一点就是原来的网络比较宽，在全国很多地区都有客户和服务机构，因而本身的起点不一样。现在的合拍在线反而不是要发展多快，而是要把这种投融资模式走通、走稳。

资料来源：作者根据多方资料整理而成。

从金融发展史看，金融的本质是资金融通。在金本位时代，这种融通的中介是传统商业银行；在纸币流通时代，是包括银行、证券、保险等机构在内的金融体系；而在数字化金融时代，又扩大到了第三方支付公司、众筹融资等互联网金融。可以说，互联网金融并不仅仅是技术和渠道的革新，而是颠覆传统金融模式的全新业态。

一、互联网金融下的投融资

互联网金融平台在互联网金融浪潮中的表现可谓"八仙过海，各显神通"，大量企业纷纷涌现。面对各式各样的理财、投资产品汹涌而来，再果断的消费者也会产生"选择障碍"。有需求的地方就会有供给，精明的商家纷纷推出专门的平台网站和手机应用，提供金融产品的资讯、比价及购买等服务，以求在互联网金融觅得一个"利基"市场。

虽然都借助了互联网及移动互联的东风，但这类平台和应用在设计上还是努力体现对用户的差异化价值。例如以存折网、点财网为代表的产品信息搜索和比价平台，重在产品信息全面、搜索比价快捷清晰，其中点财网还附带理财咨询等个性化服务；以铜板街、盈盈理财为代表的理财移动应用，本质上是对接一款或多款基金产品，方便用户在移动终端完成查询和购买；以钱先生为代表的理财产品投资网站，充分利用了团购模式，集合小额资金购买理财产品；以趣保网为代表的比价搜索平台，则针对消费者的某个特定金融需求（如保险需求），来筛选罗列符合要求的产品信息。

此外，以和讯网、东方财富网为代表的财经资讯网站，也开始"染指"互联网金融市场，借助自身海量的财经资讯，依托特有的客户群体，提供投资理财工具的比较和各类金融交易服务平台。例如，和讯网推出了模拟炒股操作平台"策略海"，借鉴国外跟随交易的模式，通过对用户的平台交易数据进行分析，挖掘出最具价值的交易策略，甄选出最优策略师，并向用户推介，用户可支付一定价格查看策略师的交易记录或购买策略组合，进行互动分享。类似的平台还包括理财/保险购买平台"理财客"、"放心保"，期货策略平台"北斗星"，炒股服务"指标云"，以及新型网络招商平台"网上投洽会"等。这些平台的共通之处在于，利用和讯网的中高端客户源，通过科学的数据挖掘体系，甄别出优秀的价值策略，并通过用户互动分享，搭建一个强大的信息交流平台，从而打造在线金融交易服务一站式平台。

然而，无论这些平台或者企业有多么的花样百出，其主要业务模式归根结底还是提供投融资服务。基于互联网投融资的商业模式可细分为 P2P 网贷和众筹，这两者最具有互联网属性，也是我国目前典型的互联网金融模式。

P2P（Peer-to-Peer），是指点对点信贷，是一种个人对个人的直接信贷模式。通过 P2P 网络融资平台，借款人直接发布借款信息，出借人了解对方的身份信息、信用信息后，可以直接与借款人签署借贷合同，提供小额贷款，并能及时获知借款人的还款进度，获得投资回报。由于 P2P 网贷平台没有准入门槛，也没有相关的行业准则和监管机构，因此国内现在还没有对 P2P 网络贷款概念的严格界定，其运营模式也尚未完全定型。

众筹是指项目发起人通过互联网平台向大众筹集资金的一种模式。众筹是利用互联网的特性，让创业企业、艺术家或个人对公众展示他们的创意及项目，争取大家的关注和支持，进而获得所需要的资金援助。众筹平台运作模式为需要资金的个人或团队将项目策划交给众筹平台，经过相关审核后，便可以在平台的网站上建立属于自己的页面，用来向公众介绍项目情况，公众通过网站对自己感兴趣的项目进行支持，帮助项目发起者完成梦想。在国内，真正将众筹概念带入大众视野的当属阿里巴巴推出的娱乐宝。虽然娱乐宝并不是国内第一个众筹产品，它是否属于众筹产品也存在着争论但显然它是第一个让广大民众都知道众筹的产品，在娱乐宝之前有很多众筹产品，但是娱乐宝凭借着阿里巴巴众多的用户和足够的知名度，凭借"100元就可拍电影"的理念，其一上线就受到了人们的广泛关注。

"屌丝"也能拍电影

"哥们儿，你投资宝强了吗？""没呢，这次先支持一把柳岩。"阿里巴巴假想这段对话的主角，不是两个电影行业的大佬，只是普通的电影爱好者而已。"拿出100元，你就能当电影出品人。"2014年3月26日，阿里巴巴宣布推出新产品"娱乐宝"，网友出资100元即可投资热门影视剧作品，预期年化收益7%，并有机会享有剧组探班、明星见面会等权益。人人都能拍电影，这个真的可以有。

有别于余额宝的属性，娱乐宝将依附于淘宝移动端，通过向消费者发售产品进行融资，所融资金配置为部分信托计划，最终投向阿里娱乐旗下的文化产业。首批登陆娱乐宝的投资项目分别为：郭敬明导演，杨幂等主演的电影《小时代3》、《小时代4》；冯绍峰、窦骁等主演，根据著名畅销小说改编的电影《狼图腾》；孙周导演，王宝强、小沈阳共同主演的3D奇幻喜剧《非法操作》；全球首款明星主题的大型社交游戏《魔范学院》。在产品页面上明确标注，该产品的本金及其收益均不作承诺。阿里宣传说，预期年化收益率7%，不保本不保底，年内领取或退保收取3%的手续费，1年后自动全部领取。

虽然娱乐宝平台上的投资项目预期可带来年化7%的收益，但对导演、

图 4-2　电影《狼图腾》海报

明星们的粉丝而言，娱乐宝为"投资人"准备的多种娱乐权益可能更具吸引力。譬如影视剧主创见面会、电影点映会、独家授权发行的电子杂志、明星签名照、影视道具拍卖、拍摄地旅游等。可以说，娱乐宝为粉丝们打造了从投资影视剧，到关注创作动态、与明星互动玩乐，到上映购票观影，最终获得年化收益的全流程参与，提供了一种全新的娱乐生活方式。

对电影制作方而言，娱乐宝不仅可以带来资金保障，还可以帮助征集最真实的用户声音。用户们"用钱投票"，评判对某个影视项目导演、演员、剧本的喜好程度。这些第一手的用户数据，将成为影视娱乐行业新的风向标，从投资制作环节就对内容产生影响，实现真正的"大数据创作"。

资料来源：作者根据多方资料整理而成。

2009 年世界第一家众筹网站 Kickstarter 在美国诞生，2011 年中国首家众筹网站点名时间网成立，大家所熟知的国产原创动漫《十万个冷笑话》的众筹项目就是通过点名时间网完成的。随后，追梦网、好梦网、点火网、众筹网、天使汇、大家投等几十家众筹网站纷纷成立。众筹融资一般涉及发起人、支持者、平台三方。发起人是指有创造能力但缺乏资金的人；支持者是指对筹资者的故事和回报感兴趣的、有能力支持的人；平台则指像 Kickstarter、点名时间网这样连接发起人和支持者的互联网终端。众筹的项目多种多样，可以是影视、音乐、出

版、科技、动漫、摄影、食品、游戏等。众筹融资是一种新型的融资方式，融资方通过众筹融资的平台发布自己的创意、项目或企业信息，互联网用户根据自己的判断用金钱投票，以少量的资金就可以成为一个企业的股东。对创意的提出者或创业者来说，他们的创业成本更低，众筹融资能更好地促进创新创业，众筹融资的潜力十分巨大。一方面，在众筹融资的过程也是对项目的一个宣传过程，有利于聚拢人气，这对商家来说也有着巨大的吸引力；另一方面，众筹融资的出现能够帮助好的创意变为现实，这与目前国家鼓励创新的政策导向是相符合的。

不管是P2P还是众筹，人们都是为了获得一定的收益才会将钱投入到这样的平台上去，说到底，互联网金融的投融资模式也是一种互联网理财模式。然而，P2P和众筹对我们的影响除了理财方式的变化，还有可能是生活方式的变化。

旅游众筹改变你的出行方式

你可能不会想到，连你日常的旅游都有可能因为众筹而改变。就在不久前，青岛旅游集团在众筹网发起"海钓达人"的众筹项目，投资人支持100~2400元不等，就可获得海钓船的使用权，免费使用海钓工具等，这是众筹网在全国推出的首个旅游项目。该项目一经上线就迅速获得了大家的喜爱，截至目前，已经超额完成了预定30000元的众筹目标。

图4-3 "海钓达人"的众筹项目

该项目能够获得如此成功，最大的原因其实是普通人想要出行却又不愿意去那些人山人海的景区去"看人"，而利用众筹推出这种个性化的旅行项目，在防止人数参加过少赔本的同时，也开始了这种新型旅游的尝试。

这个项目带给我们的启示是，通过众筹模式，旅游公司和游客们实现了

"双赢"。旅游公司为此赚满了钱和人气，游客也因此得到了一个难忘而又愉快的旅行经历。这些仅仅是因为众筹模式在其中起到了平衡和连接的作用。很可能在以后，你的旅行计划不是第一时间去查有没有合适的旅游公司、有没有合适的地点，而是首先打开众筹网，看看有没有你喜欢的项目。

资料来源：作者根据多方资料整理而成。

二、民间借贷的正名

"如果国家给予适当扶持，或许若干年后，我能干倒银行。"这是P2P借贷企业互利网公司创始人袁建春的原话。作为互利网公司的创始者，袁建春梦想着互联网金融不可限量的发展前景。

"袁总，我的手续办好了，谢谢您呀。"上海嘉定区的陈女士一脸笑意，向正在喝茶的袁建春作别。这是他的最新客户，刚刚通过互利网这个中介平台，借了20万元的短期周转资金。而这20万元资金贷款的申请手续，陈女士仅仅用了一天的时间就办妥了。

据了解，袁建春早年在上海青浦区做典当，当他发现了互联网金融这个概念之后，立即"转行"，投入了互联网借贷这个新兴的领域。短短两个月内，袁建春就组建了团队，建立了互联网平台，2012年7月，互利网正式上线，把民间借贷这个方式做到了网络上。

互利网借贷的模式是，会员通过互利网的担保，双方直接点对点资金来往，互利网只收取一点佣金，保管抵押物，它规避了民间借贷之间容易发生的非法集资等一系列纠纷，便捷、简单、快速，成本较低。这也是目前大部分P2P公司的模式。以往的民间借贷一般以吸收资金为基础，再投入借出。其中可能触及法律底线，处在违法边缘，并且双方的风险都较大。互联网借贷是一个平台，作用更像一个中介，涉及贷款资金不进入互利网的账户，公开透明。

网络借贷是基于互联网技术，为有借款需求及出借意愿的客户搭建的网上借贷中介平台，是人们通过沟通合作来完成个人借贷需求的新型金融理财模式，是网络时代微金融的新发展，也是民间借贷的新形式。2005年3月，全球第一家

网络借贷平台 Zopa 网站率先在英国推出了 P2P 网上互助借贷业务。2006 年，美国最大的网络借贷平台 Prosper 正式开放，借款人和贷款人在 Prosper 上发布信息互相匹配。一般情况下，借款人贷款的资金有许多的投标人（贷款人）参与竞标，每个投标人借出的金额多在 50~200 美元，这是由于小额放贷有助于降低放贷者的风险。Prosper 扮演着个人借款人和贷款人的中介者角色，并从中获取费用。

在我国，最早的 P2P 网贷平台成立于 2007 年。由于具有成本低、便捷、自主等传统借贷模式无法比拟的优势，P2P 网络借贷模式很快席卷全国。2007 年起国内网络借贷网站发展十分迅速，网络借贷平台数量已达上百家。在其后的几年间，国内的网贷平台还是凤毛麟角，鲜有创业人士涉足其中。直到 2010 年，网贷平台才被许多创业人士看中，开始陆续出现了一些试水者。2011 年，网贷平台进入快速发展期，一批网贷平台踊跃上线。2012 年，我国网贷平台进入了爆发期，网贷平台如雨后春笋般纷纷成立，已达到 2000 余家，比较活跃的就有几百家。据不完全统计，仅 2012 年，国内含线下放贷的网贷平台全年交易额已超百亿元。进入 2013 年，网贷平台更是蓬勃发展，以每天 1~2 家上线的速度快速增长，与此同时，平台数量大幅度增长所带来的资金供需失衡等现象开始逐步显现。

就在 P2P 平台被人们玩得热火朝天的时候，另一种民间借贷形式——众筹，也以迅雷不及掩耳之势进入人们的视野。所谓众筹，其实就是向大众筹资或者群众筹资的意思。虽然和 P2P 一样都是属于民间借贷，但是众筹让人们感觉更为新奇。向大家筹钱去干一件事，这是众筹的中心思想，它有点像我们平时的"凑份子"，但是干事的人并不是凑份子的人。自从众筹出现以来，众筹拍电影、众筹上大学、众筹旅游等经典案例让人们惊叹不已。互联网知识型社群试水者罗振宇作为自媒体视频脱口秀《罗辑思维》主讲人，在 2013 年 8 月 9 日，其 5000 个 200 元/人的两年有效期会员账号在 6 小时内一售而空，称得上众筹模式的成功案例。

根据央行在 2014 年 5 月发布的一份金融稳定报告显示，2013 年末，全国范围内活跃的 P2P 网贷平台已超过 350 家，累计交易额超过 600 亿元，2014 年，P2P 贷款余额超过 1000 亿元。而众筹虽然暂时难以达到如此规模，但其潜力依旧巨大。根据世界银行最新发布的《发展中国家众筹发展潜力报告》显示，目前，众筹模式已在全球 45 个国家成为数十亿美元的产业。预计到 2025 年，发展中国家众筹规模将达到 960 亿美元，其中 460 亿~500 亿美元在中国。

为何 P2P 和众筹能有如此的发展速度和潜力？这得益于两个方面：一是民间借贷市场的巨大需求；二是 P2P 和众筹相对传统银行的优势。

市场是一切企业的根本，P2P 和众筹也不例外，其主要市场就是民间借贷市场。在我国，民间借贷市场是非常庞大的。

2014 年 2 月，宜信财富联合西南财经大学发布了中国民间金融发展报告，报告显示，2013 年中国家庭民间金融市场规模为 5.28 万亿元，比 2012 年的 4.47 万亿元上升 18%，22.3% 的中国家庭有民间负债。民间借款中的有息借款占比显著上升，由 9.3% 增至 14.8%；约有 166 万户家庭对外高息放贷，户均借出款余额约为 45 万元，高息借贷的资金规模超过 7500 亿元，年利率平均为 36.2%，大大超过银行同期的存款或贷款利率。在正规金融发达的地区，则民间借贷比例较低。

报告还显示，城市民间金融的潜在风险较大。因为城市家庭通常会因为买房而向他人借款。在有借款的城市家庭中，房屋借款占借款总额的一半以上。房屋借款特点在于借款金额大，但形成的资产价值高，因此出现了城市借款家庭的债务收入比高于农村，但资产负债率低于农村的现象。值得警惕的是，一旦房价大跌，城市家庭的民间金融风险将远远高于农村家庭。

融资平台型的互联网金融企业在市场中充当金融中介的作用。该类互联网金融创新产生的原因是我国传统银行服务低收入群体和小微企业在成本与收益上不匹配、服务不完善，不能很好地满足中小企业和个人的融资需求。我国传统银行专注于大型企业借贷，长期忽略小微企业和个人的融资需求，其主要原因是小微企业和个人还款能力的不确定性。即使拿到银行借款申请核准，也会因为流程烦琐复杂而错过最好机会。

作为中小企业和个人小额融资的新渠道，P2P 和众筹的优势十分明显。年轻创业者和中小企业因为一些原因很难向银行迅速借贷，而互利网这样的互联网借贷模式比起典当行业利率要低，但成交速度非常快，一天之内就可以放款，小额短期借贷优势十分明显。同时，P2P 和众筹的借贷模式刚好可以规避非法集资的风险，会员可通过担保公司，双方直接点对点资金来往，而 P2P 公司只收取一点佣金，保管抵押物，规避了民间借贷之间容易发生的非法集资等一系列纠纷，便捷、简单、快速，成本较低。而以往的民间借贷很容易让人联想到成本高昂和暴

力催收问题。

P2P 和众筹的发展将在一定程度上替代民间高利贷，也会对现有银行的信贷业务产生一定冲击。但是随着互联网借贷的快速发展，这种模式也可以补足目前国内借贷体系的欠缺。

三、投融资模式变革

互联网金融的投融资模式既不同于常规意义上的银行信贷，又区别于传统的民间借贷，与这二者相比，这种新兴的贷款模式具有其内在独特的优势。

1. 创新小额投融资模式

首先，互联网金融信贷实现无抵押担保。借款人在网站注册后就可以发布借款招标信息，含借款数额、用途、借款期限和最高利率等，其他有闲置资金的注册用户如果对借款人的借款项目感兴趣，就可以通过投标方式为借入者提供贷款。其次，网络信贷门槛低、渠道成本低。P2P 平台使每个人都可以成为信用的传播者和使用者，信用交易可以很便捷地进行，每个人都能很轻松地参与进来，将社会闲散资金更好地进行配置，将中高收入人群的闲余资金合理地引向众多信用良好且需要帮助的中低收入人群。最后，网络信贷的发展为小额信贷拓展了广阔空间。借助于互联网的发展，在经济领域中产业边界日益交融，互联网也加速向传统金融产业渗透。在互联网中开展借贷行为，贷款人群的范围和数量不可限量，借贷双方的资金对接效率更高，极有可能引发传统信贷行业的革命性突破。互联网金融信贷的发展不仅成为一种新的金融业态，更为小额信贷的发展提供了坚实的资金土壤和广阔的参与空间。

2. 弥补传统银行信贷真空

农户、个体户及小微企业等草根经济主体的融资难问题在我国普遍存在，尽管国家为解决这一难题采取了一系列措施，也取得了一定成效，但民间融资难问题尚无根本性突破，主要表现在：直接融资难度大，银行信贷仍是融资主渠道；在银行信贷中，银行新增贷款主要集中在中小企业中规模相对较大的企业。这与我国以银行为融资主体、以服务国有大中型企业或有政府背景的企业为主要目标、基于正规财务报表和充分抵质押物运作的现行金融体系密切相关，传统银行借贷不能适应草根经济体特点和基层金融发展要求。而互联网金融信贷满足了这些群体的融资需要，成为有效解决民间融资难问题的有效途径。

3. 疏导民间资金合理配置

互联网金融信贷不仅是对传统银行借贷行为的有效补充，更为民间资本开拓了新的投资渠道，起到了合理配置社会闲散资金的积极作用。闲置资金持有人通过网络招标的形式把钱贷给需要借款的人，可以获取一定的收益。与传统的投资相比，互联网金融主要是通过平台融资后，由专业机构如银行、基金公司、信托公司等代理操作，将资金注入股市、汇市、债市、信托产品或以其他实业投资方式获得收益，传统投资方式受经济环境影响很大。而通过 P2P 的信用贷款方式来进行理财，收益情况受经济环境波动的影响很小。同时，由于资金需求在经济下滑和萎靡时期往往更加旺盛，网络平台上的借贷活动也会更为活跃，此时投资反而可以"旱涝保收"，收益也会有所增加。实践证明，成熟的 P2P 借贷平台运作具有低风险和流动性强等优势，是"高收益、稳健型"投资产品，能够吸引更多的投资者青睐。

4. 引领金融领域的创新

与传统银行信贷相比，一方面，互联网金融信贷在极大程度上解决了信息不对称问题。在网络借贷模式中，出借人可以对借款人的资信进行评估和选择，信用级别高的借款人将得到优先满足，其得到的贷款利率也可能更优惠。出借人与借款人直接签署个人间的借贷合同，一对一地互相了解对方的身份信息、信用信息，出借人及时获知借款人的还款进度和生活状况的改善。另一方面，互联网金融信贷分散了出借人风险。出借人将资金分散给多个借款人对象，同时提供小额度的贷款，风险得到了最大程度的分散。同时，在网络技术日渐成熟与普及的今天，传统银行运用和依托网络平台拓展的金融业务仅限于支付结算等方面；而以网络为平台的信贷业务，不仅突破了物理网点构成的天然屏障和时间、空间的限制，而且将网银业务功能从单纯的支付结算扩展到现实的融资服务，使网银业务跃上新平台，或将引发金融领域的革命性变革，初显了网络时代金融服务的端倪。

5. 拓展公益扶贫新途径

小额信贷作为信贷扶贫助弱的重要途径，是帮助贫困农民、弱势群体、微小企业改善生活状况、自力更生谋求更好发展的最有效手段之一。但是由于小额信贷在扶贫开发项目中固有的不足和局限，其生存和可持续发展尚未形成内生动力。互联网金融信贷作为小额信贷的生力军，通过把城市中收入较高、热心扶贫助农事业的人士，通过个人信用管理服务平台，一对一地与众多有贷款需求的低收入农户和弱势群体实现对接。同时，通过分散贷款额度，借贷规模变小了，相应的贷款信用门槛降低了，更多的人可以获得借款。而出借人以少量的资金就能够帮助那些急需资金支持的弱势群体，并能够及时获知借款人经济状况和生活状况的改善，可以带来较高的满足感和成就感，这将吸引越来越多的人参与公益性扶贫事业。

四、网络 P2P 平台的主要模式

网络 P2P 平台是互联网金融的主要模式。P2P 信贷（Peer-to-Peer Lending）是互联网金融最大的亮点。由于传统银行服务低收入群体和小微企业的收益与成本不匹配，同时业务应变较慢，服务不完善，为 P2P 借贷提供了市场空间和生存空间。P2P 信贷公司更多扮演众包模式中的中介机构，该信贷模式就其特点而言可以概括为：第一，在线进行；第二，借贷门槛低；第三，P2P 信贷公司只起中介作用，借贷双方自主；第四，出借人单笔投资金额小，风险分散。

目前，网络 P2P 平台的主要模式有以拍拍贷为代表的出借人自担风险模式、以人人贷为代表的线上＋线下模式、以平安陆金所为代表的金融机构信用＋担保机构担保模式、以宜信为代表的债权转让＋风险备用金模式、以点融为代表的平台保障模式。

1. 拍拍贷模式

拍拍贷成立于 2007 年 6 月，是中国首个 P2P 纯信用无担保网络借贷平台。网站隶属于上海拍拍贷金融信息服务有限公司。

拍拍贷定位于一种透明阳光的民间借贷，是对中国现有银行体系的有效补充。我们知道，民间借贷基于地缘、血缘关系，手续简便、方式灵活，具有正规金融不可比拟的竞争优势，可以说，民间借贷在一定程度上适应了中小企业和农村地区的融资特点和融资需求，增强了经济运行的自我调节能力，是对正规金融的有益补充。而拍拍贷具有一些独特之处：

（1）一般为小额无抵押借贷，覆盖的借入者人群一般是中低收入阶层，而现有银行体系覆盖不到，因此是银行体系必要的和有效的补充；由于针对的是中低收入以及创业人群，其有相当大的公益性质，因此具有较大的社会效益。它解决了很多尝试小额贷款的机构组织普遍存在的成本高、不易追踪等问题。

（2）在平台审核方式上，拍拍贷审核方式基本以线上审核为主，对用户提交的书面资料扫描件或电子影像文件进行形式上的审查，并对用户提交的书面资料的内容与其申报信息的一致性进行审查。而且，通过网络、社区化的力量，强调每个人来参与，从而有效地降低了审查的成本和风险，使小额贷款成为可能。同时由于依托于网络，相比现有民间借款，其非常透明化。

（3）在平台运作模式上，平台本身一般不参与借款，更多的是提供信息匹配、工具支持和服务等一些功能；拍拍贷的运作模式属于典型的网上 P2P 借贷模式，借款人发布借款信息，多个出借人根据借款人提供的各项认证资料和其信用状况决定是否借出，网站仅充当交易平台。

（4）与现有民间借贷的另一大不同是借款人的借款利率是自己设定的，同时网站设定了法定最高利率限制，这有效地避免了高利贷的发生；拍拍贷平台收益来源主要以成交服务费为主，服务费为成交金额的 2%~4%，其他费用为充值手续费和提现手续费。

（5）在不良贷款处理上，根据逾期的天数，网站采取不同的措施，如逾期 90 天后，拍拍贷将曝光所有资料，包括用户信息等。根据不同地区不同用户的情况，借出人可以依靠法律诉讼程序或者找催收公司进行催收。拍拍贷将配合借出人提供法律咨询支持。

拍拍贷模式是最直接的 P2P 模式，不参与借款交易，只提供网络交易平台。借款利率由双方根据资金市场竞合决定，拍拍贷设定最高的法定借款利率。拍拍贷根据借款人提供的各项信息进行线上审查，并不保证信息的真实性，只是对比各项资料，因而存在较大的风险。借款无抵押、无担保，借出人面临着较大的信

用风险；如果出现逾期或不良，拍拍贷不承担本金和利息的补偿，完全由借出人自己承担。总体来看，拍拍贷适合于小额贷款，借出人承担的信用风险特别高，一旦出现逾期或不良，只有依靠自身追款或承担损失，拍拍贷不承担任何责任。

拍拍贷属于无抵押、无担保模式，这种模式通过搭建线上资金对接平台，在线撮合投资人和筹资人。拍拍贷交易过程中的费用由两部分构成，一部分是交易双方在实现资金对接的过程中需要先将资金转入到拍拍贷内，在这之中会产生第三方平台转账费用；另一部分是拍拍贷收取的2%~4%的中介费用。这种模式的优点是品牌独立、借贷双方无地域限制且有利于收集借贷双方的信用数据；除此之外，由于传统模式下的P2P网贷只纯粹提供平台充当中介，因此没有触及法律的红线。缺点是由于交易大都在陌生人之间进行，加之没有中介担保，交易双方缺乏信任基础，导致资金借入成功十分困难；此外，中介费用过高，对处于初步阶段的平台来讲，不利于其推广。

2. 人人贷的线上 + 线下模式

人人贷O2O线上线下对接的模式，是美国P2P网贷在中国本土化演进得较为理想的一套商业逻辑。由于国内征信体系不完善，线上无法完成对借款者信用的调查，人人贷借助同门兄弟公司友信的线下网络完成客户信用考察、审核、贷后管理、催收等工作。

在平台运作模式上，人人贷主要为居间服务，借款人发布借款信息，出借人根据借款人信息选择是否借款。同时，人人贷"优选理财"则是一种资金池模式，出借人购买计划，自动投标到各借款人，并且资金循环使用。人人贷平台收益主要来源于账户管理费、服务费、加入费、退出费等。

在平台审核方式上，人人贷采用线上收材料、线下审查的方式。

在不良贷款处理上，平台每笔借款成交时，提取一定比例的金额放入"风险备用金账户"，借款出现严重逾期时（逾期超过30天），根据规则通过风险备用金向理财人垫付此笔借款的剩余出借本金或本息。

人人贷只是居间服务，并不直接参与借款交易，不过"优选理财"属于自动投标，出借人并不能选择借款人，而人人贷50%以上的资金在此计划中。数据显示，人人贷目前的信用标占比不到10%，其他是实地标和担保标，这就要求必须实地审查借款人信息，信息的真实性要具有一定保障；如果出现逾期，人人贷使用风险备用金来保证出借人的本金和利息。以 2013 年的数据大致估算，其逾期借款不到 1000 万元，而风险备用金 2013 年末达到了 2500 多万元，可以说目前完全能够覆盖逾期。人人贷在整个过程中只提供服务，不保证本金和利息。

总体上看，人人贷以风险备用金来保障出借人的利益，目前借款逾期率较低，通过积累，风险备用金能够覆盖逾期借款，出借人资金相对较为安全，不过，在"优选理财"中，出借人对于投标没有控制权，完全由系统匹配，同时存在期限错配等风险。

3. 平安陆金所模式

陆金所结合金融全球化发展与信息技术创新手段，以健全的风险管控体系为基础，为广大机构、企业与合格投资者等提供专业、高效、安全的综合性金融资产交易相关服务及投融资顾问服务，成为中国领先并具有重要国际影响力的金融资产交易服务平台。

陆金所设立了 Lufax 和 Lfex 两大平台，分别为个人客户和机构客户提供互联网金融服务。Lufax 是专业网络投融资平台，致力于为个人提供创新型投资理财服务。对于 Lfex，陆金所拟推出 F2F 的交易模式，交易的标的可以是金融机构自身的金融资产或者受托代理的金融资产，从而为企业融资和机构投资人搭建一个投融资和金融资产交易的服务平台。

陆金所目前提供中介服务，借款人申请借款，出借人进行投标，借款的发放和收回由陆金所代为办理，同时引入担保公司对借款人进行担保。该平台目前只收取债权转让手续费，为转让价格的 0.2%，其他服务暂时免费。

在平台审核方式上，陆金所凭借集团的优势和信息，对借款人进行信息的审查。

在不良贷款处理上，每期还款日 24 点前，借款人未足额偿还应付款项，则视为逾期，借款人应向出借人支付罚息。逾期本金部分从逾期之日起在约定的执行利率基础上上浮 50% 计收逾期罚息。逾期罚息按日、单利计息。若借款人对任何一期应付款项逾期满 80 日，担保公司启动对出借人的代偿，代偿金额包括剩余本金、应付未付利息、逾期罚息。

陆金所在整个借款中扮演的角色特别模糊，借款人和出借人之间并没有信息的交流，观察陆金所网站产品，也并没有提供借款人任何信息，并且资金均由陆

金所代为转移。在交易过程中引入平安集团旗下的担保公司进行担保，对于借款出现逾期，提供全额代偿，这对于出借人来说，资金安全程度较高。在对借款人审查上，陆金所依靠平安集团各模块公司的实力，对于借款人的审查较为严格。除了担保公司的担保外，平安集团强大的实力在出借人看来也是一种隐性担保。陆金所目前对出借人资金最低要求比较高，至少 1 万元，这也与很多 P2P 公司不同。目前借款交易并没有出现费用，公司收入来源值得思考。

总体上看，陆金所作为一个背靠强大金融机构的 P2P 平台，其在风险管理等方面应该较为成熟，并且引入了担保机构进行担保，可以说使出借人资金得到了保障。但是，虽然陆金所一直强调其并非做资金池交易，然而通过网站产品信息，其资金池交易明显，并且陆金所并不是简单提供信息平台，还充当了资金转移的中介。

4. 宜信模式

宜信公司创建于 2006 年，总部位于北京，是一家集财富管理、信用风险评估与管理、信用数据整合服务、小额借款行业投资、小微借款咨询服务与交易促成、公益理财助农平台服务等业务于一体的综合性现代服务业企业。宜信的主要运作模式为债权转让交易模式，创始人唐宁或其他宜信高管提前放款给需要借款的用户，唐宁再把获得的债权进行拆分组合，打包成类固定收益的产品，然后通过销售队伍将其销售给投资理财客户。

这种模式实质上是一种债权转让模式，P2P 网贷公司先在线下购买债权，然后将债权转售。宜信模式中，借款人和出借人并没有直接的信息交流，属于完全隔开的两方；在平台审核方式上，宜信在全国 30 个地区有办事处，在收到贷款申请材料后，会进行实地调查审核（面审）。

正如宜信创始人唐宁所介绍的那样，宜信一定程度上与淘宝十分类似，只不过淘宝卖的是货物而宜信卖的是信用。宜信的具体操作过程为，首先宜信会成立一个第三方账户，然后第三方账户主作为出借人将资金借给事先挑选好的借款人，由于中国法律不允许非金融机构发放贷款，却保护个人发放贷款，因此这里的第三方账户主都是个人，等到宜信挑选好借款人之后，再将债权转到真正的借款人手中。宜信模式中，借款人和出借人之间形成了多对多的形式，对于出借人来说，这样起到了风险分散的作用；同时采取了还款风险金的保证措施，一定程度上对出借人的本息起到了保护作用，降低了一定的风险。此外，宜信还建立了保障金制度，即当借款人出现借款不还的情况时，宜信会从保障基金中提取资金来弥补出借人的全部本金和利息，这实际上就形成了对债务的一种担保，保护了出借人的利益，但增加了宜信自身的风险。为了控制风险，宜信要求在对借款人信息审核过程中必须当面进行审核，并且要求借款人每月还款。

宜信平台收益来源有服务费，其中债权转让费 1%~2%，风险金 2% 以及借款人借款利率和出借人收益率的差额。出借人购买的是理财计划，其收益率和借款人借款利率之间存在着巨大的利率差，这部分收入都被宜信收取，这也使得宜信在不发生大额逾期的情况下，存在垫付资金的可能性。

在不良贷款处理上，采取电话短信提醒、上门拜访、法律诉讼等多种方式，延迟还款的借款人需按约定缴纳罚息和滞纳金。平台提供了两种解决方案供出借人选择：一是与宜信共同追讨，出借人享有追讨回的本息和所有的罚息及滞纳金；二是通过还款风险金代偿部分本金及利息。

总体上看，宜信模式在借款人资料审查上较为严格，也采取了风险金的形式来保证出借人的利益，不过这个比例在 2%，如果不良或逾期率超过 2%，如何操作并没有明确的说法，可以说出借人资金相对安全。

这种模式的优点是，对债务进行担保能够促进资金借贷的完成，增加平台交易量，聚拢人气。缺点是对债务的担保给自身经营带来了风险，要求当面审核增加了人力费用，使贷款过程更为烦琐；此外，就目前我国的法律监管情况来看，该模式还存在一定的政策风险。

5. 点融模式

点融网是一家总部位于上海的网络金融服务公司。基于全球最大的网络借贷平台 Lending Club 的先进技术和管理经验，点融网构建了一个专业、透明、易操作的网络投资和融资匹配平台，让投资人选择投资有借款需求的个人消费者或中小企业主。利用互联网平台，点融网实现了比其他金融机构更低的审核和运营成本，让投资人和借款人双方同时受益。

从业务模式来看，点融网是一个线上的平台，对借款人的资信水平进行一般审查。但对特殊情况，如借款额较大的借款人，也适当结合了线下对借款人资信的实地审查。为了保障投资人的资金安全，点融网提供 100% 本金保障机制。投

资人可以搜索和浏览点融网上的贷款清单，通过查看点融网验证审核的借款信息，投资人可以自行选择投资的借款项目并输入投资金额。投资人也可以指定期望收益并选择投资点融网推荐的投资组合，通过批量分散投资给多个借款项目来降低投资风险。投资人的最终年收益取决于投资的借款项目，目前平台的平均预期年化收益为 14%~17%。同时，为了进一步优化客户体验，点融网向投资人提供自动投标工具。

借款人可以通过填写个人信息及提交相关材料在点融网上申请借款。目前可申请的借款金额在 2500 元至 200 万元之间，期限为 3~18 个月不等，并提供等额本息、按月还息到期还本两种还款方式。申请提交后，点融网会基于借款人的借款金额、借款用途、信用记录及财务状况筛选出最有信誉保障的借款人，并为借款项目指定相应的信用等级及借款利率。通过点融网审核的借款项目会在点融网上发布供投资人选择。

总体来说，点融网结合本土银行的风控模型及先进国家的信用评级经验，创造性地建立了一整套审慎的风险管理机制，覆盖了各种不同的个人贷款和中小企业贷款。点融网将人工审核与系统校验相结合，基于 100 多个风险模型和 50 多个反欺诈检测的专业验证工具，对借款人的信用风险进行科学合理的评估。对于额度较大的企业贷款申请，点融网将对经营机构实地勘察，确保申请资料与借款用途的真实性。点融网的风控手段相当多元化，如查看央行的征信报告，从中判断是否有信用和还款意愿，以收入来源、银行流水等判断是否有还款能力。点融网只通过服务费盈利，不赚取利差，不做资金错配。

五、众筹商业模式解析

2009 年，众筹网站 Kickstarter 在美国横空出世，网站一上线就受到外界的追捧。在这个平台上，任何人都可以将自己的创业构想发至网站，经网站审核后发布，网友自愿给予资金支持，回报则是相应的产品或服务。众筹网站则从成功项目中抽取一定比例的资金作为报酬。该网站是典型的让梦想照进现实的典范，其众筹的标的是服务或产品，其盈利模式是佣金。

这种模式迅速成为创新创意玩家展示梦想、吸引投资的舞台，很快，

Kickstarter 和它所创造的众筹模式在全球范围内兴起，也引起了国内互联网圈的注意。点名时间网、追梦网、乐童音乐、觉 jue.so、众筹网、创投圈、天使汇等一大批网站先后涌现，各种众筹的商业模式也吸引了很多人的关注和研究。国际上已有不少对众筹平台的研究，参照 Massolution 的一份报告，众筹平台可以分为四类，即债权众筹、股权众筹、奖励众筹、公益众筹。

1. 债权众筹

债权众筹（Lending-Based Crowd-Funding）：投资者对项目或公司进行投资，获得其一定比例的债权，未来获取利息收益并收回本金。通俗地讲就是，我给你钱之后你还我本金和利息。

其实不难发现，债权众筹模式和 P2P 模式很相似，而实际上 P2P 确实是属于债权众筹。债权众筹有两种，一种是 P2P，相信大家都很熟悉；另一种是 P2B，说白了它就是做企业债。P2P 借贷平台这个话题我们在上文中已经专门讨论过了，因此这里不再赘述，而专门介绍 P2B。

尝试 P2B 的第一个网站叫 Fundind Circle，这是一家英国公司，主要做企业债。这个模式就是引导个人向小企业提供贷款，它不做资金的集中，而只做一个中介，专业团队对这些融资的小微企业进行评级，评级直接对应它在平台上的借款利率，评级低的借款利率就高，评级高的利率就低一些，所以分成四档，分别对应一个借贷款的个人利率，并通过竞标实现交易。

在国内，目前 P2B 网站也在起步，比较有代表性的有两个，一个是爱投资，另一个是积木盒子，它们线上推广比较好。还有一个是宜信，它是做 P2P 起家的，之所以把它放在这儿，是因为 2013 年 9 月，宜信发了一个针对中小企业的中小企业债产品，就是把 P2P 从个人投资者募集的钱投到它成立的资金里面，然后再去找经过它审核的中小企业的借款人。

积木盒子

　　积木盒子，不要误会，它既不是积木，也不是盒子，而是一个面向个人投资者的理财融资平台，于 2013 年 8 月 7 日上线。平台主打优质理财，低门槛提供平均年化 13% 的稳健型理财产品。所有投资产品均为融资担保机构

全额本息担保标和实地调查认证标。平台由北京乐融多源信息技术公司运营。

目前，国内大多数的P2P平台都是既面向个人也面向企业贷款，积木盒子的商业模式并不会与其他P2P平台有本质的区别，但是积木盒子却能让P2P变得更加纯粹。而这种纯粹体现在专门帮助中小企业获得融资，并帮助普通投资者降低风险进行投资。与其他国内P2P平台不同的是，积木盒子推出的业务都是以自己调研、开发为主，并不是以合作的方式获取，而其中相当一部分的中小微企业来自于西部地区。

具体来说，积木盒子会对项目做独立的风险控制审核调查，通常需要3~5个工作日。业务流程为：积木盒子会到实地考察项目企业，通过照相、拍摄等方式收集资料；通过相应的程序"翻译"成电脑能够识别的数据；将这些数据代入自身搭建的风险控制模型进行计算，得出相应的评估结果。

不过，由于上线只有一年，积木盒子仍在原始积累期。每天，运营团队都会收到来自投资者对于过程体验和风险控制的问题。为了进一步降低门槛，积木盒子推出的产品起步门槛只有100元，而下一步还会推出债券交易，使得投资者可以选择随时撤资，进一步降低风险。积木盒子的这种模式被很多人看好，如2014年2月，积木盒子在北京宣布，获得银泰投资（Ventench China）千万美元融资，这也是积木盒子的A轮融资。银泰投资相关负责人表示，投资积木盒子主要看中其集合了互联网和传统金融人才的团队，同时也看重积木盒子提供的公平、透明、有效、安全，尤其是安全。这也从侧面说明，P2B这种模式在未来很有市场。

资料来源：http://www.jimubox.com.

P2B互联网投融资服务平台是一种行业领先的创新网络投融资平台，投资者能以固定收益理财模式在平台上找到合适的投资项目，它既保证了投资的稳健增值，又能够很好地解决广大中小企业融资难的问题。融资企业可直接在平台上发布以债权形式进行借款的信息，最终以远低于民间借贷的利息，借到企业中短期发展需要的资金。P2B平台借力融资租赁行业完整的风险控制流程，严格审核借款企业融资信息的真实性、抵质押物的有效性并评估借款风险，同时，通过多重回购担保的方式，将还款风险降到最低。P2B平台只是作为一种纯粹的投融资中介收取一定比例的服务费，本身既不融资也不放贷。

根据 P2B 互联网投融资服务的操作原理分析，P2B 又有点类似于信托，即投资人基于对 P2B 平台的信任，通过 P2B 平台进行投资，获取固定投资收益回报。P2B 平台则采取类似信托项目风控的方式，严格把关借款项目的质量及风险程度，并根据借款企业信用度要求其提供抵质押或担保手段。与 P2P 不同，P2B 平台只针对中小微企业提供投融资服务，借款企业及其法人代表（或实际控股的大股东）要提供企业及个人的担保，且基本上不提供纯粹的信用无抵押借款，再加上类似担保模式的借款保证金账户，因此从投资风险角度分析，P2B 比 P2P 具有更高的投资安全性。之所以 P2P 会向 P2B 转型，主要是现阶段传统金融服务门槛高、普通大众投资渠道较少、中小企业融资难等，使得我国网贷向中小企业倾斜。非常贴切中国市场需求的 P2B，无疑将成为未来的蓝海。

2. 股权众筹

股权众筹（Equity-Based Crowd-Funding）：投资者对项目或公司进行投资，获得其一定比例的股权（我给你钱你给我公司股份）。股权众筹其实并不是很新奇的事物——投资者在新股 IPO 的时候去申购股票其实就是股权众筹的一种表现方式。但在互联网金融领域，股权众筹主要特指通过网络的较早期的私募股权投资，是 VC 的一个补充。由于是基于互联网渠道进行的融资，所以也有人称股权众筹是"私募股权互联网化"。

股权众筹的核心作用就是充当投融资的信息服务平台，服务的对象主要有两方面，一是融资方，即中国的中小企业群，进入天使轮的企业，或者进入 VC A 轮的企业；二是中国的投资方，即大量潜在的小微天使。

然而，股权众筹与一般的股权投资也存在着明显区别，最大的区别就是两者的侧重点完全不同。股权众筹是一个平台，说简单一点，就是能够在一个开放的、基于互联网的平台上，让更多的投资人参与到投资创业企业的过程中来。传统的股权投资隐性成本非常高。对项目方来讲，主要是缺乏经验，不能充分展现项目亮点，同时对接投资人数量非常有限，找到匹配的投资人需要运气。由于缺乏金融和投资知识，对交易结构、交易估值很难进行科学的把握，容易遭受不可避免的损失。股权众筹能够让更多的创业者在他们没有更好、更透明的渠道接触到投资的情况下，实现有效的对接，并且降低中间的沟通成本和时间成本。

对股权众筹平台来说，它们诞生的直接原因是初创企业对资金的刚性需求，

以及小微企业的融资需求。在互联网界，天使投资人很多，国内知名的天使投资人大多数是互联网界的。而在硅谷，甚至有天使投资人一条街。这些天使投资人往往是互联网界的创业大佬、CEO，对行业很熟悉，既有前瞻性，又非常务实。全球互联网的发展，离不开这些天使投资人的促进。而众筹平台就是将线下的天使投资人搬到了网络上，让项目方与投资方更好地对接。

在国外，天使阶段的股权众筹已经发展成为一个不错的投资品类。以美国Angelist为例，截至2013年底，Angelist上有10万家企业挂牌，促成了1000多家创业企业成功融资。

我国众筹的兴起源于2012年美微传媒在淘宝上发起的众筹。当时淘宝出现了一家名为"美微会员卡在线直营店"的店铺，该店铺主要销售会员卡，但这不是普通的会员卡，购卡者不仅可以享有"订阅电子杂志"的权益，还可以拥有美微传媒原始股份100股，购卡者手中持有的会员卡即原始股票。美微传媒试图通过这样的方式募集闲散资金用于创业。自此，中国的众筹平台开始兴起，国外诸如Kickstarter、Angelist等众筹平台也开始有了中国样板，其中以天使会、大家投、原始会、好投网等股权众筹平台为代表，掀起了一股股权众筹融资热潮。

然而，热潮过后是理性，虽然业界普遍看好股权众筹，但是目前中国的股权众筹整体规模相对P2P来说还是比较小，众筹平台也相对比较少。为何会出现这种现象，其主要有两个原因：

一是此类网站对人才要求比较高。股权众筹网站需要有广阔的人脉，可以把天使投资人/风险投资家聚集到其平台上；股权众筹网站还需要对项目做初步的尽职调查，这要求它们有自己的分析师团队；还需要有深谙风险投资相关法律的法务团队，协助投资者成立合伙企业及进行投后管理。

二是此类网站的马太效应，即强者越强、弱者越弱之现象。投资者喜欢聚集到同一个地方去寻找适合的投资目标，当网站汇集了一批优秀的投资人后，融资者也自然趋之若鹜。于是原先就火的网站会越来越火，流量平平的网站则举步维艰。目前国内规模最大的股权众筹网站天使汇，截至2013年11月中旬已为70多家企业完成超过7.5亿元的投资。而另一家网站大家投，截至2013年底，仅有寥寥可数的4家企业成功募集到250万元。当然这其中也有网站的UI、运营团队等因素左右流量，但是更多的是马太效应的影响。

股权众筹市场之所以会出现马太效应，其主要原因是国内缺乏成熟的天使投资人群体。国内的天使投资人群体目前并不多，拥有专业投资经验的富人群体也比较少。这意味着，投资人也需要进一步成长。众筹平台上往往是早期的项目，风险很大，如果投资不理性，则不利于股权众筹的发展。因此，人们在缺乏专业的评价和参考意见的情况下，网站筹资的多寡也就成为选择投资的重要参考了。

股权众筹比较适合成长性较好的高科技创业融资；投资人对项目模式要有一定理解；有最低投资门槛，且门槛较高。对于创业者来讲，依旧需要依靠自己的个人魅力进行项目的推荐并期望遇到一个专业的领投人。对于明星创业者，或者明星创业项目，则不适合用该模式，而应该选择和大的投资机构接洽。这个模式可以由在一个专业圈子有一定影响力的创业者结合社交网络来进行募资，把信息传递给更多同样懂行的或者愿意信任他的有一定资本能力的投资者。

大家投：草根创业者的天使投资人

基于陌生人的关系圈，通过项目的公开展示寻找投资人凑齐创业资金，并以股权作为投资回报，李群林搭建的"大家投"网站成为了股权融资模式的第一个实验对象。2012 年 12 月 10 日，李群林把他的众筹网站大家投（最初叫"众帮天使网"）搬上了线。

在李群林看来，众筹网站运行的初衷就是要将创业者的创意展现给投资人，然后将投资人会聚起来，为创业者提供创业资金。相比中国最早的众筹网站如点名时间这类以产品预购进行回报的模式而言，李群林更希望创办一个能将众筹游戏转变为草根天使投资人共同参与的投资平台。

大家投网站模式是这样的，创业项目在平台上发布，当吸引到足够数量的小额投资人（天使投资人），并凑满融资额度后，投资人就按照各自出资比例成立有限合伙企业（领投人任普通合伙人，跟投人任有限合伙人），再以该有限合伙企业法人身份入股被投项目公司，持有项目公司出让的股份。而融资成功后，作为中间平台的大家投则从中抽取 2% 的融资顾问费。

如同支付宝解决了电子商务消费者和商家之间的信任问题，大家投将推出一个中间产品叫"投付宝"。简单而言，就是投资款托管，对项目感兴趣的投资人把投资款先打到由兴业银行托管的第三方账户，在公司正式注册验资时再拨款进公司。投付宝的好处是可以分批拨款，如投资 100 万元，先拨

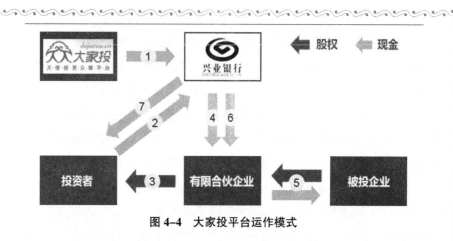

图4-4 大家投平台运作模式

付25万元，根据企业的产品或运营进度决定是否持续拨款。

对于创业者来讲，有了投资款托管后，投资人在认投项目时就需要将投资款转入托管账户，认投方可有效，这样就有效避免了以前投资人轻易反悔的情况，会大大提升创业者融资效率；由于投资人存放在托管账户中的资金是分批次转入被投企业的，这样就大大降低了投资人的投资风险，投资人参与投资的积极性会大幅度提高。

资料来源：作者根据多方资料整理而成。

股权众筹作为一种新型的融资方式，与以往的股权融资方式相比，结合了互联网的信息优势，实现了项目的快速融资与融资渠道的拓展。同时为普通的投资人提供了更多参与创业投资的机会，推动了金融监管模式的变革。作为国内多层次资本的组成部分，股权众筹能够更直接、高效地将创业企业与相对较专业的投资人以及知名的风投机构连接起来，推动国内实体经济的发展。

3. 奖励众筹

奖励众筹（Reward-Based Crowd-Funding）：投资者对项目或公司进行投资，获得产品或服务（我给你钱你给我产品或服务），也有很多人称之为回报众筹。以往的产品推销、活动推广大都是传统的B2C模式，即先生产，后推广，引导用户接受。而奖励众筹模式则是C2B，是一个"观众接受后商家才生产"的逻辑。

奖励众筹的兴起源于美国网站Kickstarter，该网站通过搭建网络平台面对公众筹资，让有创造力的人可能获得他们所需要的资金，以便使他们的梦想有可能实现。在美国，奖励众筹平台在帮助公司预售产品并获得初期支持者方面是一个非常有效的机制。目前，很多在 Kickstarter 或者 Indiegogoo 平台上实现融资的公司在随后的风险融资轮里都获得了很高的估值，有的还被产业直接收购了。

众筹最初是艰难奋斗的艺术家们筹措创作资金的一个手段，现已演变成初创企业和个人为自己的项目争取资金的一个渠道。如今，奖励众筹的融资项目范围有了很大的延伸，但是文化类项目却占据了很大的比例。在西方国家，这一资金募集方式为独立艺术领域所广泛采纳。艺术从业者可以在众筹网站上创建一个账号，上传自己的艺术作品，包括歌曲、画作等，他们的粉丝可以通过在社交网络上分享他们的信息，或者选择直接捐助来支持自己的偶像。

成立于 2013 年 2 月的众筹网，自上线以来已累计发起 3052 个项目，累计筹资金额超 3800 万元，发布的项目类别涵盖科技、影视、娱乐、美食、活动、旅行、公益、摄影等多个领域。2013 年，号称国内首部众筹电影《十万个冷笑话》募集成功，将于 2015 年 1 月 8 日正式上映。2014 年以来，艺术众筹开始在国内艺术圈兴起，先后出现了出售艺术家时间、艺术作品等多个艺术众筹项目。不久前，由艺术众筹平台艺米范发起的众筹画廊艺米空间也宣布启动。近期，艺米空间携手"只有少数人才懂"的体验式旅行网站——"待着"，共同为"唯有陪伴——颂莎 SONG SAA 海岛度假之旅"招募首席体验官，这是 ME 卡会员的又一特享福利。在"待着"旅行中，"艺米体验官"拍摄的所有摄影作品均有机会和艺米空间画廊进行签约。"今日旅行家，明日摄影师"，将沿途的风景摄影作品发布到艺米空间微信平台，经选拔后，优秀作品可以通过艺米平台进行寄售，让更多的人分享旅行中的发现与喜悦。

众筹游戏改变你的娱乐方式

2014 年江苏一个创业团队在众筹网发起的《三国虎将录》吸引了超高人气，他们推出的这款玩家形象私人定制化手游已然掀起了一场新的三国风云。《三国虎将录》手游的最大特点是其"私人定制化"的游戏人物和装备设计，通过众筹回报的方式与玩家进行积极互动。

众筹游戏开发项目其实并不稀奇，但这个项目对于我们生活的改变在于

其对于传统游戏运营的改变，即以众筹的方式将游戏人物和装备作为众筹回报。这给我们带来的启示是，或许之后玩游戏可以展现众人的力量来获得游戏的改进。

进一步来看，我们在玩游戏中经常会想，如果能有这样一件装备或者有这样一个闯关流程，一定会更好玩。这种想法以后通过众筹就可以实现。而游戏开发者也可以更多地了解用户，收集更多有用的建议。

资料来源：作者根据多方资料整理而成。

其实，奖励众筹并不算是一个新鲜模式，早在几年前，与之类似的一种模式——团购，也曾经盛极一时，直到现在团购模式仍然是人们喜爱的一种模式，因为便宜。也有很多人说众筹的本质是团购，换汤不换药，只是炒起来的概念。这句话并非完全错误。

奖励众筹一般指的是预售类的众筹项目，团购自然包括在此范畴，但团购并不是奖励众筹的全部。传统概念的团购和大众提及的奖励众筹主要区别在于募集资金的产品或服务发展的阶段不同。如图4-5所示。

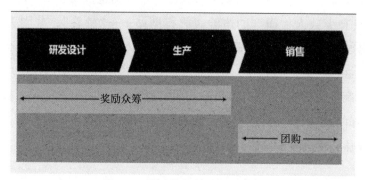

图4-5　奖励众筹与团购的区别

奖励众筹指的是仍处于研发设计或生产阶段的产品或服务的预售，团购则更多指的是已经进入销售阶段的产品或服务的销售。奖励众筹面临着产品或服务不能如期交货的风险。而且，奖励众筹与团购的目的不尽相同，即奖励众筹主要为了募集运营资金、测试需求，而团购主要是为了提高销售业绩。

但两者在实际操作时并没有特别清晰的界限，通常团购网站也会搞类似众筹的预售，众筹网站也会发起团购项目。举个例子，奖励众筹平台之一众筹网在早前便推出了团购茅台的项目。

可以说，奖励众筹是一个不错的展示途径与检验目标市场的方法，这种众筹方式的最大特点是没有法律限制的风险，所以也成为了国内很多众筹平台主打的内容。

4. 公益众筹

公益众筹（Donate-Based Crowd-Funding）：投资者对项目或公司进行无偿捐赠（我给你钱你什么都不用给我），也有很多人称之为捐赠众筹。

2014 年 8 月，科技圈的小伙伴都开始关注一件叫作"冰桶挑战"的事情。Facebook 的 CEO 马克·扎克伯格（Mark Zuckerberg）站在一个花园里，干脆利落地拎起一个大塑料桶，往自己头上浇了一整桶冰水。随后，点名微软公司创始人比尔·盖茨（Bill Gates）参加"冰桶挑战"。数周之后，这项有趣的挑战项目更是在中国掀起了一股热潮。

"冰桶挑战"的活动规则是，参与者需要在头上浇一桶冰水，把这个过程拍成视频上传到社交媒体上，然后点名邀请自己的朋友也这么做。被点名的人如果在 24 小时内没有完成这一任务，就需要向 ALS 协会捐款 100 美元。

对此，有的人认为"冰桶挑战"不仅是一个公益项目，更是一个成功的众筹项目，但也有人认为其更多的是利用社交网络和病毒视频的快速传播能力实现的慈善捐赠。笔者认为，不管它是不是一个公益众筹，但是它具备了一个好的公益众筹项目的基因，它的成功也给公益众筹这类新公益模式带来更多的想象空间。

如果非要说"冰桶挑战"不是公益众筹，那就看看下面这个故事：

"我叫周泽楠，广东外语外贸大学大三学生，第七届广外 SIFE 团队正式队员。2012 年 7 月，一次偶然的机会我来到位于湖南湘西州凤凰县大山里的九龙小学，那里有 13 名学生和唯一的 1 名老师。那些孩子都是留守儿童，父母一年或几年才回来一次，他们身上的衣服都穿了很久了，一身漂亮的新衣服就能给这些孩子带去最简单的快乐。也许不能从根本上改变什么，但是我想为他们做点事儿，即使是一点点。"情系湘西项目发起人周泽楠说。

最终，广外 SIFE 的这个公益项目获得了来自点名时间网上 57 个人的支持，获得支持金额 3360 元，超出 700 多元的预计目标。

这是一个公益捐赠的新时代，借助互联网的分享、去中心化、众包等元素，慈善和公益已经迎来新的募集方式。眼下，公益众筹正被越来越多的公益机构甚至个人广泛使用。其实像红十字会这类 NGO 的在线捐款平台可以算是公益众筹的雏形，即有需要的人由本人或他人提出申请，NGO 做尽职调查、证实情况，并在网上发起项目，由公众募捐。

众筹与公益本身有着天然的契合，都是依靠大众的力量集结资金和资源。而且从一些数据来看，公益众筹的成功率普遍较高。根据调查，美国众筹市场大概有 50 亿美元的规模，其中 30% 是公益众筹。按照世界银行的判断，2025 年全中国 500 亿元众筹中可能有 100 亿元是公益性的。网信金融旗下的众筹网此前上线的"新公益"平台，截至 2014 年 8 月，已经有 145 个公益项目上线，其中 72 个获得了成功，还有 72 个在筹集过程中。另一家众筹平台淘宝众筹，也为公益开设了专门频道，在线项目超过 20 个，平均达成率超过 100%。例如，在一个关于海南赈灾的项目里，63200 多名网友参与其中，59999 名网友都选择了捐助的最低门槛，支持 1.45 元，为灾区提供一个桶装方便面。项目获得累计资金 14.5 万元，超过了预期设定的 12 万元的目标。目前，公益众筹的成功率明显超过了商业众筹。

对很多公益人来说，众筹早已不再仅仅是鼠标＋键盘的便捷融资平台，而成为一种理念，正在改变公益的面貌。作为互联网金融的热门品种，众筹平台可以为公益组织提供募资、宣传等多种服务。众筹的社交属性可以吸引更广泛的群体参与到慈善事业中，这种市场化的公益运作阳光、透明，是开放式众筹的最大优势。

如果说传统的金融体系都乐于服务大客户，不喜欢中小企业。众筹模式却大不相同，它们门槛更低，更注重需求。加上目前国内众筹平台对项目发起者多采取免费政策，公益人几乎不用付出融资成本就可能完成一个项目。

此外，相比传统方式，众筹使整个项目全程处于推广状态，通过分享、互动，从而产生更大的传播效果。众筹还打破了传统资本的拨款周期，打破了传统公益劝募在时间和空间上的限制。

六、资金资源的配置

民间资本的积累与投资热点缺乏，共同为互联网金融推波助澜。近年来中国民间财富的积累迅速，而各种各样的资金也流入到"民间资本"的大范畴里，共同形成拥有短期逐利性的"热钱"。同时，实体部门的生产效率下降、边际资本收益率增长乏力，以及金融投资市场的容纳力有限，都使得大量"饥渴"的资金期望寻找新的"蓝海"。可以说，具有巨大的想象空间、处于金融活动的"边缘地带"、拥有监管部门相对"友好"的观望态度、概念模糊到能够融合众多业态与商业模式、能够抓住具有创新和探索心态的新一代金融消费者等，这些元素都使得互联网金融成为资本追逐的"宠儿"。

一直以来，中小企业融资难问题的核心是小企业融资难，而小企业融资难又是以微企业融资难最为突出。可以说，小微企业信贷市场对象和需求主体存在着制度性错位、资金供给主体缺位、信贷工具结构性错位等问题。

一方面，金融机构供给和小微企业对金融服务需求的结构性矛盾，导致了金融服务在数量上的不足和效率上的低下。另一方面，融资渠道狭窄使得小微企业对银行融资的依赖度势必保持在很高的水平，而信息不对称所带来的逆向选择和道德风险又成了影响中小企业融资的重要障碍。

在互联网金融资源配置方式中，如何将那部分"有钱的人"和这部分"需要钱的人"进行匹配是最重要的，其资金资源配置是公众最为关注的，也是最为活跃、潜在问题最多的。其中，各式各样的 P2P 网络借贷和众筹是聚焦的热点。无论是 P2P 网贷还是众筹，其本质都是试图运用互联网的渠道与信息对接，实现对传统金融体系的"脱媒"，由资金供给和需求者直接进行资金转移。

相比传统金融，互联网金融下的投融资是一个更好的资源分配工具。例如，根据平安陆金所的数据，到陆金所平台借钱的客户来自二三级城市，这些地区想融资的比例是比较高的，而到其平台投资的人群中，60%~70%来自北京、上海、广州、深圳。这种资金资源地域上的不对称往往难以通过传统金融机构完成，而经过互联网平台，不管需求来自哪里，它是一个平衡点，是可以用不同地点的优势或者资源进行资源分配的工具。

　　然而，平台上的资金都是来自于网络上的投资人，平台必须站在他们的角度来拣选项目，首先要考虑的问题就是如何保证投资的本息能够安全地收回。在满足这个基本条件的基础上，平台要做的另一件事就是实现资源的最优化配置，即把钱投给那些能够真正产生剩余价值、社会价值的融资主体，这样做的根本目的就是使资金能够始终处于流转的过程中；反之，一旦资金由于项目的原因出现了沉淀，那无论对于任何一方来讲，不但没有任何意义，而且也最容易诱发坏账。

　　如图 4-6 所示，对于 P2P 平台，主要是债权交易，强调的是"点对点"的业务模式，而对于众筹模式，则是强调"一对多"，由创业者通过网络来发布筹资信息。为了把钱投给那些能够真正产生剩余价值的主体，平台作为一个中介形式的存在，通常需要梳理和甄别借款人信息。通过技术手段，在平台企业做好风险监控的前提下，让资金供需双方直接见面，从而在短时间内形成资金的融通，加速资金在实体领域内的周转速度，提高资金的使用效率。尤其是像陆金所、钱多多、证大 e 贷这样的大型知名平台，每天成交金额的体量都比较大，在这方面的作用显得更加突出和典型。

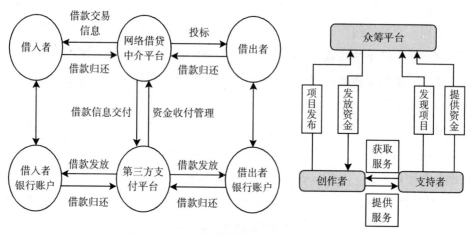

图 4-6　P2P 网络借贷典型运作模式与众筹模式

　　从价值链角度来看，互联网金融下资金资源的匹配有几点是非常关键的，即需找贷款人、信用审核、需找投资人。

　　首先是寻找到需要贷款的人。P2P 借贷平台必须先做交易搜索（Deal Sourcing），找到有借贷需求的人，通常可以通过线上的广告等吸引流量，也可以通过线下的销售体系进行拓展，甚至可以与第三方小贷公司或担保公司合作，挖掘有借贷需求的贷款人。P2P 借贷平台宜信便有强大的线下销售团队，以挖掘商圈中有借贷需求的人。而有利网则通过与线下第三方小贷公司或担保公司合作，批量获取贷款人，并由第三方金融机构对贷款人的信用做初步筛选。

其次是贷款人信用审核。很显然，无论是传统银行还是网贷公司，不是所有有借贷需求的贷款人都能够贷款成功，信用是其贷款保证，而信用审核在这里也起到了过滤劣质贷款人的作用。除了线下的实地调查，线上的手段也成为网贷公司进行尽职调查（Due Diligence）的重要模式。借贷平台除了视频认证等验证身份的手段外，还可以利用大数据来采集数据并对贷款人进行信用评级。大数据的来源包括接入征信平台（如多家 P2P 借贷平台已接入由央行征信中信控股的上海资信有限公司成立的"网络金融征信系统"）、关联社交网络账户（如 Lending Club 利用 Facebook 的社交圈关系来验证贷款人的信用，国内的 WeCash 则利用人人、微博等社交网络的数据）、与电商网站合作（如拍拍贷与 B2B 外贸网站敦煌网的合作）等。这些信用审核的结果也可以作为定价的基础。众所周知，单个利益相关者所掌握的信息是有限的，如果能将大量利益相关者所掌握的信息汇聚在一起，就能得到借款人信用资质和盈利前景等方面的完整信息。通过平台的自愿分享机制，资金供需双方的信息在社交平台上被集中、揭示和传播，随着时间的积累，最终形成连续、动态变化的信息序列，从而形成金融交易的信息基础，在降低个人发布信息的成本的同时，也能更好地约束人们可能的违约动机和道德风险，降低金融交易的违约监督成本。

最后是寻找到有钱的投资人。找到有融资需求的人后，也需要找到有投资需求的人才能促成交易。一般来说，拓展投资人的渠道和"寻找贷款人"差不多，除了线上各种渠道外，线下也有不少 P2P 借贷平台成立了自有的财富管理公司。2010 年美国 P2P 借贷巨头 Lending Club 成立了 LC Advisor 投资管理公司；而宜信也成立了宜信财富，专注于大众富裕阶层，除了 P2P 贷款产品外，也为客户提供基金、保险、信托等业务。

如何实现资源的高效和最优配置，关键在于信息的处理。信息处理是金融体系的核心之一，在传统金融模式下，信息存在不对称和成本高的难题。虽然经过不断努力与改善，但效果不尽如人意。如今，互联网金融的兴起成为获取信息和降低成本的快捷途径，可以大大降低金融交易成本，对金融交易有基础性作用。例如，互联网金融的智能化贷款搜索引擎融 360，该智能搜索引擎通过对信息的

组织、排序和检索，为用户匹配最佳贷款产品，大幅提高信息搜集效率。而对于信贷员来说，与自己贷款产品高度匹配的客户无疑使贷款更为有效。这一双向的金融渠道服务实现了最高效率的双向匹配。在这种方式下，优质的用户快速获得贷款，而产品好、服务优的信贷员得到大量用户的青睐，信息充分透明，借贷双方实现无缝对接。

金融资源配置主要是指资金的配置，资金配置包括融资金额、融资期限和风险收益匹配。在传统金融结构中，资源可通过两类中介进行配置：一类是商业银行，对应着间接融资模式；另一类是股票和债券市场，对应着资本市场直接融资模式。这两类融资模式对资源配置和经济增长有重要作用，但交易成本巨大，主要包括金融机构的利润、税收和薪酬，并且现行的资源配置效率低下，银行信贷严重不公，大部分贷款是发放给大企业或者公务员等有稳定收入的组织和个人，而中小微企业和农民工等弱势群体则很难贷到款。互联网金融因具有资源开放化、成本集约化、选择市场化、渠道自主化、用户行为价值化等优点，给传统银行业务带来巨大冲击。互联网金融的本质应该是具有互联网和金融的双重属性，一旦具有跨时资金配置、融通的金融遇到便捷、信息通畅、交易成本低、没有属地半径约束的互联网时，会衍生出诸多的商业模式和现代金融服务业。互联网会让信息不断地透明化，让中介失去依靠信息不对称所掌握的信息优势，而且让社会的各种参与主体更加地扁平化，也一定程度上压缩了由于专业化分工所带来的金融中介机构的专业化优势，所以将出现金融中介日益被摒弃的可能性。事实上，目前涌现出来的各种互联网金融模式，其实核心都是冲击着原先的金融中介模式，都是意图撇开金融中介，实现资金融通双方的直接对接。

七、风险控制

在投融资类业务方面，以P2P而言，除了有些P2P平台还坚持不提供担保、不承担信用风险之外，现在越来越多的P2P机构都一肩挑着筹资、资金中介和担保职能，但由于缺乏对其资金来源的监控，又没有对P2P机构放贷行为的资本约束，风险是不言而喻的。近期已发生若干起网贷公司跑路事件，涉案网贷公司通过对出资人、注册资本、借款人等重要信息的造假引诱客户上当。目前不少P2P

公司都宣称其融资的违约率极低，但实际上背后依靠的是资金池的搭建，信用风险正在不断积累。原先在网贷行业口碑还不错的一些公司因资金链出现问题而一度停业的案例，具有重要的警示作用。

1. 网贷不是那么安全

近年来，我国的P2P网贷机构发展迅速，其发展的速度和规模早已超过欧美等国家，越来越多的机构开始关注P2P网贷市场，甚至连部分银行也已经瞄准网贷市场，随时准备进军网贷行业。但随着网贷的火爆，网贷机构出现跑路的传闻开始出现在部分新闻媒体报道之中，并且有愈演愈烈的趋势，从2013年下半年开始，基本每月都会有几家公司跑路或者倒闭。而2014年更是P2P集体跑路的一年，仅2014上半年，跑路+倒闭的P2P网贷平台就超过50家，涉及资金近10亿元，其中有九成以上的平台都是开业运营时间不足一年的。表4-1列举了2014年上半年几家较为典型的出问题的网贷公司。

表4-1　2014年上半年问题网贷公司

时间	公司名称	出现的问题
2014年6月	网金宝	出现跑路事件
2014年5月	旺旺贷	出现跑路事件
2014年5月	阿拉贷	出现跑路事件
2014年4月	前海创投	相关人员被调查，账户被冻结
2014年4月	宜信公司	被曝出8亿元坏账
2014年3月	中E邦达	发生跑路事件
2014年3月	贷易网	无法提现
2014年3月	中宝投资	法人代表被批捕
2014年3月	元一创投	发生跑路事件
2014年3月	大家网	发生跑路事件
2014年3月	诚德担保	无法提现
2014年2月	中欧温顿	发生跑路事件
2014年1月	国临创投、中贷信创、锋逸信投	同一控制人郑旭东已经跑路

当然，出现问题的不止以上几个公司。据零壹财经数据显示，2013年可统计的P2P网贷平台出现经营困难、倒闭或跑路的事件高达74起，占平台总数的11%，超过之前所有年份总和的3倍。而2014年出问题的网贷平台更多，跑路或倒闭事件不断发酵，截至9月30日问题平台已经多达143家，使得问题平台

总数达到 217 家，占平台总数的 20%。而预谋诈骗、平台自融、运营不善、坏账拖累等则成为 P2P 网贷平台倒闭的主因，而预谋诈骗占到整体的一大部分。就 2014 年 9 月来看，出现问题的网贷平台达 22 家，其中，纯粹以欺诈行为而跑路的有 11 家，占当月问题平台的一半。

从行业来看，目前市场上网贷模式可谓丰富，主流的风控设计手法各有所重、各有所放。由于网贷经历的时间短、数据相对封闭，现在还没有绝对的王道，不同的风险控制理论在大数据或金融危机到来前都属于尝试积累阶段。三种常见风险有信用风险、市场风险、流动性风险。互联网金融 P2P 模式服务的是一种债权投资业务，实质是为中国各类非主流债权制造虚拟市场，理论上此类债权投资一般面临以下几种风险，即道德风险、信用风险、流动性风险、市场风险。

道德风险：是指平台负责人非法集资，发布虚假信息、虚假企业资料。一种是负责人从一开始便谋划着跑路，另一种是负责人开始想好好做，但因为经营、管理、决策等多方面的原因导致平台最终不得不跑路，也可以说是被跑路。

信用风险：泛指借款人虽然有真实的借款用途，但是还款意愿或还款能力不足的风险，在借款到期时不能全额或部分归还本息。一般信用风险的程度取决于产品设计是否合理、尽职调查质量是否可以保证、风险审核模型是否基于充足的经验或数据。

流动性风险：是指理财人投资后债权变现难易程度的风险，流动性和投资期限及市场交易活跃度直接相关。项目期限越短，流动性越高，同时债权可转让且受让需求充足也是高流动性的保证；反之，则流动性低。

市场风险：一般也叫系统性风险，指在出现系统性的、大面积的市场事件时造成投资价值受损的风险。大的市场风险来自于金融危机，区域性的市场风险有地产泡沫，钢贸行业、煤炭行业利润骤减等。一般投资越分散，市场风险越低，专业的投资一般会从行业、产品、客户、类型、地域等多角度进行分散以对冲市场风险。

风险控制归根结底是要看以上几种风险有多大，因为无论宣称哪种保障机制都不同程度地利用了金融杠杆的保险（放心保）概念，换句话说，就是没有哪种模式是出现了 100%的风险时还可以控制得住的，谁把综合风险控制得低谁的保障能力就强。

2. 风险控制模式

据搜贷 360 数据显示，目前我国 P2P 投资平台的数量已经超过了 2000 家。2014 年上半年，全国 P2P 网贷成交额 964.46 亿元，而 2013 年全年成交额为 892.53 亿元。由此可见，P2P 借贷平台的出现和快速发展，激活了小微企业融资贷款的需求。为了更好地进行风险控制，完善征信体系是 P2P 行业首当其冲的要务。目前 P2P 平台的发展已显现两个趋势：一是平台洗牌进行中，大型平台优势凸显；二是倒闭潮起难落，或将重演团购网站的发展轨迹，最终"剩者为王"。然而，不管网贷如何洗牌，未来走向如何，其风险控制是网贷的核心内容。

为什么网贷公司频频传出跑路事件，但是投资者却仍然乐此不倦呢？归根结底就是高利率的诱惑。高利益背后必然蕴藏着高风险，但风险绝不能成为 P2P 网贷前进的绊脚石。巴菲特说过，"只有当大潮退去的时候，才能看出是谁在裸泳"，越是在行业过热时越应该保持清醒。个别平台动辄提供 20%甚至更多的年化收益率，极大地刺激了用户的投资野心，但平台的风险控制力度将难上加难，稍有不慎便会酿成恶果。因此，人人贷、宜信、挖财猫、有利贷等知名 P2P 平台，都对投资的年化收益率进行了有效的控制，甚至部分公司已低至 12%，在它们看来，收益率虽然有所降低，但平台掌控资金的力度会大大增强，最终受益的还是投资者。网贷平台的风险控制是没有捷径可走的，只是各自的风控模式不尽相同。除了主流的风险准备金、实物抵押、第三方担保外，大数据风控模式也成为关注的焦点。

在网络信贷业务方面具有较大市场影响力的平台，其风险控制的核心在于数据整合、模型构建和定量分析，它通过将自身网络内的客户交易数据（如客户的评价度数据、货运数据、口碑评价等）和一些外部数据（如海关、税务、电力方面的数据）进行整合处理，利用信用评价模型计算出借款人潜在的违约概率，进而以此作为放贷的标准。应该说这一思路是符合互联网金融发展规律的，但实际操作中也存在着一些风险隐患。这种平台目前依靠的数据主要由与其电商业务相关的交易数据构成，数据维度较为单一，有效性还不足，关于 B2B 的数据更是缺乏。而且由于众所周知的网上"刷信用"、"改评价"等行为的存在，要真正保证交易记录和口碑评价等数据的真实性也是困难的。而数据质量直接决定模型计算结果的可靠性，并进而影响其信贷质量。此外，任何量化交易模型的有效性都

是其交易环境和交易规则的函数，因而模型需要不断校正，不断对其进行不同环境下的压力测试才能保证其可靠性。较之银行业已积累了十年左右的数据，这些互联网企业缺少长期的特别是跨经济周期的数据支持，因此目前网贷公司风险计量模型的可靠性还有待考验。

目前，在风控领域，国内做得比较典型的有金融系的陆金所和电商系的阿里巴巴。知名 P2P 平台银行系平安的陆金所，曾经花费巨大的人力、物力及财力去建立严苛的风险控制管理模式，同时又借助平安集团多年来在传统金融领域积累的客户数据建立风控模型，能够高效地进行申请人的考查和筛选。而另一家互联网系大佬阿里巴巴旗下的招财宝投资的 90% 的资金来自余额宝，这种良好的客户基础加上大数据分析的竞争优势，使阿里旗下的招财宝在 P2P 领域春风得意。

目前，网贷公司在风控上已有了不小的突破。以阿里巴巴、京东、苏宁等为代表的电商巨头都已经成为了拥有电商平台的金融贷款公司。不难看到，电商平台在控制金融风险上比银行更有信息优势。在掌握资金流、物流和商流等多维度信息方面，电商平台也能够把不可控的金融产品风险转化为供应链业务上的可控风险。

基于网络融资的小微企业信用风险控制，也是结合网络供应链业务为小微企业量身定做的一种新型融资模式。原本，银行评估的是整个供应链的信用状况，从供应链角度对小微企业开展综合（行情专区）授信。而网络供应链融资则打破了原来银行孤立考察单个企业静态信用的思维模式，把与其相关的上下游企业作为整体，更强调整条供应链的稳定性、贸易背景的真实性以及授信企业交易对手的资信和实力，从而有利于银行更好地发现小微企业的核心价值和风险因素。

大数据风控模式在业内是大家都承认的，是将来风控的一个大方向。但是，由于大数据风控模式在实际操作中有一定的限制因素，因此各公司也积极尝试其他各种模式，如抵押模式、担保模式、线上线下等。若将平安的陆金所、阿里的招财宝比作是 P2P 领域的"第一梯队"，而那些受风投争相抢注的 P2P 平台则完全说得上是"第二集团军"。例如，中原经济区第一 P2P 平台豫商贷与中国浩睿集团北京宏融汇宝达成战略合作，平台融资 2000 万元，而在这之前，豫商贷就早已引入了严密的投资人保护机制，由国有控股的第三方专业担保公司为平台投资项目做担保，若借款人逾期还款，则担保方于三日内垫付本息，确保投资人本息安全。因此，无论是银行系的陆金所、互联网系的招财宝还是风投系的豫商贷，其共性就是背后拥有强劲的资金实力和强大的风险抵御能力。

互联网金融的创新模式不会一成不变，它也需要与时俱进，如不久前推出的房金所与保险公司合作的风控模式。国寿财险、民安保险、大地保险等财险公司已经开始尝试与 P2P 进行业务合作，这种创新的担保模式对 P2P 网贷行业无疑是一个巨大的利好，将极大地聚拢人气，保持或提高投资人的信任感。此外，挖财猫与北京知名典当行的双保险合作模式也备受瞩目，由最专业的典当公司对抵押的各种房产、车辆、名品等进行最专业的审核、鉴别和担保，能真正做到 100% 保障用户的投资利益。

章末案例：

乐童音乐：众筹模式下的音乐预售

2011 年 8 月，卖掉公司实现财务自由的马客正规划享受退休生活时，一个朋友找上门来，说有一位欧洲重量级的爵士乐手 Peter Brotzmann 计划来北京演出，但遇到了资金难题。

演出顺利结束，但马客感到无论音乐人还是很多有音乐梦想的年轻人，都在实现梦想时遇到了资金难题。这时，国外一家叫 Kickstarter 的网站进入了马客的视野。2012 年底，乐童音乐正式上线，成为我国第一个音乐垂直众筹平台。

1. 乐童音乐的筹资模式

乐童音乐是一个专注于音乐行业的项目发起和支持平台，在这里你可以发起一个有创意的、与音乐相关的项目和想法，并向公众进行推广，获得用户的资金支持，完成梦想，也可以关注浏览各种各样有趣的音乐项目和想法，支持你喜欢的音乐人或者音乐项目，帮助他们完成梦想，得到快乐。乐童音乐提供两种筹资模式：你可以选择灵活的预售筹资模式，不论最终是否能达成你的筹资目标，你都可以获得一定的筹资金额，帮助自己完成音乐创意项目，给予支持者回报；或者，你可以选择固定的筹资模式，如果最终未能达到筹资目标，资金将返还给支持者。

无论你是一个音乐人、电台 DJ，还是一个普通的乐迷，无论你想录制一张唱片、举办一场演出，还是想出版一本与音乐相关的书籍，或者完成一

个小小的音乐创意，只要你有梦想，并有着完整的实施计划和目标，你都可以来到乐童音乐平台，发起你的项目和想法，得到用户的支持，并完成梦想。

2. "1+1=11"运作模式

2013年11月，由众筹网与乐童音乐共同发起的原创音乐支持基金在京成立，旨在支持原创独立音乐发展，并探索原创音乐和大众支持的新模式。

在互联网时代，音乐行业面临重要变革，原创独立音乐成为最有价值的生力军。脱离了传统唱片业的束缚，独立创作、独立制作、独立营销正在成为音乐行业的主流趋势。原创独立音乐人也是最有意愿拥抱互联网的群体，随着城市化进程加快，以及互联网上社会化媒体、社交平台、快捷支付等功能和平台的迅速发展，个性化文化产品需求与更大范围地参与文化产品创作正在有机结合，这也为众筹模式提供了最便捷的市场入口。

众筹网与乐童音乐共同发起的原创音乐支持基金希望顺应这一趋势，并通过资金投入和体系化、个性化的推广，为音乐人提供从创作到营销的多层面服务，在此过程中会集日趋扩大的支持群体，建立以需求推动创作、以创作提升品质并进一步塑造需求的良性循环模式。

原创音乐支持基金将以"1+1=11"模式运作，对此，基金联合发起人、乐童音乐创始人马客解释道："凯文·凯利曾经提出过'1000个铁杆粉丝理论'，具体来说就是艺术家，比如画家、音乐人、电影制片人、摄影师或者作家，只要有1000个绝对忠诚粉丝的支持就能维持体面的生活。在音乐行业，这一理论同样适用，1000个存在于互联网的铁杆粉丝可以让一位音乐人衣食无忧地专注于创作。"

具体来讲，原创音乐支持基金的运作模式"1+1=11"，即音乐人的铁杆粉丝每支持1元，基金将跟进10元，以支持音乐人在乐童音乐平台发起的项目，帮助音乐人建立最初的1000个铁杆粉丝。在这样的模式下，原创音乐人可以充分发挥自己的主观能动性，会集有效支持者，并可通过这种新的发展模式推动正处于变革期的中国音乐产业。

原创音乐人均可在乐童网和众筹网的专题页面发起与音乐相关的项目，并可根据支持者的参与程度获得相应资助。另悉，基金启动初始就得到了众多优秀原创音乐人的支持，发布会当天，谭维维、田原、万晓利、小老虎、脑浊乐队主唱肖容等国内优秀音乐人到场畅谈了即将展开的深度合作。而在原创音乐支持基金的专属页面上，顶楼的马戏团乐队、吴虹飞、拇指姑娘乐队等音乐人也已经发起了项目，且正在如火如荼地进行当中。

3. 围绕音乐做周边服务

自 2012 年底乐童音乐上线的半年时间，网站流量还是维持在每天几千 PV 的水平，新浪微博的粉丝数也仅有七百多，平时都是靠口碑效应在圈子内积累人气。宣传推广不到位，对于当时乐童音乐仅有六个人的创业团队来说，除了运营经验有待丰富以外，更多的是有心无力。

如何让自己发起的项目在众筹网站上得到用户的青睐，马客提出了三个需要注意的因素：第一，要有好的故事，能打动人。第二，要有良好的回报，能够让支持者获得参与感和荣誉感。如通过打电话，邀请用户进录音室一起出唱片，这样的荣誉感和参与感是最容易吸引人的。第三，要在社交网络上和用户有良好的互动。众筹网站不是一个计算用户量级的产品。发起好的项目很重要，但是绝大部分项目需要发起人在社交媒体上进行宣传，或者从不同的角度去说你的故事。

不过，乐童音乐的作用不仅仅限于为音乐爱好者或者从业者提供筹钱的平台，更大的作用在于充当"媒人"的角色，把项目发起者和音乐的周边资源桥接起来。乐童音乐搭建了这样一个平台，就是要帮助那些有需求的音乐人。这种需求不仅仅是资金层面上的，更是围绕音乐服务做深层次的资源整合，包括演出、周边产品、线上线下的专辑营销等一系列的解决方案。

乐童音乐目前的主要盈利来自于服务费，金额则按照发起项目筹集所得款项的 10% 来收取，这也是整个行业的共识。目前，有个别众筹网站完全不收任何的服务费，但在没有盈利的情况下将很难持久地生存下去。

尽管国内众筹行业的市场还在培育中，可是一旦竞争对手多起来，仅靠收取服务费的盈利模式显然会制约自身的发展，因此，必须要有其他的优势盈利点支撑，而开发周边产品，并且打造自己的品牌，则是最好的选择。

乐童音乐看好周边产品，像 T 恤、帽子、项链等。国外这一块也是很成熟的市场，唱片、演出、周边产品等形成了一个成熟的盈利体系。周边产品应该是个机会，演出市场的成长速度是行业平均水平的两倍以上，还有就是

音乐产品营销，这也是马客擅长的。

事实上，乐童音乐对音乐的精准定位以及众筹网十分具有包容性的众筹模式，成为了乐童音乐成功的基石。乐童音乐凭借专业的音乐行业顶尖团队，以及合作双方从创意到营销的丰富经验和项目运营能力，将在创意和执行力上给予原创音乐人更多的帮助。

第五章

大数据金融

光大银行的大数据策略

近两年，"互联网金融"携"大数据"联袂而来，强势登场，不断制造出新愿景、新故事乃至新传奇。而在这一汹涌大潮的冲击下，被认为在劫难逃的首当其冲者非银行莫属，并出现了新一轮看衰银行的种种说法。不过，挑战者虽来势生猛，但被挑战的银行的"老大地位"也非浪得虚名，没有理由因为看到挑战者的一时骁勇，就断言银行败局已定。

事实上，近些年来，银行在利用信息技术开展业务和开发新的风险管理技术方面，从来没有停止努力，这为银行应对当下的挑战奠定了良好的基础。而面对这大数据的挑战，光大银行更是走在行业的前列。

1. 打通社会化大数据库

早在 2011 年，光大银行客服中心流程优化改版后，光大银行启动"95595酒窝哦酒窝——光大电子银行酒窝传递活动"。"酒窝哦酒窝"是"95595"的谐音，通过新浪微博向网民征集酒窝照片，并由参与者向好友进行传递，征集的照片会再组成一个笑容墙展示，一个月的时间有超过740000 人参与了活动。

这是光大银行继 2010 年 2 月在国内银行中首家在新浪开通官方微博以

来，借助 SNS 网站进行社会化营销的又一次大活动，这让光大银行的客服电话号码一夜走红。就在微笑征集活动开始没几天，一个"搬家直播"让光大银行再次意识到了社会化媒体的不同。光大银行官方微博 10 天的时间里一共发了 26 条微博，吸引了万余人的关注。光大银行通过在社会化媒体上与消费者的互动，迅速拉近了银行和消费者的距离。

在光大银行看来，目前网上的信息浩如烟海，如何把品牌价值透过网络杂音直击目标客户，并及时发现客户的需求、做好精准服务是考验自身技术段位的。这就需要建立更立体丰富的数据资源，打造一个立体的社会化数据大厦。

然而，银行的数据库信息量并没有想象得那么丰富和完整，还有些是银行欠缺的。例如，开户必填的基本信息很少，兴趣爱好、行业、资产状况等客户不一定会愿意提供给银行。从以客户为中心来说，银行的数据就是社会化数据的基础，光大希望把银行内部的数据和外部的社会化数据打通，对一个客户的描述更加清晰。在看到理财、基金购买等行为的频繁程度，为客户提供更好的服务外，通过社会化的渠道还可以发现客户的动态，如出差、喜好、社交圈等。数据是社会化营销的基础，客户的需求是有的，营销本身也不是问题，问题是能够把营销本身与客户的需求无缝链接。

2. 用数据发现业务以服务客户

谁是潜在的客户？客户需要什么样的服务？

利用大数据社交媒体技术进行数据分析，光大银行制作出了"云图"，"云图"为业务部门拓展新供应链或拓宽现有供应链网络，主动发现有价值客户提供了全面、准确的数据，同时也为银行根据客户特点提供个性化服务提供了依据。

据不完全统计，光大银行信息科技部门数据服务人员全年须完成业务部门提出的人均近 1000 项数据服务需求，那么如何组织有限人员完成以上海量的服务需求呢？光大银行创新提出开放式数据服务社区理念，并建成服务平台，利用"中文语义智能分析"技术，使得数据服务资源共享、知识共享成为可能。

同时，在 2013 年，光大银行基于大数据 Hadoop 技术构建起核心历史数据查询平台，该平台可为客户提供联机历史数据查询应用功能，通过Hadoop 技术使以往需要 3~4 天的查询时长缩减到当日完成，大大提升了运营效率。

3. 用大数据推动理财业务转型

2014 年，中国光大银行自主研发的阳光理财·资产配置平台（AAP）荣获"2013~2014 年度中国杰出营销奖"。阳光理财·资产配置平台的研发思路和服务理念是对大数据思维的一次成功运用，开创了国内银行零售金融服务支持系统的先河。

为何一个零售金融服务的支持平台能够焕发如此生猛的战斗力？究其原因，以客户为导向的思维和大数据理念功不可没。

随着存贷利差进一步收窄，国内商业银行纷纷拓展中间业务的蓝海。但各家银行面对多年积累下来的客户数据却犯了难——零售金融产品分部门或处室进行管理，无法形成联动效应；且传统的客服系统仅具有客户数据管理功能，无法对数据进行分析。产品端和客户端的束缚使得各家银行局限于产品与客户的一对一销售，既无法通过交叉销售提升零售业务的规模效益，更无法满足客户多元化的理财需求。

面对难题，光大银行决定遵循"以客户需求为导向"的思路，用大数据理念打破"僵局"。据了解，AAP 平台通过对海量、真实的客户信息进行分析，形成15 类客户投资偏好；然后在产品端进行跨部门整合，创建了以客户需求为分类导向的产品库，再辅之以客户经理的微调建议，形成了基于客户个性化投资偏好的金融资产最优配置比例建议，用大数据成功盘活中间业务。

"基于 AAP 平台，光大不仅实现了零售业务的交叉销售，最重要的是能够具体分析客户需求，进而为他们提供一站式的综合金融服务。AAP 平台不仅能够根据客户需求提供合理、个性化的资产配置建议，还能够对客户的持仓资产进行持续跟踪，根据宏观市场环境变化动态调整资产配置方案，实现从"卖产品"到"做服务"的转变。

数据将是未来银行的核心竞争力之一，在"大数据时代"，银行所面临的竞争不仅仅来自于同行业内部，外部的挑战也非常严峻。虽然银行对于传

统的结构化数据的挖掘和分析在所有行业中都处于领先水平，但银行传统的数据库信息量并不丰富也不完整，如何丰富数据，并通过数据来挖掘客户需求是未来银行需要重点解决的问题。

大数据被视为继云计算、物联网之后 IT 业掀起的又一次颠覆性技术变革。其核心在于对多类型、海量数据的分析处理能力，而互联网恰好为大数据嫁接金融提供了平台。技术在金融变革过程中的作用举足轻重，这对于拥有海量客户数据的商业银行来说，大数据金融成为真正实现"以客户为中心"的新蓝海。大数据金融是指集合海量非结构化数据，通过对其进行实时分析，为互联网金融机构提供客户的全方位信息，通过分析和挖掘客户的交易和消费信息掌握客户的消费习惯，并准确预测客户行为，使金融机构和金融服务平台在营销和风控方面有的放矢。而基于大数据的金融服务平台，那些拥有海量数据的电子商务企业也开始开展金融服务，并利用大数据的优势迅速打开了一片天地，大数据金融逐渐成为人们关注的焦点。

一、大数据金融时代

大数据已经在各行各业衍生出形形色色的数据应用。推动大数据研究的动力主要来自企业的经济效益。IBM、谷歌、亚马逊、Facebook 等跨国巨头正是发展大数据技术的主要推动者。

2008 年推出的"谷歌流感趋势"，至今看来仍不失为一个典型的大数据应用范例。谷歌设计人员认为，人们输入的搜索关键词代表了他们的即时需要。设计人员编入了"温度计"、"肌肉疼痛"、"发烧"、"喷嚏"等与流感有关的关键词，当用户输入这些关键词时，系统便会开始跟踪分析，创建流感图表和地图。为了验证"谷歌流感趋势"预警系统的正确性，谷歌多次把测试结果与美国疾病控制与预防中心的报告做对比，结果证实两者存在很大的相关性。

在国内，购物网站对大数据应用显得极为积极。中科院软件所的几名研究人员曾帮助淘宝网进行广告排序的改进。他们抓取了淘宝网近 900 万条广告点击数据，通过分析广告类目、展现位置、商品价格、图片内容等因素对用户行为的影响，建立了用户偏好模型。基于这些用户偏好分析，他们帮助淘宝网建立了新的广告排序算法，在线上测试中将广告收益提高了 5.5%。

从全球范围来看，很多人都把 2013 年看作是大数据时代的元年。在这一年里，很多行业在大数据方面的管理、规划和应用已经觉醒。电商平台的偏好，仅仅是大数据应用的冰山一角，在医疗、商业、教育、金融、军事、科研等领域，大数据技术也正在如火如荼地应用着。

电商、金融、电信等行业数据有着长期的数据积累。事实上，很多互联网公司，如亚马逊、谷歌、腾讯，更愿意将自己定位为数据企业。因为信息时代，数据成为经营决策的强有力依据，给企业带来了发展和引领行业的机遇。银行也同样拥有丰富的数据矿藏，不仅存储处理了大量结构化的账务数据，而且随着银行渠道快速渗透到社交网络、移动端等媒介，海量的非结构化数据也在等待被收集和分析。

网络兴起伊始，数据就处在爆发式的增长中，数据成为了一种"人类存在的痕迹"。在大数据时代，我们可以通过大量的数据了解到很多我们不知道的东西，也可以通过大数据发现很多有趣的东西。

"败家"星座排行榜

支付宝 2013 年年度全民账单公布了十二星座用户全年网上人均消费排名，如图 5-1 所示。虽然数据仅采集自支付宝一家，但凭借其巨大的数据库，从中也能看出些信息。

最"败家"星座排行榜：

男人版：水瓶座、狮子座、天蝎座、金牛座、天秤座。

女人版：天蝎座、狮子座、摩羯座、射手座、巨蟹座。

水瓶男和天蝎女在 2013 年的人均网上支付金额是最高的。水瓶男 2013 年消费额度超越了 2012 年的男生冠军天蝎男，人均年消费达到 18558 元。而天蝎女 2013 年消费额度超越了 2012 年的女生冠军水瓶女，人均年消费达到 16713 元。

继此账单出来之后，支付宝又公布了 2013 年中国高校网购实力排行榜 Top10。在这份榜单中，男大学生网购实力院校 Top3 是北京电影学院、宁波

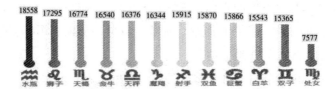

男人最"败家"星座排名（人均支付金额：元）

18558 17295 16774 16540 16376 16344 15915 15870 15866 15543 15365 7577
水瓶 狮子 天蝎 金牛 天秤 摩羯 射手 双鱼 巨蟹 白羊 双子 处女

女人最"败家"星座排名（人均支付金额：元）

16713 16360 15642 15059 14867 14642 14630 14541 14536 13911 13385 7635
天蝎 狮子 摩羯 射手 巨蟹 白羊 水瓶 天秤 双子 金牛 双鱼 处女

图 5-1 "败家"星座排名

诺丁汉大学和中央美院，他们人均购物支出分别为 8045 元、7988 元和 7848 元；而女大学生网购实力院校 Top3 是北京电影学院、北京师范大学—香港浸会大学联合国际学院以及宁波诺丁汉大学，她们人均购物支出分别为 9958 元、9556 元和 9015 元。

北影男女生携手，让北影成为中国网购实力最强高校。另外，清华大学也跻身 Top10，男大学生和女大学生人均支出分别排行第十位和第六位。

资料来源：作者根据多方资料整理而成。

通过人们在网购时留下的支付数据，就可以知道哪些人喜欢购物、喜欢买哪一类商品、喜欢哪种品牌、喜欢在哪里买等最基础的信息；同时，通过数据分析，更可以让我们知道"事情应该怎么做"，如通过消费数据的分析，能够知道商品的流行趋势、商品卖点等信息，从而进行商业决策。

大数据时代的到来意味着未来的所有都应该以数据说话，未来的决策也需要大数据的支持。同时，大数据技术的发展更是带来企业经营决策模式的转变，驱动着行业变革，衍生出新的商机和发展契机。未来的金融业将更多地受到科技创新力的驱动，也越来越倾向于零售营销。对于金融业来说，大数据意味着巨大的商机，可强化客户体验，提高客户忠诚度。形象地说，数据的收集能力加上数据的分析能力等于企业智商，这关乎商业决策的速度和准确性，也关乎企业的生存和发展。

驾驭大数据的能力已被证实为领军企业的核心竞争力，这种能力能够帮助企业打破数据边界，绘制企业运营全景视图，做出最优的商业决策和发展战略。金融行业在大数据浪潮中，要以大数据平台建设为基础，夯实大数据的收集、存储、处理能力；重点推进大数据人才的梯队建设，打造专业、高效、灵活的大数据分析团队；不断提升企业智商，挖掘海量数据的商业价值，从而在数据新浪潮的变革中拔得头筹，赢得先机。事实上，如何把大数据带来的大生意抓住，是金融行业不能停止思考的问题。

POS 机刷卡数据可贷款百万

2013 年 6 月以来，在阿里巴巴、百度、腾讯等互联网巨头们的搅动下，互联网金融愈发凶猛，对传统金融的冲击愈发强烈。其中受到冲击最严重的便是银行的存款，根据央行发布的 2013 年 10 月金融统计数据报告显示，10 月人民币存款减少了 4027 亿元，居民存款减少了 8967 亿元，成为 2013 年以来存款流失最为严重的月份。

面对互联网金融的崛起，银行也渐渐感受到了大数据时代到来所面临的压力，同时也意识到深挖数据所带来的强大竞争力，互联网和金融"双向融合"的趋势愈加明显。

依靠手中掌握的海量商户的真实交易数据，阿里小贷获得了巨大的成功，但不少人断言阿里小贷的经验难以复制，原因就是其他企业包括银行在内，难以掌握海量用户的交易数据。

不过，随着银行和银联的合作，POS 贷的问世可谓打破了这一断言。所谓 POS 贷，即各银行主要依据小微企业 POS 机刷卡交易的流水，来测算其经营规模，再根据交易流水给予小微企业贷款。据记者了解，目前招商银行、中信银行、民生银行、平安银行、光大银行均推出了此类产品。

某银行的相关工作人员表示，POS商户网络贷款的优势很明显，它不用抵押物，只需提供身份证、执照、银行卡复印件，即可申请纯信用贷款。

这种POS贷的核心便是银联系统所掌握的海量用户交易流水。公开资料显示，银联商务的业务网络覆盖了全国所有地级以上城市，合作商户和维护的POS终端分别超过200万户、300万台，占银行卡收单市场40%的份额。

通过这种方式，银行可以看出企业的运营能力、资金需求等数据和信息，从而掌握企业真实的情况。根据小微企业POS机刷卡交易的资金结算量及稳定性的不同，小微企业最高可获得50万~150万元的贷款，无需抵押、担保，年化贷款利率12%~14.4%，最快几分钟即可申请成功，并且按天计息，随借随还，一次申请可循环使用。

目前，大多数银行在网络循环贷的基础上，加紧研发和推广各类线上融资贷款，其中POS贷款更是受到青睐。

2013年6月初，招商银行与国内最大的外贸电子商务网站敦煌网签约，并发行了"敦煌网生意一卡通"联名卡。招行将根据该网站注册商户的交易和信用记录，为其提供融资、结算、理财、生活等小微金融服务。

平安银行则采取自建电商平台与其他已经成熟的电商平台合作的模式，并通过打通产业链，兼顾全行业上下游的模式，分行业开展线上金融业务。此外，平安银行还想通过电销模式推广小微贷款业务。

而中信银行专门针对生产经营良好的小微企业和个体商户量身定做网络贷款产品。通过一整套的POS流水数据模型，结合客户的个人征信记录，电脑会自动计算出相应的贷款额度，然后自动放款给客户。

资料来源：作者根据多方资料整理而成。

大数据金融模式不仅将改变传统金融模式，还将广泛地运用于新兴的互联网金融企业和电商平台。例如，电商平台可以通过平台用户和供应商进行贷款融资，从中获得贷款利息以及流畅的供应链所带来的企业收益。随着大数据金融的完善，企业将更加注重用户个人的体验，进行个性化金融产品的设计。未来，大数据金融企业之间的竞争将存在于对数据的采集范围、数据真伪性的鉴别以及数据分析和个性化服务等方面。

二、大数据的金融应用

你能想象得到的、所有可以搜集到的信息，都可以为金融所使用，关键是如何能够拥有创新的手段和想法，让手里的数据产生价值。金融业是大数据的重要产生者，交易、报价、业绩报告、消费者研究报告、官方统计数据公报、调查、新闻报道无一不是数据来源。但反过来，大数据对于互联网金融发展的助推作用也逐渐浮现。互联网上每分每秒都有热腾腾的数据新鲜出炉，只要地球上还有电，互联网上的数据就会源源不断地产生，那么这些数据到底能为传统金融行业做些什么？

1. 信用评分及风险控制

一切数据皆为信用数据。很多来自 P2P 行业的创业者们在论坛上都不约而同地表达了同样的观点，即大数据可为信用评估所用。大数据在加强风险可控性、支持精细化管理方面助推了互联网金融，尤其是信贷服务的发展。

在风险控制上，大数据的战略意义在于摆脱担保和抵押方式，将数据作为提供融资渠道的关键依据，其中最明显的地方便是建立了个人征信系统，有效地控制了风险。

在不依赖央行征信系统的情况下，市场自发形成了各具特色的风险控制生态系统。大公司通过大数据挖掘，自建信用评级系统；小公司通过信息分享，借助第三方获得信用评级咨询服务。互联网金融企业的风控大致分为两种模式：一种是类似于阿里的风控模式，它们通过自身系统大量的电商交易以及支付信息数据建立了封闭系统的信用评级和风控模型；另一种则是众多中小互联网金融公司通过贡献数据给一个中间征信机构，再分享征信信息。从 P2P 网贷公司和一些线下小贷公司采集动态大数据，为互联网金融企业提供重复借贷查询、不良用户信息查询、信用等级查询等多样化服务是目前这些市场化的征信公司正在推进的工作。而随着加入这个游戏规则的企业越来越多，这个由大量动态数据勾勒的信用图谱也将越来越清晰。

通过分析大量的网络交易及行为数据，可对用户进行信用评估，这些信用评

估可以帮助互联网金融企业对用户的还款意愿及还款能力做出结论，继而为用户提供快速授信及现金分期服务。

以支付数据为例，目前支付宝 3 亿名实名认证用户覆盖了近一半的中国网民，他们的上网足迹提供了涵盖购物、支付、投资、生活、公益等上百种场景的数据，每天产生的数据相当于 5000 个国家图书馆的信息量。当我们在淘宝、天猫等电子商务平台上进行消费时就会留下我们的信用数据，当这些信息积累到一定程度，再结合交易平台上我们的个人信息、口碑评价等进行量化处理后，就能形成用户的行为轨迹，这对还原我们每一个人的信用有相当大的作用。同时，通过交叉检验技术，辅以第三方确认客户信息的真实性，以及开发网络人际爬虫系统，突破地理距离的限制，可以更全面、更客观地得到风险评估结论，从而加强互联网金融服务风险的可审性与管理力度。

除了支付数据，事实上一个人或一个群体的信用好坏取决于其他诸多变量，如收入、资产、个性、习惯等，且呈动态变化状态。可以说，数据在个人信用体系中体现为"芝麻信用"，它便于解决陌生人之间以及商业交易场景中最基本的身份可信性问题，以及帮助互联网金融产品和服务的提供者识别风险与危机。这些数据广泛来源于网上银行、电商网站、社交网络、招聘网、婚介网、公积金社保网站、交通运输网站、搜索引擎，最终聚合形成个人身份认证、工作及教育背景认证、软信息（包括消费习惯、兴趣爱好、影响力、社交网络）等维度的信息。

例如，美国申请信用卡，姓名有可能全部小写，也有可能全部大写，这在大数据专业公司看来信用是完全不一样的，一个人如果能知道何时大小写他的姓名，从某种程度来说姓名指数更好，与教育背景形呈正相关。又如，开本田雅阁和开尼桑的人从一定程度来说，风险偏好程度往往不一样，即开尼桑的人往往更激进，还款程度来说更快一些。目前，在这方面做得比较出色的有 Turbo Financial Group 和 Lending Club。

和大数据打交道，最重要的是怎么通过这些信息找到你需要的最基本的、能够预测预警欺诈风险和信用风险的信息。Lending Club 在为借款人提供贷款时，除了提到用信用统计的这些数据以外，还会要求借款人提供很多其他信息，包括为什么要借贷、希望的额度、教育背景、职业等。第三方的评分包括借款人的邮件、电话号码和住址、计算机 IP 地址，这些都在网上操作。对欺诈风险和信用风险的核实也是很重要的一部分，这部分是手工操作积累起来的经验，相信在未来也将进行自动化。

互联网产生的随时变化的数据不仅仅是为信用评估提供一个静态的分数这么简单。利用大数据做信用评估主要是观察两个方面：一是有没有还款意愿；二是有没有还款能力，但两者之间并不能完美协调。原因很简单，因为有一个滞后性，而解决的办法是把离散的评分变成连续的，希望最终产生的版本是根据不同数据源每分每秒改变，而不是等两三个月才改变一次。

2. 精准营销及客户体验

大数据对于互联网金融的第一个助推作用在于寻找合适的目标用户，实现精准营销。

银行大数据精准营销应用场景

平安银行客户张女士的信用卡消费账单显示，她近期在采购孕妇用品，于是，她被推测怀孕了。平安银行利用手机 APP 业务向她推送孕妇喜欢或者关注的 APP 业务，张女士接受了，她怀孕的信息得以进一步确认。分析张女士孕期消费记录及其在网站的浏览记录、购买行为，发现她很少有与汽车相关的消费行为，平安银行据此推测她是无车一族，于是，向其推送汽车消费贷款，之后得到张女士回应，表明她对这项业务很感兴趣。再后来，该行在她临产前推送妇幼保险产品，她的反应也很积极。平安银行客服对其进行一对一的在线沟通，在孕产阶段，为其推荐多元化金融产品，在宝宝出生后，为其家庭和子女推荐一整套网上金融服务。

而另外一家远在地球另一边的银行——在荷兰银行，其网站有一个很简单的图片，也就是说客户登录以后会看到一个广告，比如说车贷。客户看到这个广告以后，想在网站上做个计算，但使用的是房贷计算器。银行实时看到用户在使用房贷计算器，会自动把这个用户看到的页面广告变成房贷广告。这个房贷广告只有这一个客户能看到，其他的所有客户看到的还是刚才的车贷广告。这说明了什么呢？说明这家银行在它的网银门户上做实时营销。分析客户在网上银行的点击记录，对非金融性交易的数据进行实时分析以后做针对式的营销。这是荷兰银行做得很有意思的地方，现在国内很少有

银行能做到实时营销，这也是国内银行梦寐以求想做的事情。

资料来源：作者根据多方资料整理而成。

这个事情听起来像是演绎的小电影和故事，其实这是在云计算和数据挖掘背景下才能做到的。从张女士怀孕到临产阶段的网上消费行为和刷卡记录中，平安银行通过数据挖掘到了与银行业务相关的潜在商机，并有针对性地推送相关产品。相比没有进行数据分析的客户，张女士的兴趣点和回应度要高出很多。而荷兰银行的实时营销更是将大数据做到了极致。这样两个事例表明，在大数据时代背景下，银行提供的金融服务将越来越精准和迅速，银行服务变得越来越聪明。

谁是潜在的购买者？如何找到他们？如何让他们产生兴趣？

精准营销的实现程度是互联网金融企业存活与崛起的关键所在，这个领域虽然未达到成熟的发展状态，但确实已经有了一些有参考价值的营销案例。

大数据在为这些互联网金融企业找到自己的目标客户，并解决精准营销方面发挥了重要作用。大数据通过动态定向技术查看互联网用户近期浏览过的理财网站、搜索过的关键词，通过浏览数据建立用户模型，进行产品实时推荐的优化投放，直击用户所需。

因为精准营销强大的战斗力，不仅是平安银行，很多传统金融机构也开始利用大数据进行精准营销。例如，招行通过数据分析识别出招行信用卡高价值客户经常出现在星巴克、DQ、麦当劳等场所后，通过"多倍积分累计"、"积分店面兑换"等活动吸引优质客户；通过构建客户流失预警模型，对流失率等级前 20% 的客户发售高收益理财产品予以挽留，使得金卡和金葵花卡客户流失率分别降低了15 个百分点和 7 个百分点；通过对客户交易记录进行分析，有效识别出潜在的小微企业客户，并利用远程银行和云转介平台实施交叉销售，取得了良好成效。

大数据给互联网金融不仅带来了金融服务及风险控制方面的变化，而且通过精准营销，有效改善了用户体验。通过大数据，互联网金融能有效跟踪用户，并对其提供产品使用服务及售后服务。许多互联网金融企业都已意识到自身产品的营销策略很大程度上影响了企业的生存与发展。要想在竞争激烈的市场中占有一席之地，互联网金融企业需要更精准地定位产品，并推送给目标人群。

自从大数据出现并被应用于互联网金融之后，优化内容、改善用户体验就是一个重要作用。进入大数据时代之后，可以通过对用户行为的数据分析，判断用户潜在需求，进而在用户无意识的情况下进行主动推送，使得营销更加精准，对用户体验的改善也更加贴心、高效。

3. 投资指导

除了做信用评估和精准营销外，大数据在指导投资上也开始崭露头角。下面就有两个例子来说明大数据在投资上所展现的魅力。

Thasos Group 就是一家利用大数据技术进行投资的对冲基金，而对于喜欢多样化的华尔街投资人来说，这一新鲜的想法已经受到了不少的青睐。

据悉，Thasos Group 是目前唯一一家使用大数据投资的对冲基金，而且收益率超过非高频交易之外的对冲基金平均交易水平，而它们之所以能够表现优异，就是缘于对大数据的科学和充分运用。

传统的投资机构基本上使用的是金融和财务数据进行投资，而 Thasos Group 使用的是大数据，通过这些数据的挖掘来准确判断美国消费者的行为，进而了解美国宏观经济运行的趋势，从而做出正确的投资决策。

金融数据和大数据的使用是区分 Thasos Group 和其他对冲基金的特征所在。之前有一些金融机构通过使用社交网络进行客户追踪，并据此进行投资，但其实基于 Twitter 和 Facebook 等社交网络进行投资的方式基本归于失败，因为这些社交网络提供的数据是基于非结构性的语言，很难准确定位并最终带来收益。互联网大多数数据都是半结构化和非结构化的数据，而 Thasos Group 的技术并非如此，其数据挖掘关注的是宏观经济基本面以及行业的评估，借此来精准定位其要投资的公司或行业。

大数据的继续挖掘将会改变整个投资行业，最直接的是投资方法。鉴于金融创新落后于技术创新，一旦你有不一样的方法，很多机构投资者都会扑向你，只要能证明自身的不同。这有助于这些机构投资者降低其投资组合的关联性，实现多元化投资，这样就能找到投资者。

而另外一个例子就是 IBM 日本用大数据预测股价走势。

IBM 日本的新系统首先从互联网上的新闻中搜索"新订单"等与经济指标有关的单词，然后结合其他相关经济数据的历史数据分析与股价的关系，从而得出预测结果，最终预计起价约为 2000 万日元（约合人民币 1601920 元）。

在开发该系统的过程中，IBM 日本以美国"ISM 制造业采购经理人指数"为

对象进行了验证实验。此次实验首先假设"受访者受到了新闻报道的影响"，然后分别计算出约 30 万条财经类新闻中出现的"新订单"、"生产"以及"雇员"等五个关键词的数量。根据这些结果，就能够大致判断出受访者受到了哪些新闻的影响以及所受影响的程度。接着，对可能影响"ISM 制造业采购经理人指数"变化的物价相关统计等其他总计约 480 项经济数据进行综合分析，从而预测该指数的未来动态。实验最终仅用了 6 小时便计算出了分析师需要花费数日才能得出的预测值，预测精度几乎一样。

4. 金融产品创新

大数据技术的运用有利于开发更多金融产品。大数据处理技术的运用，可以给银行提供全新的、更多的业务品种。尤其是网上银行，更是离不开大数据处理技术。全新的在线金融服务借助现代信息网络技术，使客户足不出户就能在线享受银行专业化、个性化的服务，改变了传统银行业的营销方式，跨越了时空的限制，最大限度地扩大了业务范围和延长了服务时间，降低了银行经营成本，有效提高了银行盈利能力。客户在网上银行可以轻松实现账户管理、转账汇款、自助缴费、贷款服务、基础理财、客户服务、网上支付等业务。大数据处理技术的运用，可以帮助银行根据客户的习惯、喜好，开发更多适合客户的个性化产品，实现"一对一"的自助服务。

在互联网金融爆发性成长的时期，整个行业也呈现出多元化、差异化的发展路径，近些年出现了第三方支付、P2P 贷款、众筹融资、电商小贷、虚拟货币、金融网销等多种模式。具体产品有阿里巴巴的小额信贷业务即阿里金融、阿里和天弘基金推出的"余额宝"、微信的微支付、腾讯基金超市、新浪推出的微博钱包、京东发力的供应链金融和 P2P 等。正是基于大数据所提供的分析和整合服务，大量新产品才能出现在市场上并被消费者所接受。

新浪财经的大数据金融创新平台

新浪财经大数据金融平台，是以新浪财经累积的资讯、用户、行为数据为驱动，通过重点产品不断沉淀新数据，再将数据应用于金融产品创新、业务创新及合作创新，形成数据生态，以建成开放、共享的财经领域首选互联网数据平台。

新浪财经相关负责人表示，依托新浪强大的信息系统支撑，新浪财经累积了资本市场代表性很强的用户及用户行为大数据，在此基础上，新浪财经与合作伙伴共同研发，目前已在指数编制、策略发现、市场营销等领域迈出尝试性步伐。机构的参与热情表明，互联网大数据将逐渐成为互联网金融创新的标配元素。

目前新浪财经活跃用户达到千万量级，拥有上千万的自选股有效用户，日均3万多条资讯、40多万条互动信息、过百万条财经类微博博文。新浪财经的数据不只是量大，在更新频率、多样性、可信度等方面也具有领先优势。

依托这些优势，新浪财经将联手数据战略合作伙伴，搭建一个能创造数据新价值的开放平台。这一平台将改变新浪财经—数据提供商—用户的数据合作及产品生产、供应链条。新的数据生态将包括新浪财经、数据供应者、数据加工者、应用开发者、金融机构以及用户等更丰富的角色。

财经数据平台系统地整合了全球主要投资品种行情及宏观行业数据。丰富的大数据应用、数据可视化、图形可交互、首页定制化，是这一平台用户端产品的显著特色。基于海量数据积累，新浪财经与金融机构合作探索大数据应用，2014年9月12日，南方—新浪大数据系列指数在深交所挂牌就属于阶段性成果。

资料来源：http://www.sina.com.cn/.

大数据不仅对传统金融有奇效，对互联网金融也是重要的。互联网金融领域的新创企业或做贷款，或卖产品，凭借高额收益率、优惠手续费，吸引用户选择自己。然而，随着越来越多同类企业吹响混战号角，互联网金融企业也不得不面对来自同行业的竞争，一些竞争力不强的互联网金融企业因不能保证稳定流量、无法留住客户而倒闭，成为行业的"炮灰"。

正如德邦证券董事长姚文平在其《互联网金融》一书中指出的："与其一味地苦思如何'做得更好'，不如考虑如何'做得不同'。"

例如，梧桐理财网推出了2万元起点的"梧桐宝"，是一款预期收益8%~10%的互联网理财产品，其目标客户是能够承担"2万元起投"的中产阶级；速溶网推出的"速溶360"旨在为在校大学生及毕业生提供金融服务；"住金所"

的"安心—过桥贷"是针对中小微企业银行贷款周转推出的特色服务产品。

5. 大数据保险

大数据保险是一个很大的话题，大数据对保险业的影响，就像对银行业一样，具有深刻的战略意义。

保险业是最早建立了科学、完善的数据统计体系，并且以数据统计运算为立业根本的行业。众所周知，保险经营的是风险，而风险的把控是建立在大量的数据之上的，保险产品更是建立在大数法则基础上。保险业与大数据的联系可谓渊源已久——大数据的本质是基于对海量数据的提炼、分析，进而预测并解决问题；而保险业经营的核心也与此类似，同样是依靠强大的用户信息来预测、规避风险。

保险的核心功能或者技能是解释风险。但是大数据时代将给解释风险的技术带来革命性变化。所以，我们必须重新认识并承认这个世界是复杂的。我们可以看到，保险传统的经营只是在一定的维度来看待并解释风险，但这样的解释不能充分地反映这个世界的复杂性。以往的保险经营，我们希望通过更多的因素来定价，但也仅仅只是在很有限的范围内解释。例如车险，现有的定价模型中，除了车身价、车辆品牌、上年出险次数等常用的定价因子外，其他因子虽然被提及，但是很少能够有效地引入模型中。过去保险公司将成百上千的人都放在同一风险水平之上，保险公司默认在以上因子相同的情况下，风险因素是相同的，但事实上这是不可能的，因此大多数人都在支付着和风险不相匹配的保费。传统保险研究平均数，而不是个案。保险公司卖车险的时候通常考虑的因素有年龄、性别、婚姻情况、驾驶记录、收入、职业、教育背景等。

但是，通过大数据的分析可以解决现有的风险控制问题，可以为客户制定个性化的保单。利用社交网络可以改善产品和服务，影响目标客户，通过对已有信息的分析，保险公司可以获得更准确以及更高利润率的定价模型，保险公司给每一位顾客提供个性化的解决方案。不再像现在一样，所有人都面对相同的风险测量准则。

而对于寿险，反映其风险的因子更为全面。从理论上讲，大数据无所不包，客户从出生到死亡的一切信息都囊括其中，保险企业对客户数据进行收集、积累、拆分和重组后，精准营销便有望深挖客户需求，探索新的业务空间，同时，根据每日呈 TB 级数的数据信息，保险业还可以发现新的风险需求，拉动业务创新。

保险的意义在于抵御风险带来的损失，风险发生概率有多高，损失有多少，这是最直观的数据。除了这些外，保险承保对象的任何信息都是数据，不管是人的因素还是外在的因素，经过整合，看似毫无关系的数据，都是影响保险业的潜在因子。

在大数据时代，前所未有地创造了精准风控每个投保标的的可能。从未有如此丰富、多维度、低成本的数据，如此系统地、更新地提供给保险行业。大数据保险是理解风险、降低风险成本的手段，是保险真正的内涵，实现了个性化风险控制和定价，变风险为可控。

总体来说，大数据能做的还有很多，无论是互联网公司做金融，还是金融机构业务互联网化，其中各个环节都应该有大数据的身影。大数据应该成为一种运营方式，而不仅限于技术工具。金融服务在互联网的支持下将进一步从粗放式管理向精细化管理转型；由抵押文化向信用文化转变的、更全面的信用体制和风险管理体制将会建立；将从"利润为中心"向"客户为中心"转型；将从"关注整体"向"关注个体"转型。

不管是保险、银行还是拥有相关金融业务的领域等，面对大数据的时代潮流，不应该故步自封，而应找到与大数据技术相结合的契机，深入挖掘行业、企业内外部数据，提升在同行业的核心竞争力。当然市面上的新兴大数据分析产品和解决方案也是金融从业者不得不去关注的，只有与更专业的从事大数据的合作伙伴或者渠道进行合作才能最大化地为企业带来效益和思路。

三、大数据金融模式

大数据金融通过集合海量非结构化数据，并对其进行实时分析，为互联网金融机构提供客户全方位信息，通过分析和挖掘客户的交易和消费信息掌握客户的消费习惯，并准确预测客户行为，使金融机构和金融服务平台在营销和风险控制方面有的放矢。业界普遍认为，大数据金融目前有平台金融和供应链金融两种模式。建立在传统产业链上下游的企业通过资金流、物流、信息流组成了以大数据

为基础的供应链金融，如京东、苏宁的供应链金融模式；建立在 B2B、B2C 或 C2C 基础上的现代产业通过在平台上凝聚的资金流、物流、信息流组成了以大数据为基础的平台金融，如阿里小贷模式。谁掌握了大数据这个核心资产，谁就掌握了平台或供应链；谁掌握了大数据金融，谁就拥有了获取现金和利润最有力的武器。

1. 阿里小贷模式解析

平台金融模式是在电商平台基础上形成的网上交易信息与网上支付形成的大数据金融，通过云计算和模型数据处理能力而形成信用或订单融资模式。与传统依靠抵押或担保的金融模式的不同在于，阿里小贷等平台金融模式主要基于对电商平台的交易数据、社交网络的用户交易与交互信息和购物行为习惯等大数据进行云计算来实时计算得分和分析处理，形成网络商户在电商平台中的累积信用数据，通过电商所构建的网络信用评级体系和金融风险计算模型及风险控制体系，来实时向网络商户发放订单贷款或者信用贷款，批量快速高效，如阿里小贷可实现数分钟之内发放贷款。

阿里小贷以"封闭流程＋大数据"的方式开展金融服务，凭借电子化系统对贷款人的信用状况进行核定，发放无抵押的信用贷款及应收账款抵押贷款，单笔金额在 5 万元以内，与银行的信贷形成了非常好的互补。阿里金融目前只统计、使用自己的数据，并且会对数据进行真伪性识别、虚假信息判断。阿里金融通过其庞大的云计算能力及优秀建模团队的多种模型，为阿里集团的商户、店主时时计算其信用额度及其应收账款数量，依托电商平台、支付宝和阿里云，实现客户、资金和信息的封闭运行，一方面有效降低了风险因素，另一方面真正做到了一分钟放贷。京东商城、苏宁的供应链金融模式则是以电商作为核心企业，以未来收益的现金流作为担保，获得银行授信，为供货商提供贷款。

随着微贷技术的成熟以及资产转让等方式对信贷能力的扩充，2013 年阿里小贷的信贷服务风生水起。数据显示，阿里小贷 2013 年全年新增贷款近 1000 亿元，截至 2014 年 2 月中旬，累计投放贷款已经超过 1700 亿元，服务小微企业超过 70 万家，户均贷款余额不超过 4 万元，不良率小于 1%。

在阿里小贷业务决策中，数据分析发挥了核心作用。阿里小贷有超过上百个数据模型，覆盖贷前、贷中、贷后管理，反欺诈，市场分析，信用体系，创新研究等板块。其决策系统每天处理的数据量达到 10TB。数据分析用于向公司的管理决策层提供科学客观的分析结果及建议，并对业务流程提出优化改进方案。水文模型就是阿里小贷 2013 年着重搭建的重要数据模型之一。

　　水文模型参考了人们日常所熟悉的水文管理。以某个城市的水文管理工作为例，城市河道的水位达到某个值，单看这个数据，水利部门无从判断这个值背后的趋势，也无法依据这个单维度的数值采取应对措施，但如果将该值放到历史的水文数据以及周边河道的数据中，就可以做出一定的判断，例如相比过往同期，这个数据是否变高了？高了多少？以往在这个时期以后，河道水位又是怎么变化的，走高还是走低？依据这种结合历史水文数据的方式，就可以对水位的变化、变化值有所判断。

阿里小贷的水文模型运用

　　一是完善风险管理，站在更详尽数据基础之上进行授信，减少特殊因素对授信判断的影响。譬如某个经营手机的店铺，在"双 11"期间达到 300 万元销售额，相比平时可能显得很高，若单看这个数据给予用户分层或授信，很可能做出错误的判断，因为如果把这个店铺放到水文模型中，去观察它不同时间、季节的经营数据以及其所处类目同类店铺的数据变化，可以看到也许平常该店铺经营额并不高，甚至和过往"双 11"的数据相比，这个店铺当年的营业额反而下降了。因此，水文模型能平滑各种特殊因素对于授信对象的影响，帮助授信单位在最全面的因素上来考量授信对象，以做出最准确的授信或判断。

　　二是通过模型进行预判，包括对小微企业自身经营的走向，以及小微企业资金需求的节点和量的判断。和城市水位变化的例子类似，当系统考虑为一个客户授信时，结合水文模型，通过该店铺自身数据的变化，以及同类目类似店铺数据的变化，系统就能判断出这个客户未来店铺的变化。例如，过往每到某个时间节点，该店铺的营业额就会进入旺季，销售额就会出现增长，同时，每在这个时段，该客户对外投放的额度就会上升，结合这些水文数据，系统则可以判断该店铺的融资需求，结合该店铺以往资金支用数据以及同类店铺资金支用数据，甚至可以判断出该店铺资金需求的额度。

　　资料来源：作者根据多方资料整理而成。

在信贷风险防范上，阿里小贷微贷技术中有完整的风险控制体系。阿里小贷建立了多层次的微贷风险预警和管理体系，具体来看，贷前、贷中以及贷后三个环节节节相扣，利用数据采集和模型分析等手段，根据小微企业在阿里巴巴平台上积累的信用及行为数据，可以对企业的还款能力及还款意愿进行较准确的评估。同时结合贷后监控和网络店铺/账号关停机制，可以提高客户违约成本，有效地控制贷款风险。

2. 京东供应链金融

京东于 2012 年开始涉足金融服务，同年，京东金融自主研发产品获得银监会审批，2013 年 12 月推出京保贝。金融业务正在成为京东不可或缺的一部分，而在 2014 年 3 月 7 日，京东低调上线理财产品"小金库"，更证明了京东对于金融领域的野心。

所谓供应链金融，就是核心企业为其上下游的原料商、制造商、分销商、零售商提供金融服务。供应链金融模式是企业利用自身所处的产业链上下游，充分整合供应链资源和客户资源而形成的金融模式。京东商城是供应链金融模式的典型代表，其作为电商企业并不直接开展贷款的发放工作，而是与其他金融机构合作，通过京东商城所累积和掌握的供应链上下游的大数据金融库，来为其他金融机构提供融资信息与技术服务，把京东商城的供应链业务模式与其他金融机构实现无缝连接，共同服务于京东商城的电商平台客户。在供应链金融模式当中，电商平台只是作为信息中介提供大数据金融，并不承担融资风险及防范风险等。

一般企业在与核心企业合作时，既要保证供货，还要承受应收账款周期过长的风险，资金往往成为最大的压力。而这些企业往往因为规模小，资金薄弱，难以得到银行的贷款，资金链断裂成为笼罩在这些企业头上的阴影。

京东正是利用用户数据和现有金融体系，根据每个环链上的业务需求，满足中小微企业的金融需求。

京东做金融是有天然优势基因存在的。京东有非常优质的上游供应商，还有下游的个人消费者，积累了非常多潜在的金融业务客户。有大数据现成的资源，京东选择金融水到渠成。

在传统的贸易融资中，金融机构只针对单一企业进行信用风险评估并据此做出是否授信的决策，而在供应链金融模式下，银行更加关注的是申贷企业的真实贸易背景、历史信誉状况，而不仅是财务指标。这样，一些因财务指标不达标而难以融资的中小企业，就可以凭借交易真实的单笔业务来获得贷款，满足其资金需求。并且银行通过资金的封闭式运作，确保每笔真实业务发生后的资金回笼，以达到控制贷款风险的目的。

如今，大数据的应用更让京东在这方面如虎添翼。例如，2013 年 12 月推出的京保贝，针对京东上下游合作商提供快速融资的服务，供应商可凭采购、销售、财务等数据快速获得融资。通过大数据，以往需要人工进行的判断、审核等流程可实现自动化审批和风险控制，从供应商申请融资开始，全部由系统实现对放款审核的判断，放款过程全程自动化，因此可以做到 3 分钟融资到账；且无需任何担保和抵押，能有效地提高企业营运资金周转效率。

未来京东金融会覆盖更多的融资服务，而对于产生的数据，包括消费数据、物流数据、供应商财务信息以及金融状况信息，将通过大数据技术进行有效的分析，风险状况也能够时时监控。同时，在了解客户需求的前提下，提供简单融资、快乐融资的融资服务。

四、大数据源

如今世界正在步入大数据时代，只有有效利用大数据才能为互联网金融提供最大化的战略空间和机会。从信息技术应用的角度看，互联网金融的发展壮大在很大程度上依托于对大数据的分析和整合能力。而这一切的基础就是大数据资源。当世界的万事万物都在化为数据存在，当各种产品和服务都已网络化和数据化，当五花八门的数据终端普及千家万户，是否以自己为中心提供各种网络服务已经变得不那么重要，而获取和利用他人服务所产生的数据则变得更加重要。

大数据挑战金融机构内部的传统部门划分，打破金融机构对客户的信息垄断，将支撑更迅速、更灵活的决策，带来更贴近客户需求的产品创新。

广告、媒体、电商、交通、电信、金融、医疗是数据应用较早的几个行业，由于涉及个人隐私和公共安全，很多数据还不能够公开，各个行业只能采用自己的数据进行商业应用，大数据整体协同效应不明显，但还是可以看到其中的商业价值。而金融行业的数据大多数来源于客户自身信息以及其金融交易行为。

1. 客户信息数据

客户信息数据可以称为基础数据，主要是指描述客户自身特点的数据。个人客户信息数据包括：个人姓名、性别、年龄、身份信息、联系方式、职业、生活城市、工作地点、家庭地址、所属行业、具体职业、收入、社会关系、婚姻状况、子女信息、教育情况、工作经历、工作技能、账户信息、产品信息、个人爱好等。而企业客户信息数据包括：企业名称、关联企业、所属行业、销售金额、注册资本、账户信息、企业规模、企业地点、分公司情况、客户和供应商、信用评价、主营业务、法人信息等。

银行业的这些信息来源于多个系统，包括客户管理系统、核心银行系统、贸易系统、保理系统、融资管理系统、信息卡系统、信贷管理系统等。银行应将这些割裂的数据整合到大数据平台，形成全局数据。由于都是结构化数据，对银行所有客户数据进行整合，按照自身需要进行归类和打标签，有利于数据分析。

金融行业可以将这些信息集中在大数据管理平台，对客户进行分类，依据其他的交易数据，进行产品开发和决策支持。例如，可以依据客户年龄、职业、收入、资产等，针对部分群体推出信用消费、抵押贷款、教育储蓄、投资产品、养老产品等，为客户提供针对人生不同阶段的金融服务。也可以检验已有产品的占有率、推广效果，以及采集客户的自身产品需求。企业客户也是同样道理，没有数据分析之前，产品开发依赖于产品经理自身能力和风险偏好，或者模仿行业其他竞争对手的产品；有了数据分析之后，管理层可以决定推出何种产品，了解产品实际销售情况，针对特定用户进行推广，降低营销费用，有利于降低风险。因此，客户信息数据主要用于精准营销、产品设计、产品反馈、降低风险等。

2. 交易信息数据

交易信息也可以称为支付信息，主要是指客户通过渠道发生的交易以及现金流信息。个人客户交易信息包括：工资收入、其他收入、个人消费、公共事业缴费、信贷还款、转账交易、委托扣款、购买理财产品、购买保险产品、信用卡还款等。企业客户交易信息包括：供应链应收款项、供应链应付款项、员工工资、企业运营支出、同分公司之间交易、同总公司之间交易、税金支出、理财产品买卖、外汇产品买卖、金融衍生产品购买、公共费用支出、其他转账等。

这些信息大多存在于银行的渠道系统里，如网上银行、卡系统、信用卡系统、贸易系统、保理系统、核心银行系统、保险销售平台、外汇交易系统等。这些交易数据容量巨大，必须借助于大数据技术进行分析，形成全局数据、整体数据。银行利用这些数据对个人消费者进行消费行为分析，开发产品，提供金融服务。同时也可以利用这些数据提供供应链金融服务，建立自己的商品交易生态圈。银行也可以依据交易数据为企业提供贸易融资或设备融资服务。整合后的数据可以用于银行对企业的信用评价，交易数据可用来进行风险管理，提前介入风险事件，降低债务违约风险。现金流和支付信息数据量很大，如果大批量采用将会造成效率下降，因此对商业需求的了解将是进行大数据分析的关键，有效的数据分类和取舍将会帮助银行高效利用大数据技术。银行在采集和使用交易数据时，其采用哪些数据、通过何种形式展现、数据分析报告输入维度和权重都具有极大的挑战性。

3. 资产信息

资产信息主要是指客户在银行端的资产和负债信息，同时也包含银行自身资产负债信息。个人客户资产负债信息包括：购买的理财产品、定期存款、活期存款、信用贷款、抵押贷款、信用卡负债、抵押房产、企业年金等。企业客户资产负债信息包括：企业定期存款、活期存款、信用贷款、抵押贷款、担保额度、应收账款、应付账款、理财产品、票据、债券、固定资产等。银行自身资产负债信息包括：活期存款、定期存款、借入负债、结算负债、现金资产、固定资产、贷款证券投资等。

资产数据主要来源于核心银行系统和总账系统，资产数据可以用于银行完整的风险视图，帮助银行进行有效风险管理。通过资产数据的集中整合，针对每一个企业客户或个人客户，银行可以有效快速地对客户进行风险评估和风险管理，提高客户体验，并结合现金流和交易数据、供应链数据，为客户提供定制的理财产品或贷款产品。银行也可以利用自身资产负债信息来提高资金利用率，通过调整资产负债来降低资金成本，提高资本收益。银行还可以对客户及自身资产负债配置信息做进一步分析，通过调整产品来解决存款和贷款之间的时间匹配问题，降低流动性风险，提高资金利用效率。资产信息主要用于银行自身风险管理和资本效率提升，同时也可以帮助银行通过产品推广来合理调整资产负债，提高自身

盈利能力。

4. 行为数据

行为数据主要是指客户在互联网上的行为数据，包括 APP 应用上的点击数据、社交媒体和社交网络数据、电商平台的消费数据。银行可以购买这些数据来完善自己的大数据分析输入，将行为数据作为补充数据来为银行数据营销、产品设计、数据反馈、风险管理提供数据支持。但是行为数据可能涉及消费者的个人隐私，因此银行在购买这些数据时应该小心，建议和数据拥有者合作并得到客户的授权。

5. 位置信息数据

位置信息数据主要是指银行客户使用的移动设备位置信息、客户自己所处的地理空间数据，包括其多频率的位置往返数据。银行可以利用其进行精准营销，结合商家推出优惠服务，同时也可以利用其信息提供理财产品介绍会、针对特殊人群的财富管理会议，并为新增网点还是撤销网点提供决策支持等。

6. 供应链数据

供应链数据主要是指企业同上下游企业之间的商品或货物交易信息。由于银行自身的供应链信息不全，无法完全支撑对企业的供应链金融服务，所以银行需要和具有这些信息的电商平台如阿里、京东等合作，根据完整的供应链信息来提供金融服务。

7. 其他商业数据

其他商业数据主要是指经过分析整理的研究数据，包括消费者行为数据、行业分析报告、竞争与市场数据、宏观经济数据、特殊定制数据等。银行可以利用第三方的专业分析报告来制定自身风险偏好，同时为自身的大数据分析、产品开发、风险管理提供决策支持。

前三大类数据是银行自身的数据，这些数据对于传统银行来说简便而易得。这些数据基本上都是结构化数据，通过几十年的积累，这些数据已足够庞大，价值较高，而且处理起来比较容易。然而，进入大数据时代，仅仅通过银行自身的数据是难以赢得差异化的。如果银行进行大数据分析，以赢得差异化竞争，就必须考虑其他的数据输入，这些数据是银行自身不具有的，但是对其数据分析和决策有重要的作用，如后面四类数据。相对于银行自身数据，非自身数据获取可能会难一些，数据类型可能会复杂一些（行为数据、位置信息数据可能大部分都是非结构化信息），处理难度大一些。对于非自身数据的获取，银行可以采用同大数据厂商合作的方式，通过自身平台来采集数据或购买第三方数据。接下来就是信息的整合和挖掘，如何将这些数据和银行自身数据整合起来，这是考验银行自身信息处理能力的时候，也是在激烈的市场竞争中体现差异化的时候。银行自身必须了解业务需求和数据需求，借助于其他的数据平台和技术来完善自身的大数据平台和分析技术。

　　总之，银行在实施大数据战略时，应该了解银行内部都有哪些数据，需要对数据进行归类，通过大数据技术进行提取和取舍，了解这些数据背后代表着哪些商业价值，银行自身的大数据需求在哪里，还需要哪些外部数据，如何同已有数据进行整合。银行自身丰富的数据就是大数据应用的基础，大数据分析可以从银行自身数据出发，依据商业需求进行分析，为决策提供支持。外部数据的引入需要在大数据模型搭建过程中进行考虑，作为参考数据为大数据分析提供辅助支持。

五、互联网金融数据处理

　　数据信息是金融的核心，构成了金融资源配置的基础，互联网金融模式下的数据处理是其与商业银行间接融资和资本市场直接融资的最大区别。数据信息处理在云计算的保障下，资金供需双方信息可以通过社交网络揭示和传播，被搜索引擎组织和标准化，最终形成时间连续、动态变化的信息序列。由此可以给出任何资金需求者的风险定价或动态违约概率，而且成本极低。在信息处理方面，银行自身的结构化信息是比较容易处理的，数据信息处理的难点在于如何在非自身的非结构化信息中挖掘到想要寻找的答案。

1. 非结构化数据处理的构成

　　互联网金融模式下，信息处理有三个组成部分：

一是社交网络生成和传播信息，特别是对个人和机构没有义务披露的信息，使得人们的"诚信"程度提高，大大降低了金融交易的成本，对金融交易有基础作用。社交网络具有的信息揭示作用可以表现为：个人和机构在社会中有大量利益相关者。这些利益相关者都掌握部分信息，如财产状况、经营情况、消费习惯、信誉行为等。单个利益相关者的信息可能有限，但如果这些利益相关者都在社交网络上发布各自掌握的信息，汇在一起就能得到信用资质和盈利前景方面的完整信息。例如，"淘宝网"类似社交网络，商户之间的交易形成的海量信息，特别是货物和资金交换的信息，显示了商户的信用资质，如果淘宝网设立小额贷款公司，利用这些信息给一些商户发放小额贷款，效果会很好。

二是搜索引擎对信息的组织、排序和检索，能缓解信息超载问题，有针对性地满足信息需求。搜索引擎与社交网络融合是一个趋势，本质是利用社交网络蕴含的关系数据进行信息筛选，可以提高"诚信"程度。例如，抓取网页的"爬虫"算法和网页排序的链接分析方法都利用了网页间的链接关系，属于关系数据。

三是云计算保障海量信息高速处理能力。云计算基于信息技术和互联网通信技术在运算和通道能力方面增强而应运而生，是在之前互联网应用服务和整合运算技术基础上发展而来的新一代数据处理和应用服务技术。按照通用的标准，云计算是"基于互联网网络，向多种用户提供虚拟的、丰富的、按需即取的包括数据存储池、软件下载和维护池、计算能力池、多媒体信息资源池、客户服务池在内的广泛数据和运算处理服务"。云计算在理论和模式上有两个显著的特点：第一是互联网网络的传输能力与互联网结合的运算效率大于单个计算机终端的运算效率；第二是通过互联网传输实现的应用服务能力，通过提升单一计算机性能和软件规模的服务能力。这样，金融交易的信息基础就满足了。金融业是计算能力的使用大户，云计算会对金融业产生重大影响。

2. 信息处理的过程

互联网金融数据信息一般要经过产生—收集—被组织、排序和检索—匹配成功—应用这一过程（见图5-2）。金融数据信息由于其专业性极强的特点，要被其用户了解并接受，需要经过一个"翻译"环节。即含有大量金融专业术语等信息的金融产品要为其用户熟悉并接受需要一个懂得双方的"媒介"。之前，通常的做法是靠具备金融知识的专业人士来进行人工匹配。在申请贷款、消费保险产

品、个人理财中，每个人的选择更多依赖于所选择的"媒介"。换言之，供需双
方信息的匹配是否充分，也取决于传达双方信息的媒介人员对双方信息的了解、
掌握程度。

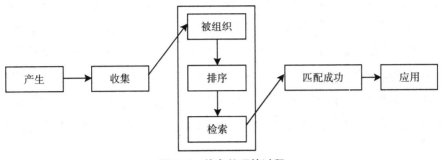

图 5-2　信息处理的过程

这与早期商业零售中的供需信息匹配有着极其相似的特点。传统商业零售业
融入互联网搜索、匹配技术后，在信息处理、数据积累等方面得到了极大的智能
优化，随后全球电商时代轰轰烈烈开启。从沃尔玛与亚马逊的发展历程中，我们
也许可以预见互联网金融行业的未来。

互联网技术通过数据、信息处理技术能够实现对信息的有效组织、排序、检
索，并能有针对性地满足信息需求，同时对供需双方实现金融信息的最大化对
称。从越来越多的优势资源选择进入互联网金融领域的现状来看，这会是我们即
将见证的未来。

3. 与传统金融信息处理的区别

互联网技术的发展，可以使消费行为突破物理和地理网点的限制，使得消费
者可以在任何时间、任何地点进行消费。这些消费数据非常客观地反映了消费者
的消费行为规律，可以帮助商家更加精准化地推送消费信息，有助于进一步挖掘
消费者的消费潜力。之前由于技术的落后，消费者产生的消费数据没有及时进行
分析，无法及时挖掘消费者的消费潜力。随着互联网技术在过去 20 年的快速发
展，IDSS（智能决策支持系统）的建设成为可能，使得瞬时分析消费者的消费行
为，进而分析消费者的消费习惯，实现精准消费成为可能。这样就非常有利于进
一步释放消费者的消费潜力。

互联网金融凭借大数据、物联网等最新技术，改变了传统金融信息处理的模

式，主要表现在信息收集和信用评价体系两方面。

在信息收集方面，传统金融机构信息收集只基于有限部门的已有客户数据，如银行在发放贷款时会根据客户以往存贷款记录等进行评判，其数据源不仅少，而且单一，从而造成贷款成功率低、违约率高等；而在互联网金融领域，凭借大数据库的应用，以自身数据为基础，加入电信、税务、水电等可获取数据，可以极大地提高信息收集的数量和精确度。如阿里小贷公司与阿里巴巴、淘宝网、支付宝底层数据完全打通，通过大规模数据云计算，客户网络行为、网络信用在小额贷款中得到运用。由此，阿里小额贷款整合了电子商务公开、透明、数据可记载的特点，解决了传统金融机构针对个人及小企业贷款无法解决的信息不对称问题。

在信用评价体系方面，传统金融机构为个体信用评估模式。该评级体系包括资本状况、资产质量、管理水平、盈利水平和流动性、市场风险敏感度等，但由于对银行财务数据采集的不及时不全面、定性分析与定量分析结构不合理、对现金流量分析不重视、忽视利润结构分析等，传统金融机构信用评价体系的信度和效度有很大缺陷；而互联网金融本身就是建一个有信用的体系，互联网金融企业利用的大数据分析、云计算技术，带来的实际上是信用评价体系与风险控制手段的革新。阿里金融的数据化运营模式，苏宁、京东等电商从供应链金融角度切入，均意味着数据成为一种重要的商业资本。许多互联网金融企业打的都是经营信用的招牌，即从数据中挖掘信用。这种信用不仅仅是对客户信用的评价，还是根据商家的现金流量、销售额、评价，通过数据分析得出的客户还款能力的综合判断，更多的侧重于用数据分析和辅助手段控制风险，在信用风险评价中加大了定量分析的比重，而并非银行采用的依赖于客户还款意愿、人品等的定性分析。互联网掌握的所有数据把风险控制在第一关，而传统的金融是把风险放在最后一关控制，这反而是最大的风险。互联网与大数据技术破除了传统银行业单一的、对个体的信用评估，利用大数据为大群体服务，利用碎片化数据构成全局化的判断。

六、大数据金融信息安全

1. 大数据时代金融信息安全危机

经常上网的你大概对这样的场景并不陌生：当你习惯性地浏览网页时，却惊讶地发现广告栏里竟然出现了前几天在购物网站里搜索过的商品。"是谁干的？他怎么知道我想要买什么？"当第一次遇见这样的状况，被看穿的感觉一定不好受。然而，这恰恰是大数据时代带给我们的一个"惊喜"。

这些年，在信息技术领域红极一时的"大数据"，正不知不觉地加紧渗透到我们的生活中。它前所未有地丰富了我们的生活并产生了极大的便捷，同时也对公众的个人隐私构成威胁。虽然大数据技术逐渐在各行各业中被广泛应用，但频繁上演的各类信息泄露事件却为人们敲响了数据安全的警钟。毫无疑问，数据安全早已不再是局限于 IT 行业的专业话题，而是社会各界的关注热点。

随着信息化的飞速发展，数据已经成为金融行业的核心竞争力之一，海量的客户信息逐渐形成敏感数据；以信息集中、共享、整合为目标的大数据成为信息化新的发展趋势，大数据的挖掘和分析产生了许多新业务、新产品，为企业带来新的价值和利润增长点，同时也将之前非敏感或低敏感的数据变成高度敏感的数据，如何保障敏感数据的安全已经成为行业共同关注的焦点。信息安全事件、企业泄密（客户资料外泄）事件频发，给企业带来了经济损失，也带来了前所未有的安全风险。虽然大数据能够在很大程度上缓解信息不对称问题，为金融企业风险管理提供更有效的手段，但如果管理不善，"大数据"本身也可能演化成"大风险"。

彭博社金融信息泄密事件

2013 年 5 月，彭博社记者利用数据终端偷窥用户信息的丑闻引发全球金融机构集体担忧。根据《金融时报》报道，数十家大型银行交易员收发的上万条信息被泄露到互联网上，其中包括敏感的价格信息。由于信息敏感，

美联储、欧洲央行、日本央行、加拿大央行和德国央行等全球几大央行开始与彭博社高层接触并对事件展开追查。该事件是美联社曝出美国政府对"记者电话监控"丑闻不久后的又一隐私侵犯事件，用户隐私在大数据时代的保护形势堪忧。

作为全球最大的金融信息服务提供商，彭博数据终端系统"彭博专业服务"能够为客户提供实时金融市场数据，以此作为金融市场分析和交易的参照。据悉，彭博的数据终端系统用户涵盖华尔街各大银行和金融机构。美国财政部、美联储、欧洲央行、德国央行等全球许多央行和金融机构，以及一些投资银行和全球基金经理也通过该数据端获取信息。全球 30 多万用户每年为彭博社创造约 79 亿美元的收入。

彭博社记者对彭博终端用户在线信息的过度关注和解读已经带来信息安全担忧，因为某记者在高盛合伙人未登录彭博数据终端几周后，开始了解该合伙人是否已经离职。据 CNBC 新闻报道，彭博的一位前员工承认，自己因为兴趣阅读过美联储主席伯南克和前财长盖特纳登录终端的使用情况，并表示彭博社了解此功能的新闻记者不在少数。

对此，美联储、美国财政部、英国央行、德国央行、摩根大通等重量级金融机构已开始与彭博接触。随着对彭博泄密事件调查的持续深入，该事件的影响还会持续发酵。

资料来源：作者根据多方资料整理而成。

在互联网时代，用户在网上的一举一动都可能被"数据化"储存，其搜索习惯可以使广告商有针对性地推送广告，用户信息也可能成为许多网站提高商业服务水平的重要资源。也许有一天，人们将全无隐私可言，因为全世界将密布"监控器"。不仅仅是那些"大人物"无处可藏，"小人物"也将会是透明的。隐私危机似乎正在各个领域上演，例如，彭博社记者窥探政府（美联储）工作人员的隐私，美国政府也可窥探记者的隐私。互联网用户在越来越频繁的网络注册、交易和互动中，似乎越来越没有安全感，与金融相关的数据安全和网络安全事件层出不穷。

2013 年 1 月，美国数十家网上银行网站速度变慢，时而报错或慢慢地毫无反应，接着几分钟后恢复正常。这十几家银行包括汇丰、花旗、美国合众、美国银行、第一资本银行等重量级银行。

2013 年 4 月，美联社的 Twitter 账号发出奥巴马遭遇恐怖袭击的虚假消息，引发股市瞬间暴跌。

2013 年 6 月，工商银行数据中心主机系统交易率出现下降，柜面和电子渠道业务办理缓慢，经分析与凌晨主机软件升级有关。

2013 年 8 月，上证指数出现大幅拉升大盘，后系统运行正常，该事件导致当日股市损失约 1.94 亿元人民币。这就是著名的光大证券乌龙事件。后查明，订单生成系统存在缺陷是导致该事件的原因。

2. 大数据信息风险类型

大数据对于金融企业来说，并不都意味着机遇或者商业上的无限潜力，在它们能够很好地了解大数据、管理大数据之前，大数据就如同"白雪公主的苹果"，只是看起来很美，实际上还意味着巨大的风险。

（1）技术风险。尽管大数据的产生多半是企业发展及数据产生的种类多元化这个"大环境"所致，但是面对这些快速增长的大数据所暴露出的问题还是让企业管理者们不安。金融机构的数据信息决定着企业的生死存亡。但是今天，数据量的持续增长增加了数据的管理难度。不论是从软件还是从硬件方面来看，数据的暴增增加了对企业的挑战。数据拥有者如何保护好数据，这不仅是管理上的问题，也是技术上的问题。

（2）操作安全风险。相比于以往一次性数据泄露或者黑客攻击事件的小打小闹，现在数据一旦泄露，对整个企业可以说是满盘皆输，不仅会导致声誉受损，造成巨大的经济损失，严重的还要承担法律责任。从数据的存储装备来说，数据的搜集、存储、访问、传输必不可少地需要借助移动设备，所以大数据时代的来临也带动了移动设备的猛增。随之而来的是 BYOD（Bring Your Own Device）风潮的兴起，越来越多的员工带着自己的移动设备进行办公。虽然 BYOD 的确为人们的工作和生活带来了便利，降低了企业的办公成本，但也给企业带来了更大的安全隐患。

（3）数据分析风险。大数据平台的模式是依托从前在交易中积累的海量数据进行的对用户行为习惯、思维方式的总结，进而对其可能发生的行为做一个判

断。也就是说，大数据分析方法依赖于大数据"过去决定未来"的特点。这一前提在大部分情况下都是成立的，但如果遇到需要突破性创新的情况就会暴露出弱点。企业通过分析用户的数据进行战略布局，金融机构通过分析数据进行风险的防范（对冲），一旦没能抓住转折点，将造成很大的经济损失。

（4）法律风险。在大数据金融服务平台中，涉及数据的采集、处理以及应用，也涉及拥有大数据的企业跨界金融及金融监管的问题。在数据的采集、处理以及应用中，互联网相关企业，尤其是电商企业在为客户提供金融服务的过程中，积累了大量的客户个人信息，而其中所隐含的商业价值逐渐被人们发现和利用。在利益驱使下，越来越多的机构或个人采取种种手段获取他人信息，加之部分企业保护意识和保护能力不强，导致近年来对个人信息的侵权行为时有发生，已引起社会广泛关注。造成此种侵权行为发生的一个重要原因是，目前我国尚无一部专门的法律对个人信息数据特别是个人金融信息的收集、使用、披露等行为进行规范，立法散乱，呈零星、分散状态，不成体系，目前主要通过《宪法》和相关法律法规对个人信息进行间接保护。我国现行的关于个人信息安全保护的法律法规都过于原则化、抽象化，缺乏实际操作性，并存在规制范围狭窄、公民举证困难等不足。另外，对于大数据企业跨界金融，虽然政府本着金融创新、加快金融改革的理念在态度上表示支持，但是金融监管机构尚无明确的法律法规以及规章制度来给予规范。而且大数据企业和金融机构从基因上的不同，使得二者的商业规范、运营模式都存在差异，这就要求大数据企业在认真学习传统金融机构的监管政策的同时，积极关注政府出台的新的监管措施，对业务进行调整，不踩法律红线，不打法律擦边球。

3. 风险防范

从法律角度来看，大数据的信息安全问题也是数据的拥有者、使用者之间的平衡关系，也是数据的所有权和使用权之间的平衡关系。大数据时代强调全社会信息资源的开放分享和开发利用，而个人信息涉及个人隐私，但又具有社会经济价值，其信息保护的边界面临调整。所以当前的核心问题是：大数据时代的个人数据信息应当属于谁？谁有权利用这些数据进行分析？个人是否可以对信息开发利用的程度予以选择？这些问题的答案都将对个人信息安全保护的主体、范围及手段等产生重大影响。笔者认为，目前大数据安全可以从以下几方面进行：

（1）加快立法进程，加强行业自律。目前我国对个人信息安全保护的监管由公安部、工业与信息化部等部门管理，多头监管难免会导致监管不严或监管漏洞。对此，我们应明确监管机构与各部门之间的职责，只有权力分界清晰才能保证监管没有漏洞。从加强行业自律来看，要认识到行业自律机制是个人信息安全保护制度中不可缺少的一个环节。

（2）实现数据隐私保护和数据隐私应用之间的平衡。在大数据时代，我们应当建立一个不同于以往的信息保护模式。这种模式应当着重于数据的使用者为其行为承担相应的责任，而不是将重点放在数据最初的获得以及征求个人同意上。未来的隐私保护应当区别用途，在保证不损害个人正当权益的前提下正当、合理地使用相关信息，实现用户隐私和商业应用之间的平衡。从监管主体来说，必须制定专门应用于大数据用户隐私方面的法律，体现出监管主体对其的重视和操作的规范性。从监管客体来说，大数据企业在对数据应用时，必须以保护用户隐私为基础对数据进行商业应用。

（3）数据资源的整合和分工专业化。在大数据时代，我们将不同的行业的数据整合起来，提供全方位立体的数据绘图，力图从系统的角度了解并重塑用户需求。但是，由于交叉行业数据共享需要平衡太多企业的利益关系，如果没有中立的第三方机构出面，协调所有参与企业之间的关系、制定数据共性及应用的规则，将大大限制大数据的用武之地。因此，权威第三方中立机构的缺乏将制约大数据发挥其最大的潜力。

（4）强化数据挖掘。数据挖掘是一种新的商业信息处理技术，主要特点是对大量数据进行抽取、转换、分析和模型化处理，从中提取出有助于商业决策的关键性数据。数据挖掘在风险管理和客户管理方面都有重要应用。在风险管理方面，可通过构建信用评级模型，评估贷款人或信用卡申请人的风险。目前，银行业已逐步走向个性化服务和科学决策阶段，数据挖掘具有强大的信息处理和分析能力，可以为银行提供科学的决策依据和技术支持。

4. 利用大数据打击金融犯罪

在大数据时代，虽然各种各样的金融安全事件频频出现，但是大数据也可为金融安全做贡献。大数据时代下的信息虽然更容易引发犯罪，但是大数据本身却是无罪的，甚至可以以此来打击犯罪，为金融安全做贡献。

2013 年 11 月，上海地区基金公司中有五名权益类（股票型）基金经理因大数据稽查匹配中较为可疑被监管部门带走协助调查。

在金融业的自律中，以往我们所熟悉的手段有：包括基金经理在内的所有可以看到仓位与持仓的员工开工前必须上交手机；电脑上除了可以监控内容的 MSN 之外，其余社交工具一律不被允许装机；交易室 24 小时全程摄录，交易时段内人畜不能近……然而这些仍架不住细细推敲：多带个手机交上去做做样子；或者前晚约好，第二日按约操作、里应外合；或者基金经理本身就是高管层级，无人敢真管等。更多的还是依靠人的自觉，而这种自觉在自己经手的、动辄以亿为单位的真金白银面前能起多大作用？

在大数据环境下，细节完备、处处留痕的大数据计算机监控不费吹灰之力就解决了这个难题。大数据挖掘几乎可以还原账户之间的全部事实关联，还可以通过无数次的模拟分析找到看似无关，但本质上相关的账户之间的交易关联。毫无疑问，这是一场手段升级带来的监管革命。大数据监控将作别以往需耗费大量人力、物力以及人情寻租的侦查时代。

章末案例：

宜信：大数据实现的快速授信

目前，大数据金融正成为冉冉升起的明星。致力于利用技术创新为用户提供领先金融服务的宜信公司，早在几年前就对大数据应用进行了布局，并在 2013 年成立了大数据创新中心，吹响了进攻这个领域的号角。

风险控制始终是做好 P2P 的核心，为了做好 P2P 风险控制，创新模式、创新技术和创新理念层出不穷。例如，信贷工场模式利用大数据，在宜信已经积累的百万客户数据基础之上做决策引擎、评分卡、大数据的分析模型。

1. 授信到底可以有多快

2014 年，宜信宜人贷推出了全新借款服务"极速模式"，该服务利用大数据技术，成功实现了"1 分钟授信，10 分钟批贷"的快速借款服务，如此高效的授信及批贷速度，在整个 P2P 业界尚属首次，该服务也正是 P2P 行业利用大数据技术的极佳示例。

用户通过提交信用卡信息，授权"极速模式"系统获得其电商交易记录，以及提交银行卡信息，即可迅速完成借款申请，完成整个流程不超过10分钟。如此快速的批贷速度，正是基于"极速模式"精确快速的信审系统，"极速模式"通过后台信审模型计算，在借款人提交申请信息的几分钟内，即对借款人的各项信息进行交叉对比，在数分钟内即可完成借款人资质审核，从而极大地提升了批贷速度。庞大的数据库和精准的信审模型，是"极速模式"高效服务的关键所在。

从浩如烟海的数据信息中，甄别出真正有价值的数据，是建立大数据系统的关键，对 P2P 行业而言，如何准确获取能够鉴别借款人资质的数据是核心问题。大数据系统的信息积累，除了抓取用户在互联网上的公开数据外，还必须重视对用户授权数据的充分利用，以"极速模式"为例：

首先，通过借款人提交的信用卡信息，其系统可以快速解析借款人的信用卡使用记录、个人信息、逾期记录等重要信息，而这些信息，能帮助系统对借款人进行初步的信用评级。其次，通过用户授权，该系统还能获得借款人在淘宝、京东等电商平台的交易记录、收货地址、支付宝实名认证等信息，这些数据能直接反映借款人的消费及支付能力，是侧面证明借款人还款能力的有利证据。除信用卡、电商交易记录之外，"极速模式"数据库还对用户在银行、电商网站留存的电话号码进行实名注册等检验，进一步丰富了数据库数据类型，为建立多维度的信审模型提供有力保障。

2. 大数据驱动的精准获客

互联网丰富多彩，但作为成功的商业模式，其核心之一就是流量和广告。区别于电视、报纸和户外等传统广告，互联网媒体面临的是极度碎片化和非常大量的访问数据。大数据的处理能力是精准互联网广告的基础，也是一个现代企业营销活动的核心能力。

作为宜信公司互联网营销的基础，大数据创新中心需要对互联网世界中的客户、潜在客户和普通访问者的数字足迹进行标记，进而对连续的足迹（亦称访问行为）进行数据挖掘和分析处理，通过分析结果，对每一个访问者推送对其有特别关联性的产品或者服务信息。宜信的营销努力使广告不再是信息垃圾，而是对每个人的尊重和个性化服务，并在潜在客户和公司的金融服务之间，架设用数据支撑和驱动的互动桥梁。访客足迹数据的追踪系统、行为分析、定向和信息推荐系统、潜客信息的竞价分发系统是这个桥梁的支撑。而宜信公司每年大规模的互联网广告投放和营销实践，保证了这些系统可以真实地连接客户与业务，为公司创造出色的盈利能力。

相比传统的单方向通过媒体向客户灌输产品功能的营销方式，宜信需要的是科技＋数据＋营销的综合。互联网的世界，一切皆可数字化。大数据驱动的营销就是数字化世界中一首完美的协奏曲。

3. 大数据实时授信平台

大数据实时授信平台通过互联网数据、第三方数据和内部数据分析客户的信用状况和欺诈风险，实施估计授信额度、检测欺诈风险，或者辅助非实时业务进行信用及欺诈风险的评估。

一切数据都是信用数据。在互联网时代，是时候告别复杂的表格和漫长的柜台等待了。通过挖掘互联网上日益增长的海量数据，宜信可以快速分析跟踪客户的信用与风险，为其他业务提供实时的决策支持和 $7×24$ 小时的跟进管理。通过大数据，信用可以方便而快捷地变成价值。

宜信的商通贷就是大数据实时授信的结果，从申请、信用审核，到放款、还款，全部线上完成，更是在业界创新地利用店铺平台交易数据、用户评价等信息，在几十秒内即可完成借款额度的预估。仅需一张身份证，即可享受从未经历过的极速借款体验。宜信的数据源不仅来自交易平台，还来自上下游的第三方独立数据，如支付平台、ERP 服务商、物流公司等，从而多维度、多视角地对商家进行综合风控评定。大数据实时授信平台模型如图5-3 所示。

通过建立准确有效的信审系统，进行有力的风控管理，是信审管理的核心，规范的信审系统不仅能够提高信审工作的准确性，更能帮助资质优秀的用户以更快的速度获得服务。而上文所提到的"极速模式"也是凭借宜信公司八年风控经验，通过将用户信用卡电子账单数据、电商数据、社交关系数据以及信用卡防前端欺诈数据汇总，交叉验证形成风控机制，进而计算出每一个用户的风险评分，最终判断能否对借款人进行放款。

4. 基于知识图谱的信用搜索

在信息社会，我们用技术消灭消息的不对等；在信用社会，我们相信人

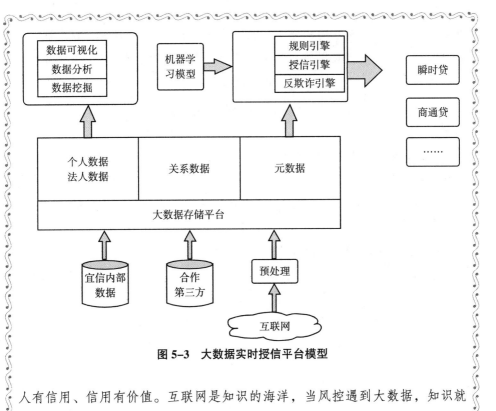

图 5-3　大数据实时授信平台模型

人有信用、信用有价值。互联网是知识的海洋，当风控遇到大数据，知识就有了力量。我们已经进入了一个互联网时代，无论是企业还是个人都在网络中留下了自己或多或少的足迹。基于知识图谱的风控搜索引擎就是通过爬虫技术，将个人和企业的数据从互联网中采集下来，通过知识图谱的方式将信息结构化，逐渐还原一个企业和个人的原貌。最后通过搜索引擎技术提供企业和个人的信用数据查询，可以广泛地应用于贷前、贷中、贷后的各项风控环节，有效地控制系统风险。相比于传统的知识图谱，宜信不仅满足于获取诸如比尔·盖茨或者乔布斯的数据，还需要获得任何在互联网中留下足迹的普通大众的数据。数据往往存在于长尾之中，因此对数据获取的广度和对知识抽取的精度都提出了更高的要求。更进一步，宜信将会对知识图谱做深入的挖掘，将零散知识进行合并，验证与相关的知识有没有矛盾之处，从相关的知识扩散 N 层来获取更广泛的知识，并且从这些知识出发设计出问题，从而防止欺诈的发生。

　　传统信贷途径所面临的问题中，人员不足、经验欠缺等都只是表象，归

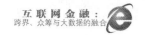

根结底是在审核人员对用户进行信息收集、信息验证等环节中，存在过度依赖人力的情况。用大数据的方式解决传统信贷中存在的问题，一方面可以解决人力依赖问题；另一方面可以客观地综合评定用户信用等级。

对大数据技术的实践，是 P2P 行业进行业务创新的极大创举，在激烈的市场竞争中，只有拥有先进技术和优质服务的 P2P 公司，才能获得用户的认可。"极速模式"作为 P2P 行业借款服务技术创新的"领头羊"，为后续的 P2P 行业创新者起到了极佳的示范作用。随着互联网技术的不断发展，将会有更多更先进的技术为 P2P 行业所接受和利用，对行业技术革新产生更大价值。

资料来源：作者根据多方资料整理而成。

第六章

互联网金融的未来

章首案例：

联通：引领移动运营商的互联网金融

最近运营商跨界金融合作，或者进入O2O金融领域似乎成了一种时髦，从电信到联通，连番上阵。最近声势浩大的联通、百度、富国基金合作"沃百富"，就一下把运营商拉到了金融领域前台。更值得一提的是借助"沃百富"，联通和百度实现了线上线下的充分融合，在O2O领域试图突破。

作为中国最大的电信运营商之一，中国联通布局移动互联网和互联网金融具有得天独厚的优势。同时，通过与金融机构合作进入互联网金融领，与银行合作进入移动互联网金融领域，互联网巨头合作实现O2O，甚至与金融机构合作成立互联网研究机构等，联通在互联网金融领域已经布下大棋局。

1. 联通的互联网金融布局

早在2010年11月，招商银行和中国联通就进行了手机业务合作，并联合发布了招商银行iPhone版手机银行。

2012年11月，联通与招行合作推出了"手机钱包"——"联通招行手机钱包"的信用卡手机支付产品。这是国内首款基于SWP-SIM卡模式的手机支付产品，实现了真正意义上的"3G手机支付"。根据安全支付芯片在手机中的不同位置，常见的手机NFC移动支付实现方式包括：SD卡模式（安

全支付芯片放置在手机 SD 卡中）、全终端模式（安全支付芯片放置在手机终端中）和 SWP-SIM 卡模式（安全支付芯片放置在手机 SIM 卡中）。

2014 年 5 月，深圳联通与安信基金推出"话费宝"产品，这被业内认为是公募基金与移动运营商推出的首个"宝宝类"产品，类似于将沉淀的话费购买货币基金，属于话费"余额宝"。

2014 年 6 月初，中国联通与招商银行子公司共同注资成立深圳联招信息科技公司。这也是国内首个"银行+运营商"股权结构的信息科技（IT）公司，主攻互联网金融创新。

2014 年 6 月 6 日，中国联通与百度、富国基金联合推出"沃百富"理财产品，涵盖了上述话费宝，还将预存话费送手机中的预存话费进行高收益理财，到期后返送手机用户等。联通的线下客户与百度的线上高度融合，正式进军 O2O。

"沃百富"操作简单，凡是广东联通用户冻结一定时间的购机、预存话费资金，就可享受理财收益。同时，用户还可像投资众多互联网金融产品"宝宝"们一样，1 元起投，而其收益率也超同类产品。就在互联网金融收益大幅滑坡的今天，联通"沃百富"却表现出色。在 2014 年 7 月互联金融收益不断下降时，联通"沃百富"的 7 日年化收益高达 5.6%，远超阿里巴巴余额宝。

2. 与其他两大移动运营商的 PK

运营商进军互联网金融并不是只有联通一家，中国移动、中国电信相继推出的"和聚宝"和"天翼宝"与联通的"沃百富"形成分庭抗礼之势。

表 6-1　三大运营商互联网金融产品横向对比

对比项目	和聚宝	天翼宝	沃百富
所属运营商	中国移动	中国电信	中国联通
发布时间	2014 年 8 月 13 日	2014 年 3 月 28 日	2014 年 6 月 9 日
合作企业	汇添富、聚宝贷	民生银行、上海银行	百度
是否有移动端	是	是	是
主打优势	自动充话费、0 元购机、信息购机、流量特惠	操作简单、灵活便捷、渠道便利	现财更赚钱、手机免费拿、靓号免费选、大片免费看、百度大礼包
托管费	0.04%	未标明	未标明
年化收益率	4.52%	5%~7%	6%

从表 6-1 可以看出，中国联通使用的是交互式营销金融模式，通过交互式营销，充分借助互联网手段，把传统营销渠道和网络营销渠道紧密结合；而中国移动和中国电信在使用模式上相对比较保守，只是用现有用户导入到联合开发的基金账户，其消费金额在自身产品的融入上其实并不多。

从对比中可以看出，中国联通在"沃百富"的运营上做了比较深度的产品植入，而中国移动和中国电信的互联网金融产品在自身业务和产品上的植入并不多。

从使用规范来看，中国电信和中国移动的使用账户是独立于手机账号以外的资金账户，它们的资金存于基金的账户中，关于产品的业务使用类似于网银的支付形式，在附属的产品营销上，中国移动和中国电信也做得比较简单。

而中国联通的金融产品比较深入地植入产品的业务当中，其业务模式一般都是使用产品和业务捆绑的模式进行，在资金本身的限制度上比较高，不符合金融产品自由、灵活、便捷的特性。

3. 打造"流量银行"

2014 年 11 月 25 日，2014 移动互联网流量创新峰会在北京召开，作为主办方的中国联通正式推出了流量创新经营产品"流量银行"。这是联通在互联网金融领域上的又一创新。

随着 4G 时代的到来，用户流量将达到 G 级，联通的运营模式也要随着用户体验而变化。中国联通将"流量银行"定义为：一个针对 3G、4G 用户的流量管理与交易平台；同时也是一个为企业用户提供精准、高效营销服务的推广平台。中国联通"流量银行"还打破了传统的运营商界限，所有运营商的用户都可以参与其中，真正实现了无障碍的跨平台运营。

中国联通称，用户只要下载 APP 或登录网页版使用"流量银行"，就可以随时查询、存取和购买流量等服务，富余流量还可以转赠他人。此外，用户还可以参加流量平台上的企业推广活动，随时随地免费赚取流量，自己的流量自己掌控。未来，用户甚至还可以将第三方积分（如信用卡积分、超市会员积分等）与流量相互兑换，用流量来进行购物结算，真正实现流量的货币化功能。

对于企业客户来说，"流量银行"是其有力的营销制胜利器。"流量银行"为企业提供了庞大的、高质量的、真实的用户平台，为企业用户扩张和精准营销提供了先决条件。入驻"流量银行"平台的企业，可以通过设计各种创新营销推广活动，吸引用户积极参与互动和分享，提升企业推广效率。而流量货币化所带来的流通、支付、积分兑换功能，也使企业的增值服务更受用户青睐。

另外，中国联通也为合作企业提供基础技术和大数据服务，通过用户的地理位置、终端类型、消费水平、浏览习惯等数据，分析预测消费者的社会属性、兴趣偏好、消费能力等，帮助企业快速找到大规模、高质量、有价值的目标用户群体，有效评估营销推广成果。

中国联通方面称，将通过"流量银行"平台创新流量经营模式，打造并优化流量生态系统，为广大用户和企业带来前所未有的流量体验和推广机遇。

目前消费者对手机流量的需求水涨船高，流量经营在运营商业务中的比重也越来越大。联通"流量银行"的推出正好迎合了消费者对移动流量的需求，也进一步打破了传统的运营商界限。

资料来源：作者根据多方资料整理而成。

伴随着科技的发展，金融形式日新月异，从网银到第三方支付，从国际电汇到电子商务，甚至手机支付、网购保险、网上小额贷款、大数据金融……互联网与金融服务的融合日益加深，互联网金融大概可以分为三个层次：替换、优化和创新。从目前情况来看，移动化、大数据金融、金融脱媒、普惠金融、无现金化将是互联网金融的未来方向。对于大数据金融，我们在上一章已专门讨论过，那接下来就浅谈一下关于互联网金融未来的其他几个话题。

一、移动互联网金融

随着互联网内容和应用的逐步丰富，3G、4G通信技术的快速发展，智能终端目不暇接的换代更新，移动互联网时代已经带领我们大步前行，有力地改变着我们的行为模式和生活习惯。手机已经成为比钱包还要重要的随身物品。无论是在地铁车厢里还是在聚会餐桌上，你会发现"拇指族"和"低头族"总是埋头盯着手机屏幕。无处不在的二维码广告充斥着街头巷尾，只要掏出手机拍张照片就能完成过去要在网页上进行的一连串注册、购物、支付等烦琐操作。微博、微信这些新兴媒体开始取代电视、报纸、杂志这些传统媒体，成为人们获取资讯和信息的主要渠道。

传统媒体也不得不做出回应，它们以手机客户端和平板电脑客户端的形式推出适配手机和平板电脑这种小屏幕的内容来维系流量，随时将资讯和信息推送到用户的"指尖"。曾经时尚的数码相机、MP3（一种音频播放器）、电子词典、电子书等产品受到冷遇，因为一台功能完整的智能手机足以代替所有。如今，一部中高端手机拍出的照片已经能够和卡片机相媲美，用手机拍摄的视频在社交网络上飞速流转。搜索、即时通信、电子邮件、日历提醒……所有互联网应用几乎不约而同地向移动终端、移动设备渗透和演进，在此基础上叠加的商业模式也层出不穷。通过流量赚取广告收入的网络 1.0 时代早已过去，基于信息分享、社交互动、支付等行为产生的利益模式浮出水面。

移动互联网所向披靡。今天，通信运营商把无线网络铺设到哪里，智能手机就用到哪里，大量的内容和流量就导入到哪里，无限的商机也就追随到哪里。在中国，手机网民的数量已超过 4 亿，其中 1/3 的用户每天用手机上网的时间超过了 1 小时。这当然也加速了移动应用的繁荣，平均每小时就有 55 个新手机应用上线，中国已成为全球第二大移动软件应用市场。

伴随着通信基础设施的进步，参与移动互联网活动的门槛也变得很低。一台价格低至数百元的智能手机就能够大大提高人们上网的便利性，这对那些偏远农村地区的居民、农民进城务工人员和低学历群体而言尤其重要。微信、微博商圈已经见怪不怪，许多地方的出租车司机都开始通过微信、微博这样的社交软件来接揽生意。每月 20 元人民币的手机上网流量费，使他们与年轻潮人一起站在了同样便捷的信息平台上。移动智能成为生活的一部分，上网、娱乐、学习、购物，一部手机就能搞定。

近几年，门户已经出现下滑，移动互联网的大潮已经形成非常大的冲击，具有互联网特质的互联网金融领域也不能抗拒移动化的潮流。按照移动互联网的发展势头，移动金融会成为互联网金融的大趋势。当前，手机炒股、手机银行、手机支付等移动金融工具成为了人们金融生活中的必备，互联网金融已进入移动模式。

图 6-1　移动互联网对人们生活的影响

就整个移动支付的增长而言，2013 年增长的幅度已经比较大了，2014 年开始更是进入移动支付的争夺战，支付宝、滴滴打车、微信红包、余额宝及各种网络支付工具都在抢移动端的入口，移动支付呈现爆发式增长。

移动支付依靠移动通信技术和设备的发展，特别是智能手机和 iPad 的普及。移动互联网金融业务发展迅猛，根据易观智库数据显示，2012 年中国第三方支付市场整体交易规模达 12.9 万亿元，同比增长 54.2%，其中第三方移动支付市场交易规模达 1511.4 亿元；而进入 2013 年，中国移动支付市场进入爆发式增长阶段，总体交易规模突破 1.3 万亿元，同比增长高达 800.3%。根据 CN-NIC（中国互联网络信息中心）发布的报告显示，2013 年，中国网络购物用户规模达 3.02 亿，使用率达到 48.9%，其中手机购物用户数达到 1.44 亿。2013 年，我国使用手机网上银行的用户规模达 1.17 亿，较 2012 年增长 1.16 倍；网上使用手机支付的用户规模达 1.25 亿，较 2012 年增长 1.26 倍。手机网络商务应用，如网络银行和网上支付等使金融产品交易随时随地进行，可以实现供需双方直接交易，并且交易成本较低。例如，股票、期货、黄金交易、中小企业融资、民间借贷和个人投资渠道等信息能快速匹配，各种金融产品能随时随地交易，极大地提高了效率。

支付宝晒 2013 年数据：移动支付 9000 亿元

刚刚进入 2014 年，支付宝随即发布数据：截至 2013 年底，通过支付宝手机支付完成了超过 27.8 亿笔、金额超过 9000 亿元（1500 亿美元）的支付，支付宝已成为全球最大的移动支付公司。

数据指出，支付宝实名制用户已达 3 亿，在过去的一年使用支付宝共完成了 125 亿笔的支付。其中，超过 1 亿人将主要支付场景转向支付宝钱包。

据悉，2014 年春节期间支付宝手机支付超 1 亿多笔，手机支付占所有支付宝支付的比例高达 52%。春节 7 天内，5000 多万支付宝用户用手机完成了购物、生活缴费、信用卡还款、购买余额宝等从生活到理财的方方面面的行为。

不过，值得注意的是，当支付宝在享受其移动支付的大餐时，微信支付正在悄悄崛起，支付宝的市场地位正面临被撼动的威胁。阿里巴巴董事局主席马云也在春节期间为微信抢红包的推广策略所震撼，并表示这是一场"珍珠港"式的偷袭，计划和执行都相当完美。

资料来源：https://www.alipay.com/.

随着 Wi-Fi、3G、云计算等技术的发展，互联网和移动通信网络的融合趋势非常明显，移动支付将与银行卡、网上银行等电子支付方式进一步整合，真正做到随时随地和以任何方式进行支付。随着身份认证技术和数字签名技术等安全防范软件的发展，移动支付不仅能解决日常生活中的小额支付，也能解决企业间的大额支付，替代现金、支票等银行结算支付手段。如今，通过移动互联网和我们手中的智能手机，支付、缴费、网购、微信支付、送红包、理财都可以轻松实现。

同时，为了满足移动互联网时代的金融服务需求，移动互联网金融产品亦在不断地创新。可以看到，移动互联网与传统金融行业的渗透正在加快，各种新业务、新服务不断推出，成为移动互联网金融发展的一大亮点。随着 3G、4G 网络不断完善，智能终端已经普及，移动互联网与金融业融合步伐进一步加快，在产业链的共同努力下，各种移动互联网金融创新产品和服务层出不穷，移动支付、手机银行、微信理财、微信支付、二维码支付、虚拟信用卡、微信银行等不断推

出，呈现出旺盛的生命力。尤其是传统金融机构，以百度、阿里巴巴和腾讯为代表的互联网公司以及基础电信运营企业积极布局移动互联网金融，加大创新力度，新产品、新应用不断涌现，很好地满足了广大用户的金融服务需求。例如，百度理财推出了百发和百赚两款产品，腾讯 2013 年 11 月推出微信支付业务，2014 年 1 月 22 日腾讯微信移动理财平台理财通正式上线，首日收益率达 7.394%，为了吸引用户，腾讯派发总额达 1000 万元的红包，与阿里巴巴的余额宝展开正面交锋。

从市场上来看，越来越多的公司正在布局移动互联网金融，推动移动互联网金融创新发展。在移动互联网迅猛发展的今天，传统金融机构、互联网公司、基础电信运营企业纷纷利用自身优势，不断推出移动理财和移动支付产品，互联网金融的"战场"正逐渐转移到移动互联网上，这有可能会引发新的创新浪潮。

自 2013 年 7 月招商银行推出首家微信银行以来，我国各大银行迅速跟进。目前，已经有工行、农行、交行、中信、平安、浦发、兴业等多家银行相继开通微信银行。2014 年 5 月，中国电信与渤海银行签署合作协议，积极布局移动互联网金融，合作后，将为广大消费者提供更加方便的手机支付、话费充值、生活缴费、在线商城、掌上理财、娱乐在线、商务旅行等线上线下服务，还将体验直销银行等创新业务。阿里巴巴于 2013 年 7 月终结 PC 端支付宝用户转账免费的策略，率先布局移动支付，上线手机端支付宝钱包。支付宝钱包内置了余额宝，大打"开放"牌，将 8 亿注册账户全面开放给第三方应用，并新增应用中心，允许接入的第三方应用出现在首屏上，如今，从 PC 端转至手机端的支付宝用户超过四成。除了互联网巨头外，P2P 网贷平台也不失时机地布局移动金融市场，如宜信推出了借款 APP。国内三大电信运营商通过产业合作，发挥运营商品牌、用户规模、3G/4G 网络等优势，积极布局互联网金融，大力拓展移动支付（如中国电信的翼支付）、互联网理财（如中国电信的天翼宝、中国联通的话费宝和中国移动的和聚宝）、供应链金融（如中国电信的天翼贷）等互联网金融领域。除了传统金融机构、互联网公司以及电信运营商积极进入移动互联网金融领域，许多新兴的创业公司也凭借各种创新解决方案进入移动金融领域。

二、互联网金融的"脱媒"

互联网金融到底改变了什么？从余额宝到 P2P，从众筹到比特币，由于技术层面的升级，人们开展金融活动的行为正在发生改变。在金融专业领域，"金融脱媒"这个词更为精确地反映了当前金融系统所发生的变化。从银行到券商，再到保险和基金，互联网金融并不只是互联网营销那么简单，而是真真切切地反映了金融的发展与创新、进步与改变。

2012 年 10 月 18 日，阿里金融旗下 1 亿信用贷款在抛出七五折利率优惠后，36 分钟内被商家"抢"完，而发放此次贷款的经营成本基本可以忽略不计。而同样的贷款需求，即使选择银行中最便捷的贷款产品，企业主也要在提交抵押材料之后经历 15 天才能拿到资金，互联网金融力量之强大由此可见一斑。尽管在支付宝官微上高调声明阿里不做银行，但是阿里金融确实是"抢"了银行的活儿，且不经过银行的"同意"。而近两年 P2P 贷款行业日益火爆，似乎直接和银行业务产生了竞争，出资人和贷款人可以绕开银行渠道，直接通过 P2P 平台理财和融资。据不完全统计，目前全国网络借贷平台已超过 300 家，2013 年以来全行业的成交量高达 200 亿元。有评论认为，这一互联网金融创新模式"直接动了银行的奶酪"。

近两年，随着以互联网为代表的信息技术的飞速发展，新一波金融脱媒浪潮正在袭来，主要体现为大量非金融机构向金融消费领域的渗透。一方面，电子商务所具有的信息爆炸、信息透明、低成本等特征使交易各方能更有效地获取信息，增强金融消费者的主动性和自主性，从而降低对金融中介在信息提供方面的依赖；另一方面，互联网技术的发展，使得非金融机构能以较低的成本快速进入金融服务领域。因此，包括 P2P 和众筹在内的互联网金融创新之所以能够在近期如此火爆，事实上也是符合了金融脱媒的大趋势和内在逻辑。

"脱媒"一般是指在进行交易时跳过所有中间人而直接在供需双方间进行。所谓金融"脱媒"是指在金融管制的情况下，资金供给绕开商业银行体系，直接输送给需求方和融资者，完成资金体外循环。随着经济金融化、金融市场化进程的加快，特别是互联网金融的出现，商业银行作为主要金融中介的重要地位在相

对降低，储蓄资产在社会金融资产中所占比重持续下降。

　　这两年，关于金融"脱媒"的呼声越来越高涨，其实金融"脱媒"在国内已经历了两个快速发展阶段。一是20世纪90年代，证券市场突飞猛进，家庭金融资产构成从以银行储蓄为主转为向证券资产分流；二是近五年来，利率市场化和金融管制催生的影子银行，拓展出大量的直接融资模式。而互联网金融可看作"脱媒"的第三波浪潮，"脱媒"也是互联网金融的重要特征和趋势。在互联网金融时代下，存钱有余额宝，借钱有P2P和众筹，消费有支付宝、财付通，甚至转账也可以通过第三方支付公司实现，银行似乎成为了一个旁观者。

图 6-2　P2P 平台实现投融资直接对待

　　更为可怕的是，社交网站也可能成为资金融通的渠道。"以 Facebook 为代表的互联网金融形态，将影响到将来银行的生存。"马蔚华在 2012 哥伦比亚大学中国企业研究中心（CBI）全球高峰论坛上的一席话，曾引发业内外广泛关注。马蔚华认为，以支付宝、微信支付为代表的互联网第三方支付已经削弱了银行作为社会支付平台的地位，而以 Facebook 为代表的社交网络拥有大量实名用户，未来可以在内部完成资金供需。借助互联网技术，内部资金市场可以达到无金融中介状态，还能做到低廉、高效，这威胁到银行赖以生存的"存贷中介"的根基。而这也是未来互联网金融公司需要做的。

　　银行是最可靠的"存钱地方"，这种思维可以说在人们心里已经根深蒂固了，然而当互联网金融出现之后，虽然时常发生互联网金融公司跑路、倒闭等事件，但为什么人们仍然义无反顾地将钱投入到互联网金融中呢？笔者认为，互联网金融的收益性、流动性和便利性是其主要原因，这也是银行脱媒的主要驱动因素。首先，收益性是存款脱媒的最核心驱动因素之一，以余额宝、投融贷为代表的互联网金融创新产品均能提供远远超越银行存款的收益，成为围剿银行存款的利器；其次，流动性驱动存款脱媒，以余额宝为代表的货币基金在流动性上拥有监管红利；最后，便利性驱动存款脱媒，随着网银及移动互联网技术的快速发展，货币基金可在互联网应用场景实现网购、自动还款、生活消费等功能，便利性逐步赶上甚至超过存款。

同时，另一个银行脱媒的主要原因是选择范围的变化。在过去，客户是某个证券公司或银行的客户，选择范围小，机会成本高；而现在，客户是互联网的客户，选择更多了，可以通过社交网络、搜索引擎、移动支付等技术手段，最便捷、最有效地满足自身的需求。这样，证券公司和银行的作用也就降低了。

互联网金融可看作"脱媒"的第三波浪潮，而"脱媒"更是互联网金融未来的趋势。"脱媒"的互联网金融在未来金融创新发展中扮演着鲶鱼角色，将改变商业银行的价值创造和价值实现方式，重构已有融资格局。更为重要的是，它将带来全新的金融理念。

三、关于"平民"金融的几个话题

关于"平民"金融，就是每个人，不分种族、不分地区、不分贵贱、不分地位、不分职业，都能够享受到金融服务，都有参与金融活动的权利。这是一个美好的愿景，在互联网金融出现之前，这也是一个不太现实的"奢望"。而互联网金融出现以后，这一"奢望"变成了现实，只要一部智能手机，所有人都可以享受到平等的金融服务。"平民"金融，是互联网金融的特征，也是互联网金融的趋势。而接下来，我们就要讨论互联网金融这一趋势的几个话题——长尾市场、普惠金融、民主金融。而在这之前，我们有必要先说一下金融排斥这个话题。

1. 金融排斥

金融机构是以谋取投资者利益最大化而进行市场交易的。在资本逐利的目标

约束下，商业金融机构往往会把处于弱势地位的低收入消费者排除在服务对象之外。

金融排斥（Financial Exclusion），也译作金融排除或金融排斥性，从 20 世纪 90 年代中期开始正式使用，是西方金融地理学向社会文化转向的产物。较早的金融排斥是指在一些发达国家政府管制放松、信息技术广泛应用的条件下，金融业出现新的发展空间，金融机构为降低成本、增加利润，将一些中小城市的分支机构关闭，导致相对落后的地区缺少金融机构。随着金融排斥研究的深入，金融排斥的概念不断丰富，至今，仍没有一致的、确切的概念。有人强调金融排斥是特定人群被排斥在金融服务之外的过程。我国学者认为，金融排斥是一个多维度的动态复合概念，它主要包括以下维度：地理排斥、评估排斥、条件排斥、价格排斥、营销排斥和自我排斥。

地理排斥是指被排斥对象由于无法就近获取金融服务，不得不依赖公共交通系统到达相距较远的金融中介；评估排斥是指主流金融机构通过风险评估手段对经济主体施加的准入限制；条件排斥是指对经济主体获取金融产品的附加条件不尽合理；价格排斥是指金融产品价格过高并超出了某些主体的偿付能力，从而将这些经济主体排斥在外；营销排斥是指主流金融机构的目标营销策略，往往会将某类人群有效排除；自我排斥则与被排斥主体的自身经历和心理因素相关，被排斥主题自身感觉难以享受到某一金融服务而主动自我排除。

金融排斥现象首先在美国被观察到，但在英国得到了高度的重视。随着 20 世纪 90 年代以来的管制放松、信息技术发展及全球化，英美等发达国家的金融业发展步入了新的时代，但同时 20 世纪 90 年代的萧条和金融危机也使银行业开始注重"价值最大化"目标，进入了"为质量而战"的竞争中。各金融机构不断细分市场，搜索那些更"安全"的市场，即更偏向于那些有影响力的、有权力的群体，而将那些贫困的、处于劣势的群体分离出去，并关闭了一些其在农村及边远地区的分支机构，导致这些地区的金融机构缺乏，从而产生了金融排斥。

其实，金融排斥由来已久，贫困者和低收入者如何获得金融服务始终是个难题。贫困者和低收入者尤其是农村地区的贫困者，总是缺少足够的途径或方式接近金融机构，在利用金融产品或金融服务方面也存在诸多困难和障碍。目前金融排斥问题的研究主要集中于发达国家，近几年，我国学者开始重视对金融排斥的研究，但研究重点多集中在农村金融服务方面，对企业这样的商业社群涉及甚少。

2. 长尾市场

在本书的第一章就提到过关于银行业的二八定律，即银行服务的大客户属于二八定律里"头部"的 20%，这 20% 的 VIP 占有 80% 的金融需求量，而互联网企业争取的小微客户属于二八定律里 80% 的"长尾"，特点是人多、钱少。

金融长尾市场包含大量"微不足道"的用户和需求，对该市场的关注意味着这些此前无法享受金融服务的人也开始拥有获取服务的潜在机会，这些人在以前往往是属于金融排斥群体，而互联网金融争取这些"微不足道"的客户，具有典型的普惠意义。

金融由只关注 20% 的共性需求到开始关注 80% 的个性需求，说明我国的金融行业开始由粗放式发展向集约式发展过渡，这一转折可类比于电子商务对于物流业、制造业的改造。依靠创新性思维和技术创造增量市场、人气和效益共赢是互联网企业给传统金融行业上的最重要一课。而现在看来，互联网金融最大的贡献就是它催发并促进了这一发展模式的转变。

这一切源于互联网企业对金融长尾市场的发掘，是创新、平等、普惠等互联网精神在金融领域的投射。拥抱了这些精神的金融即可称为互联网金融，而不必拘泥于它的主体是互联网企业还是传统金融机构。至于未来属于谁，我们无法定论，但是存在这样的可能：二者逐渐合流，最终融为一体。

在过去传统银行的眼里，弱势群体的需求是小众市场。小众市场比较分散，只能靠柔性的服务，把这些碎片化的需求聚集起来，如今互联网恰恰提供了强大的技术支持，解决了大银行做不到的事。

根据长尾理论，过去传统银行往往追求大规模和大效益，总是把资源集中在对其利润贡献最大的"头部"领域，管大不管小，对小额业务等"尾部"领域，因其成本风险与收益不匹配而不愿涉足，但正是这些"尾部"领域为互联网金融提供了巨大的市场空间。最简单的一个例子就是阿里可以将长尾市场中可利用的"碎片化"资金投入以前只有大量资金才能参与的项目，获取较高的收益。这种资金的"碎片化"是互联网金融的重要特点之一。若把网民的"碎片化"资金以某种方式整合起来，将形成规模巨大的长尾市场。据阿里介绍，支付宝平均每个账户的余额仅有几百元，余额宝的目的在于将这些"散钱"聚集起来。余额宝上线后，18 天累计用户数达 251.56 万，累计转存超 66 亿元。这也是互联网金融长

尾市场最为确切的体现。

另外，移动互联网时代将信息和上网时间等众多东西"碎片化"，若将碎片化的东西聚集起来，就能汇集成巨大的商业价值。例如，据 CNNIC 调查显示，虽然手机上网"碎片化"特点突出，但中国手机网民平均每周上网时长已达 11 个小时，若乘以手机网民规模 4.64 亿，手机每周上网时长总计已超过 50 亿个小时。一旦移动互联网与金融结合起来，将能产生的金融利基产品种类的长尾比我们想象的要长，并能体现出广泛性与个性化，如何有效地开发这条长尾，形成规模巨大的长尾市场，是未来移动互联网金融所需要考虑的问题。

客观地说，传统金融在服务平民方面存在相当的不足，这有它合理的一面。根据建设银行私人财富报告，2012 年，占中国总户数仅 0.4% 的高净值家庭（可投资资产大于 600 万元人民币）所持有的资产，占到了居民总资产的 45%。显然，将服务聚焦于这些高净值人群，会给金融机构带来最好的回报。但随着金融服务的提供成本因为互联网而降低，那些低净值平民事实上也成为了可被深挖的客户。类似的，之前难以享受金融服务的小微企业也可以变成金融机构的增长点。这些长尾客户虽然单个资金量有限，但数量庞大。谁能够利用互联网抓住这些金融服务的长尾客户，谁就能够在互联网金融发展中更快地扩大规模，在争夺金融中心的竞争中抢占先机。

3. 普惠金融

互联网金融开启了一个属于大众的投资理财时代。新的技术与商业模式不断降低着投资者的门槛，1 元可以买基金，50 元可以放贷款，几万元就可以做一名天使投资人。以往信息不对称的投资领域，正在变得更加透明而开放。

真正的互联网金融，并不是简单地把金融移到互联网平台上。其真正的意义在于用先进的互联网技术手段降低金融服务成本，改进服务效率，提高金融服务的覆盖面和可获得性，使得边远贫困地区、小微企业和社会低收入者能够获得价格合理、方便快捷的金融服务，使得人人都有平等的金融参与权。

互联网所具有的公开透明特性能够降低信息不对称，从而减少交易成本，这使得互联网金融具有天生的普惠属性，对于推进金融体系的扩大化、平民化和人性化，实现普惠金融具有重要意义。首先是能以资金供给方作为一种高效率的渠道解决"人人享有平等投资权"的问题。互联网的时空压缩特征使得交易不再受到地域和时间的限制，且互联网边际费用极低的特性使其天生运营成本较传统渠道低得多。

互联网金融适合服务长尾客户，减少金融排斥，从而对传统的二八定律提出了挑战，如余额宝等通过互联网渠道销售的基金理财产品1元起售迅速集聚大量客户就很好地说明了这一点。同时互联网上的金融交易减少了对实体机构网点的依赖，大幅度降低了网点建设、运营所需的费用。

"小白"们的春天

刚大学毕业的小A觉得，自己现在比上学时候更"穷"了，能拿出来的现金不超过1000元，其余的都放进了"余额宝"，换取年化6%左右的收益。

刚开始工作几个月后，小A手里的存款终于破了五位数。她去"知乎网"上提问："刚工作的收入和积蓄怎么理财才好？"几乎所有人的回答都是，理财产品至少5万元起售。既然够不上边，还是放余额宝里吧，第一个月工资就是这么处理的。

每天起床后，小A最惦记的是手机APP上显示的昨日收益。"钱在哪儿不是放呢？一天赚2元钱也比没有强。"每天看收益的增加，有点像一种让她上瘾的养成类游戏，体验进步的那一点点。

但就是这每天增加的2元钱，却激发出了像小A这样的小白领的巨大理财投资需求，推动了一场互联网大众投资的狂欢。参与者大都是通常认为的"理财小白"，他们正是被银行、基金公司主动放弃的群体。现在，"小白"们也等来了春天。

余额宝推出半年后，基金规模已经超过了2500亿元，客户数超过了4900万户，成为国内最大的一只基金。按1:6.1的汇率计算，相当于409.84亿美元，在全球货币基金排第14位。2014年的前15天中，平均每分钟就有300万元资金流入余额宝。它就像一个不断滚动的雪球，究竟能膨胀到多大，谁也说不清楚。

作为天弘基金副总经理、余额宝项目组组长，周晓明格外认同马云的观点——"主宰非洲草原的不是狮子，而是土壤里的微生物。"那么在投资理财领域，蚍蜉为什么不能撼大树？互联网技术的发展与应用，恰恰创造了一个

聚沙成塔、以小博大的机会——互联网边际成本递减，用户越多，成本越低，甚至趋近于零。在这个意义上，客户的门槛可以无限下降。

天弘基金也从来不讳言设计产品的平民立场，他们认为"平民"与"草根"才是互联网金融的方向。"所有的基金都是1000元起购，我们改成了1元钱起购。即使你只有1元钱，你也有理财和投资的权利。"

余额宝运行不久，就在自己的微博、微信平台启动了名为"微快乐播报"的活动，让用户自己播报余额宝的收益，晒幸福。迄今为止，参加过的用户有港口工人、驻港部队退伍兵、农民工、养鸡场工人、幼儿园老师、机关公务员、大学生等，其客户群体覆盖面广泛，是典型的普惠金融。

资料来源：作者根据多方资料整理而成。

传统银行业等金融服务机构受制于银行网点的局限性，服务范围和对象都是极其有限的。而互联网金融通过其本身优势，无地域限制地扩展其业务范围。用户只要拥有网络就可以享受到互联网金融的服务，这种金融服务可以延伸到每一个互联网所覆盖的地区，使得大众群体都可以享受便捷灵活的金融服务，这就是"普惠金融"。尤其是互联网金融为那些被排挤在传统金融机构门槛之外的、相对弱势的组织和个体需求者提供了不可取代的服务，为其开拓了融资渠道，虽然互联网金融模式服务的对象依然是传统的政府、企业和个体范畴，但其包容性和普惠性则是传统金融模式所没有的。

十八届三中全会提出了普惠金融的概念，这个理念和互联网服务客户"用户至上"的理念是非常契合的。也就是说，普惠金融是整个互联网金融的方向。

互联网金融发端于民间，来源于网络创新，一定程度上具有"草根金融"的特征，如果下一步能稳健有序地发展，有望为解决普惠金融发展中的障碍提供突破口。

第一，互联网金融可提供低成本、商业可持续的普惠金融服务。由于业务在网络上进行，免除了营业场所所需的成本，而且计算机系统的自动分析处理也能够减少人工成本，那些在传统金融环境下无法盈利的业务，可以在互联网金融环境下实现商业可持续发展。

第二，互联网金融可以通过金融创新减少金融的负外部性。当前对于金融业在不少方面还存在管制，如利率市场化未完全实现，这种定价机制使得金融产品竞争不充分，为金融机构的高额利润预留了空间。而互联网金融产品创新使用网络货币基金的形式，为客户提供了比传统金融机构收益更高的金融产品，一定程度上减少了金融的负外部性，做到了让利于民。

第三，互联网金融可提供便捷、广覆盖的金融服务。互联网业务的一个特点就是便捷和广覆盖，可以有效地提高服务质量。电商业务就是比较成功的例子，在某些方面改变了购物的模式，如通过网络购物，小城镇居民同样也可以选购到众多价廉物美的商品。这事实上有助于提高小城镇居民的生活质量，缩小城乡差别。从这一点看，互联网业务有助于推进和谐社会建设。借鉴电商成功经验，下一步互联网金融也可以在更广泛的地区提供更广覆盖的金融服务。同时互联网金融也可以发挥网上业务方便快捷的优势，减少用户奔波实体机构所需的时间，减少手工办理业务的烦琐，进一步助推普惠金融的发展。

金融的目的是实现人们生产生活、家庭生活的目标，互联网移动终端只是工具，只是手段。在金融行业日新月异的发展进程中，无论是普惠金融还是互联网金融的模式，其根本都是利用最新的服务模式服务于金融行业的发展和小微人群，以促进实体经济的发展。

4. 民主金融

互联网技术带给人们便捷、高效的互联网应用，金融也随之进入更多百姓的视野。在互联网金融里，我们可以更加自由地去理财、去创业，真正地让更多人享受"民主金融"。互联网金融由于其本质上的"金融"属性，这个行业的发展规律绝不会是"赢者通吃"。

民主金融又被称为金融民主化。关于民主金融，有很多人认为尽量多的人参与金融活动就是民主金融。2013年诺贝尔经济学奖获得者，耶鲁大学的罗伯特·希勒教授有一个最核心的思想，叫作"金融民主化"。什么是金融民主化？那就是金融不再高高在上，不再是银行家们独霸的天堂和银行业颐指气使的舞台，而是每一个民众、每一个消费者都能从中发挥个人价值、实现个人愿望的幸福广场。

希勒教授在《金融与好的社会》一书中写道："对金融进行进一步民主化改造，意味着创造更多为民众所开发的金融方案，运用一些为全民化服务的技术，保证民众能够更明智地参与金融系统。"同时，他还指出要想让金融创造一个更平等、和谐的好的社会，那么就必须促进金融业的民主化，即让更多的人参与金

融，分享金融发展和金融创新带来的好处，而不是将这些好处仅仅限于一些"大亨"身上。

同样地，民主化的金融也可以更好地服务实体经济，特别是作为经济主体的小微企业和普通民众自身。在传统银行主导的金融体系下，普通民众倒是能够接触到金融机构，但往往是资金的提供者，且其提供的资金主要流向国有企业和地方政府，等于穷人补贴富人，特别是在利率管制的背景下，这一特征更加明显。所谓的金融创新产生的新的金融业态，则更加"小众"，参与门槛往往极高，普通的小微企业和民众皆被拒之门外，无法分享金融创新的好处，反而承担金融创新的风险。

希勒教授认为，金融与每个人的联系是维系社会运转的最基础的关系，我们理应通过捕捉金融的力量去为整个社会的福利服务，而且金融本身能起到管理风险的作用，金融民主化有可能会降低不平等程度，会让人类世界变得更好。同时，金融理应更广泛地渗入民众生活中，赋予民众平等参与金融体系改造的权利。他为此开出的"药方"是，建立一个更为完整和开明的金融体系，塑造、恢复本原的金融文化，法律监管要保证从业者良善的行为，还要加深人们对金融运作知识的了解，提供给公众更为可靠的信息，建立合理的机制，把人类本身非理性、非人性的冲动引导成为良性的发展。

民主金融的本质在于破除行政力量和少数大型金融机构对金融权利的垄断，促进市场竞争，提升消费者的权利，使得金融如同其他经济服务一样，回归本质：促进价值交换，优化资源配置，托管社会财富。

因此，要让金融业更好地服务，并实现民主金融，决策层需要考虑的不仅是号召，还需要配套一系列改革，如推进金融机构的多元化，结合民间的力量去改善决策倾向，大量地开设村镇银行、社区银行等微型金融机构。当然，借助现代信息技术的手机银行、互联网金融等，也为小微企业和普通民众分享金融发展和创新的好处创造了部分条件。

民主金融的终极意义在于公平、自愿、民主的金融权利契约。和普惠金融不同，虽然民主金融也体现了平民化、大众化、长尾市场，但民主金融更多体现的是一种金融参与权，甚至是管理权。例如，在互联网金融时代，多个用户可以提交他们的共同需求，在厂商接收并认可该需求后，向定制者收取一定的费用作为押金，待生产完成、用户认可之后进行交易。该模式体现了用户对设计权利的分享和金融机构对权利的让渡。除此之外，互联网金融对民主金融的促进还体现在以网络货币为代表的权利契约革新上。

可以说，普惠金融是对金融排斥的修正，其重点在于扩大金融服务的覆盖率和服务层次，使得人人均可享受服务。民主金融则是源于对权利过于集中的修正，其重点在于深化市场的参与度和改变权利结构，使得人人均能享受金融权利。

当今，互联网技术呈现日新月异的发展态势，便捷高效的互联网平台、APP应用、移动互联网技术乃至社交媒体的出现，让更多人真正意义地开始享受民主金融。互联网金融最吸引投资者的优势之一，在于它使得金融理财服务更加平民化、透明化、标准化。

互联网金融的产生，不止迎合了普惠金融的要求，更是促进了民主金融的前进。互联网金融可以消除地域差距，帮助人们学习，可以协助制定更精确的合同。一些众筹网站鼓励人们进行大众融资，而不是通过大银行或者风投公司获得贷款。人们都想简化金融，但信息技术其实可以让金融实现更复杂的功能，如可以利用大数据来精细计算合同价值等。信息技术和金融的互相融通，让人们的生活变得更好。互联网金融和普惠金融、民主金融存在诸多逻辑上的共同之处，从长远来看，普惠和民主更是互联网金融的发展方向。

四、互联网货币

相对传统金融，互联网金融的变革大致可以分为三类：第一类是平台或渠道的改革，典型的如 P2P 和众筹，这一类其实本质上是并没有改变，只是结合互联网技术将以前线下的业务搬到了线上，包括网络支付；第二类是大数据金融，这不仅仅是渠道或者平台的变革，更是一种商业模式和金融思维的颠覆；第三类是网络货币，这是一种金融形态的变革，货币是金融的本质形态，也是金融的最高形态，当一种货币形态出现后，如果其成长得足够强大，那么对于以往的货币形态来说是一种毁灭性的创新。本书在最后带大家认识一下什么是互联网金融的最高形态——互联网货币。

1. 无纸化货币

要说互联网货币，那还得先从互联网支付和货币无纸化说起。

在科技发达的北欧之国瑞典，电子支付已成为越来越普遍的消费方式。不少瑞典人"身无分文"，但怀揣一张信用卡，乘车、旅行、购物几乎畅通无阻，对此有媒体惊呼：瑞典将成为世界上首个无币国家！作为欧洲第一个引入纸币的国家，瑞典有可能再领"风气之先"，成为普及电子支付的先行者。而之后更是有新闻报道说瑞典欲取消流通实物货币，全面进入电子货币时代。这条新闻听来着实让人眼前一亮，但事实上，电子支付确实已经在瑞典极为普遍。

拉尔森是一名普通的上班族，早晨 7 点 45 分，拉尔森从位于斯德哥尔摩市郊的住所开车至地铁站，在自动计费停车机上刷信用卡，购买一天的停车时间。坐地铁则可以发短信买票，或刷卡购买公交卡。

中午 12 点，午餐时间，拉尔森任意找一家餐厅，刷卡埋单。下午回家路上，去超市购物，刷卡结账。给汽车加油时，把信用卡插入加油机即可。而要支付寄到家中的手机费账单，用网上银行转账即可。晚上 8 点半，拉尔森和朋友去看电影，在影院的自动售票机上刷卡买票。随后又和朋友去酒吧喝酒，继续刷卡。午夜 1 点，喝得微醉的拉尔森从酒吧出来，打车回家，刷卡结账。

这正是眼下瑞典年轻人的典型生活。衣食住行、吃喝玩乐，无需现金，刷卡就行。

电子支付的确已融入瑞典人的点滴生活。在瑞典大多数城市，公交车不接受现金；车票钱必须预付或用手机短信支付。由于一些小公司只接受银行卡，一些银行的分支机构已经完全停止处理现金业务，转而通过电子交易业务来赚钱。连教堂也降低了现金使用率，如在瑞典南部的卡尔古斯塔夫教堂，约翰·提尔伯格牧师最近设置了一个读卡器，以使礼拜者更方便地提供捐献。提尔伯格说："大家已跟我提了好几次，说他们没有现金，但是仍想捐钱。"

随着信用卡支付和网络支付的兴起，无纸化的交易方式越来越受到人们的欢迎。在我国，各种各样的电子支付也是普遍存在于我们的生活当中。

电子支付、信用卡支付、网络支付其实和上面我们所说的一样，是通过互联网技术将线下业务搬到线上，其支付出去的仍然是以元为单位的人民币。而接下来我们要讲的互联网货币，则与无纸化货币截然不同：第一，它是纯线上的货币，无法线下交易；第二，支付出去的货币形态并不是人民币（不包含与人民币相兑换的方式）。

2. 比特币的故事

Bitcoin（比特币）是一种人为设计的电子货币，它不需要现实社会中中央银行或者第三方机构发行，也不需要借由特定网络进行清算。它增长稳定，没有机构能够滥发这一货币，所以也没有通货膨胀的忧虑。随着获取难度的不断增加，比特币的价值也随之一路飙升。

图 6-3　比特币

但就是这样一个天才创造，在短短几年时间里从默默无闻一瞬间变得举世皆知，也引来各种问题和质疑之声。

2008 年 12 月 1 日，一位名叫 Satoshi Nakamoto 的男子向一个匿名的黑客服务器发送了一封研究报告，描述了他所设计并称之为"比特币"的电子货币。这个服务器上的所有资深黑客都不知道此人是谁，能查到的资料也模糊不清。在一份在线注册资料中，他说自己住在日本，但是他的电子邮件地址却来自德国一个免费的服务器上。在 Google 上搜他的名字，基本也没有什么信息。很显然，Nakamoto 只是一个化名。

即便 Nakamoto 的身份是个谜，但他的创造却解决了困扰程序员们多年的一个难题。自互联网诞生以来，许多资深黑客一直想要创造一种电子货币——方便快捷且转账自由，完全不受政府和银行等第三方机构控制。许多人做出过尝试，

但没有一个人能够做出完美而又实用的设计。

电子货币设计的难点，在于如何避免用户重复使用电子货币。假如一枚电子货币只是一段信息，而不是实实在在的纸币或者贵金属，那么怎样才能防止人们像复制其他文档一样，轻易地复制这枚电子货币而无节制地使用呢？比较常见的答案是建立一个中央清算系统，以确保所有交易的实时记账和清算，这种办法能够避免欺诈，但是也需要一个有信誉的第三方机构来管理整个系统。

比特币的设计完全摒弃了这种第三方清算机构的架构，它通过一种叫作"节点链"的方式来产生。一般来说，用户如果希望获得比特币，他必须通过自己的电脑运行特殊设计的软件来运算程序，通常一个程序的运算需要网络中大量的计算机参与。例如，运算一个常规程序（这一过程可形容为"挖矿"）可以生成 50 个比特币，那么参与运算的每台电脑，都可以根据其贡献程度的大小分得相应的份额。因此，每一个比特币所包含的信息，都能清晰地显示其产生的全过程，而这个过程是独一无二的。

在比特币产生后，一旦有交易发生，程序会将这枚比特币的信息发送到整个网络，由网络对该枚货币的真伪做出鉴定。比特币系统对于货币总量增长的速度是有限定的，目前的速度大约是每十分钟产生 50 枚比特币，这个速度并不会随着参与运算的用户增多而变快。这意味着，参与运算的人数越多，获得比特币的难度就会越大。按照现有算法，大约到 2140 年整个系统将生成 2100 万比特币，达到预设的上限。

自 2009 年发布以来，比特币已成为最知名的虚拟货币。通过复杂的算法和大量的计算资源，用户可通过"挖矿"的方式来获得比特币，当然也可通过交易所或类似 BitInstagnt 和 Coinbase 的服务来购买比特币。比特币已引起了 Western Union、MoneyGram 和 PayPal 等公司的关注，有消息称这些服务正在评估是否允许用户在各自平台上使用比特币。

自诞生以来，毁誉参半的比特币就一直处于互联网金融领域的风口浪尖，但这并不影响其逐渐走进我们的正常生活。2013 年 4 月雅安地震期间，李连杰创立的壹基金宣布接受比特币，并收到了 200 多个比特币的捐赠，价值超过 20 万元人民币。2013 年 8 月 19 日，德国政府正式承认比特币的合法货币地位，成为全球首个认可比特币的国家。

对互联网金融来说，拥有自己的货币无疑增加了其与传统金融分庭抗礼的砝码。但目前来看，比特币还不具备替代现实货币的能力。它最大的特点在于独立的、不受第三方影响的货币发行机制，但其最致命的问题也在于此。货币存在的意义不在持有而在流通，流通是需要极大的保有量的。有限的比特币供给无法满足经济发展的需要，还会让币值持续上升，这极易导致通货紧缩以及经济萧条。但比特币的出现的确让我们对互联网金融有了更深层次的认识。未来，如果所有个人和机构都直接通过互联网在中央银行开立账户，借助移动互联网络并通过具有 NFC 功能的手持终端进行日常消费，支付清算完全电子化，不再印刷纸币，那么商业银行将不得不重新思考其存在的意义。

3. 各种各样的互联网货币

随着互联网金融迅速发展，互联网虚拟货币层出不穷。其中典型代表有比特币、Q 币、Facebook 币、亚马逊币等。

互联网货币，又称为虚拟货币、数字货币或者电子货币，这与我们现实中使用的货币全然不同。在"互联网社会形态"里，人们根据自己的需求成立或者参与社区，同一社区成员往往基于同种需求形成共同的信用价值观，互联网货币就是在此基础上形成的"新型货币形态"。

互联网货币通常没有以商品为基础的价值，社区成员往往通过从事社区活动来增加该种货币的持有量。大多数时候人们并没有意识到，信用卡积分、手机卡积分、会员卡积分、航空里程、累积的信誉度其实也是货币，除此之外，互联网货币还可以表现为比特币、Q 币、亚马逊币、Facebook 币、各种虚拟社区币。一句话，互联网货币不直接以实体经济为支撑，不直接与实体经济相挂钩，它的发行、使用、运作都存在于虚拟社区之中。

虚拟货币是一种计算机运算产生或者网络社区发行管理的网络虚拟货币，可以用来购买一些虚拟的物品，如网络游戏当中的衣服、帽子、装备等，只要有人接受，也可以使用像比特币这样的虚拟货币购买现实生活当中的物品。

网络货币最接近于真实货币且最有名气的当属比特币，而比特币之外，还有很多我们不熟悉的网络货币，或者"奇葩"的网络货币。

Litecoin：基于比特币协议，但支持更快的交易确认。这一系统内可开采的 Litecoin 总数为 8400 万个，到目前为止的开采量约为 20%。根据该虚拟货币发明

人查尔斯·李 (Charles Lee) 的说法，目前流通的 Litecoin 总价值约为 5000 万美元。他表示，并不清楚有任何实体商户接受 Litecoin 支付，但一些主机服务提供商已接受该虚拟货币。

Freicoin：与 Litecoin 类似，Freicoin 同样基于比特币协议，但目前仍处于发展早期。根据该虚拟货币发明人之一马克·弗利邓巴赫 (Mark Friedenbach) 的说法，系统内可开采的 Freicoin 总数约为 1 亿个，目前开采量约为 20%。Freicoin 网络中当前的开发用户数约为 100。目前只有很少的小型在线商户接受 Freicoin，而该虚拟货币的发明人正在尝试更大范围的推广。

Ripple：既是一个支付网络，也是一种虚拟货币。Ripple 协议的开发者是硅谷的一家公司 OpenCoin。该公司表示，其目标是让尽可能多的用户使用 Ripple。目前已开采的 Ripple 总数约为 1000 亿个，其中大部分都在 OpenCoin 手中。该公司联合创始人及 CEO 克里斯·拉尔森 (Chris Larsen) 表示，OpenCoin 即将向约 4 万名用户发放每用户 2000 个 Ripple，并计划在未来几年内共发放约 500 亿个 Ripple。目前，消费者可通过 Ripple.com 网站注册以获得 Ripple 钱包，并利用第三方服务 Bitstamp 从银行账户汇款，以使用 Ripple 钱包。

亚马逊 Coins：亚马逊公司是少数几家自主开发虚拟货币的大型科技公司之一。大部分情况下，这些公司的虚拟货币只能在各自网站上使用。亚马逊于 2013 年 5 月推出亚马逊 Coins 服务，目前可用于在 Kindle Fire 平台以及应用商店和网站上购买游戏、应用和其他数字内容。1 美元可购买 100 个亚马逊 Coins，而大量购买将获得折扣，如 1000 个亚马逊 Coins 售价为 9.5 美元。

国内知名虚拟货币：国内知名的虚拟货币有百度公司的百度币，腾讯公司的 Q 币、Q 点，盛大公司的点卷，新浪推出的 U 币米票（用于 iGame 游戏），侠义元宝（用于侠义道游戏）、纹银（用于碧雪情天游戏）等。

以上网络货币还算正常，因为还有一种更为"奇葩"的网络货币——狗币。详见章末案例。

网络虚拟货币是一个新生事物，但发展势头很猛。世界上最早面世的网络虚拟货币是 1998 年由 Flooz.com 推出的 Flooz 币；国内最早出现的网络虚拟货币是 2000 年由中文利网以积分形式向消费者提供的虚拟货币。随后，许多知名网站纷纷推出名称各异的虚拟货币，如腾讯的 Q 币、新浪的 U 币、网易的 POPO 币等。目前，网络虚拟货币有数十种，可以分为三大类：

（1）游戏币。是指各种网络游戏中使用的"虚拟货币"。不同的游戏币只能用于相应游戏，不能跨游戏使用，且数量难以控制。游戏玩家可用游戏币购买各种游戏道具以及装备，但不与现实流通的法定货币发生直接兑换关系。

（2）积分、消费式虚拟货币。这种虚拟货币也是借用货币之名，用于网站业务的营销，是网站为了吸引网民而推出的一种奖励措施，也不直接与法定货币发生兑换关系。它们都按在线时间长短奖励给用户虚拟货币，用户可以用其换取各种消费的机会。用于各种虚拟物品消费的虚拟货币，像真实货币一样，用来计价、购买各种产品和服务，只是这类产品和服务也都是虚拟的。这类虚拟货币目前在使用中占有较大比例，POPO币是典型代表。

（3）交换式虚拟货币。这种虚拟货币是用于虚拟物品交易网站内交换各种虚拟物品的"货币"。与"消费式货币"不同的是，它与现实法定货币有着固定的交换比例，用户首先用真实货币购买这种虚拟货币存在自己的虚拟账户上，然后再从自己虚拟账户上提取虚拟货币使用，如Q币等。这类虚拟货币数量最大，也是当前理论界和实务界关注的重点。

4. 互联网货币对货币体系的影响

网络虚拟货币虽然冠以"货币"名称，但却不能像人民币或电子货币那样得到整个社会的普遍认同，不具有法定货币资格，不能在现实社会中流通，因而不是真正的货币。从本质上来说，网络虚拟货币是网络社会借用现实货币的名义，模拟货币机理，在虚拟世界中使用的一种计算单位，是一种数据化、单向流通的"提货凭证"或"代金券"，是网络商家的一种营销策略和手段，是在现实货币基础上第二次或第三次"组合创造"的"虚拟货币"。

但是，即便如此，在互联网金融时代下，随着互联网和金融的不断发展和融合，电子货币和虚拟货币的发行主体、发行数量及种类不断增长，使用范围逐渐扩大，三者间的界限越来越模糊，也将必定影响经济、金融模式。

（1）影响货币政策效果。目前，电子货币和虚拟货币只在一定范围内承担交易媒介的职能。随着电子货币和虚拟货币继续发展，其货币属性将逐步增强，将不可避免地打破中央银行—商业银行形成的信用产生机制。电子货币、虚拟货币与真实货币存在一定的替代关系，因而模糊了各种货币层次之间的界限，扩大了

货币的范畴，改变了人们的支付行为以及生活方式，并形成对传统货币金融理论的极大挑战，使货币计量更加困难，加大了中央银行制定和实施货币政策的难度，直接导致中央银行控制基础货币的能力被削弱。同时，货币供应量作为货币政策中介目标的效果被弱化，对货币供应量作为货币政策中介目标的可控性、可测性以及相关性均产生影响，改变了货币政策的传导途径以及货币供应量与货币政策最终目标之间的相关性，从而降低了货币政策的有效性。

（2）电子货币和虚拟货币可能引起通货膨胀。电子货币发行若不建立严格的全额准备金制度，就会直接增加信用货币的供给；即使建立严格的全额准备金制度，也可能因为电子货币流通速度更快，带来更多的货币流通量。虚拟货币的使用若仅限于特定的虚拟世界，因为其虚拟商品的供应量几乎是无限的，故不存在通货膨胀问题；但虚拟货币若与真实货币双向兑换，使用范围扩大到真实商品和服务，将增加货币供应量，从而引发现实世界中的通货膨胀，冲击正常的金融秩序。

（3）利用电子货币和虚拟货币可能导致洗钱、赌博、网上盗窃等犯罪活动。电子货币和虚拟货币容易进行远距离、跨国界传输，具有匿名性和虚拟性，导致网络交易难以有效监管、取证和处罚。据了解，目前国内90%以上的游戏都带有博彩功能，以腾讯、联众等网络游戏运营商开发的斗地主、扎金花等游戏为例，均提供以游戏币为筹码的游戏方式，网络游戏运营商按比例进行抽水以获取利益。2005年，国家新闻出版总署曾下发《关于禁止利用网络游戏从事赌博活动的通知》，试图对虚拟游戏被当作赌博工具的问题进行管理。

（4）电子货币和虚拟货币的金融消费者权益保护不足。对电子货币、虚拟货币发行主体的资格没有限制，没有全额赎回其发行的电子货币的义务，对电子货币使用者的资金安全等金融消费者权益缺乏保护。没有针对电子货币、虚拟货币发行主体的破产保护制度，一旦发行主体破产，使用人的电子货币、虚拟货币将无法兑现，同时严重影响持有人对其他电子货币、虚拟货币的信心。受利益驱动，网络运营商会发行多于市场需求的虚拟货币量，导致虚拟货币贬值，损害消费者权益。

不可否认，互联网货币作为互联网金融中的一员，给金融市场带来了新的活力。互联网货币基于社区信用产生，新的消费行为可以弥补现有金融的信用缺失和不足，强化整个社会的信用观念；互联网货币以消费行为参与为主，在虚拟世界形成持续性参与积累的价值，有助于引导形成消费拉动经济的方式。

当然，人们对于互联网货币未来发展趋势的忧虑是无可厚非的。日进斗金的诱惑、强烈的投机倾向、过山车般的价格、社区成员的天然信任都具有一定的不稳定性，因而另一种金融狂热正在滋长。但是我们不能因噎废食，而应该积极培育适合互联网货币生存的土壤，认识并利用虚拟金融世界的变化规律，因势利导，使这一新生力量更快更好地为金融服务。

章末案例：

狗币：史上最奇葩的网络货币

狗币（Dogecoin）诞生于 2013 年 12 月 12 日，基于 Scrypt 算法，是目前国际上很常用的数字货币。数字货币是民间发起的全球通用货币，不属于某个国家，而是属于全人类，具有全球转账速度快的优点，如几秒内就可以把钱由国内汇到美国，且费用低廉，并且不会像法币一样随意增发，总量相对稳定。

1. 狗币的诞生

狗币的诞生可能是 2013 年最奇葩的小故事。一位澳大利亚的品牌与市场营销专家，一位美国俄勒冈州波特兰市的程序员，这两个人此前素昧平生，却成功地将今年最火爆的两种产品——比特币和狗狗（Doge，对美国人而言 Doge 就跟"土豪"在中国的流行程度类似）结合在了一起，结果 Dogecoin 就诞生了，而且人们还真的在使用它。如果你没听过关于"柴犬"（Doge Meme）的故事的话，这件事解释起来可能有些困难。反正就是一张柴犬的图配上几句话，这些话要用特殊的彩色字体标示，如图 6-4 所示。然后美国人民就觉得很搞笑（奇怪的笑点）。

2013 年 12 月，Adobe 公司悉尼市场部门的 Jackson Palmer 一直在研究电子货币，看了 Doge 后突发奇想，于是在 Twitter 发了个推文：投资 Dogecoin，这就是下一个大机遇。

随后他得到了不少回复，都是鼓励他继续完成这个想法。而一个礼拜后他买下了 Dogecoin.com 的域名，该域名被 Doge 的大本营 reddit 收录。

而与此同时，在波特兰市，Billy Markus 一直想创造属于自己的电子货

图 6-4　Doge Meme

币，他希望这种货币能够满足更多人的需求，而不是像比特币那样为投机者服务。在 Dogecoin.com 刚注册没两天，他偶然知道了这个网站，顿时觉得找到了归属。

于是他给 Palmer 发了条推文，表达合作之意。在 Palmer 回复之前，他就开始重新排列比特币的源代码，并加入了 Doge Meme 的元素。

后来两人一拍即合，在 Palmer 半开玩笑的推文发布后一周左右，Dogecoin 诞生了。

图 6-5　狗币

2. 狗币的运作模式

在 reddit 的推波助澜之下，这个网站立马就火了。不过两周的时间，Dogecoin 已经有了专门的博客、论坛，市值达到 800 万美元，一度跃升为全球第七大电子货币。

它是如何做到的呢？

答案是"小费"。如果你在互联网上表演了一个相当不错的段子，人们通常会愿意通过电子货币给你点小费。在小费文化盛行的美国，这种事情很容易得到认同。其上线仅一周的时间，便成为第二大小费货币。他们希望 Facebook 能够接受 Dogecoin，这样你的朋友不仅可以点赞，还可以顺便给你点小费。

Dogecoin 如此受追捧的理由当然不止于此。

从技术上说，Dogecoin 实际上与莱特币是一个派别的，它们都是基于 Scrypt 算法，与莱特币一样，其交易过程比比特币更加便捷，而且它们的数量也更多，如 Dogecoin 最多可以挖出 1000 亿个，而比特币是 2100 万个。

Palmer 也提到，Dogecoin 并不像比特币那样，人们并不是为了投机才参与其中，这是一种表达分享和感谢的方式。

2013 年 12 月 19 日，Dogecoin 的平均价格飙升到 0.002 美元，但是其在随后的时间骤然下跌，三天之内竟跌落到 0.0003 美元，较 19 日的高点下滑了近 80%。

Billy Markus 解释道，Dogecoin 在这段时间人气爆棚，因为有利可图，所以"挖矿"的人太多了。Dogecoin 虽然排名下滑，但仍然是最受欢迎的电子货币之一。

3. 风靡全球的原因

其实，狗币之所以能够风靡全球，主要还是因为以下三点：

第一，它有一个好的文化背景——小费文化。Dogecoin 作为电子货币，诞生于 2013 年 12 月 12 日，其上线仅一周的时间，便成为第二大小费货币。好多人参与狗币交易并不是为了投机，而是把它作为了一种表达分享和感恩的方式。

第二，它有一个好的人文背景——慈善文化。Dogecoin 在慈善方面的应用已经非常广泛，继帮助"牙买加雪橇队"和印度三名运动员踏上索契冬奥会征程之后，"Doge4Kids"的慈善募捐活动所得善款全部捐献给 4Paws For Ability 慈善机构。据了解，狗币基金近期又赞助 3 万美元解决肯尼亚水资源危机，这不得不说是狗币做的另一件值得表扬的慈善事件。此外据称，狗币基金还资助了一个赛车比赛。

第三，人气指数比较高，有数据表明 reddit 狗币社区关注度超过 7.5 万，远远超过了 LTC，而 BTC 用了五年的时间才有 12 万的关注度。而且有比较广泛的应用在支持大量国外网站在接受 BTC 支付的同时，也支持狗币支付。成交量就是一个佐证，在 C 网上狗币的成交量自从上线以来一直都是排在第一位，超过其他所有山寨币包括莱特币的成交量。成交量大和流通性好，是虚拟货币存在的一个重要价值体现。

资料来源：作者根据多方资料整理而成。

参 考 文 献

［1］［美］彼得·瑞顿. Lending Club 简史（第一版）［M］. 第一财经新金融研究中心译. 北京：中国经济出版社，2013.

［2］李钧，长铗. 比特币类别：货币银行学［M］. 北京：中信出版社，2014.

［3］官建文. 中国移动互联网发展报告［M］. 北京：社会科学文献出版社，2013.

［4］刘德寰，季飞，李夏. 银行业的互联网之路［M］. 北京：机械工业出版社，2013.

［5］尚永庆，周晓志. 网络金融与应用［M］. 西安：西安电子科技大学出版社，2009.

［6］涂子沛. 大数据：正在到来的数据革命［M］. 桂林：广西师范大学出版社，2012.

［7］王维安，俞洁芳，严谷军. 网络金融学［M］. 杭州：浙江大学出版社，2008.

［8］谢康，肖静华. 网络银行［M］. 长春：长春出版社，2000.

［9］张波. 移动互联网时代的商业革命［M］. 北京：机械工业出版社，2013.

［10］赵国栋，易欢欢，糜万军等. 大数据时代的历史机遇——产业变革与数据科学［M］. 北京：清华大学出版社，2013.

［11］［美］迈克尔·塞勒. 移动浪潮：移动智能如何改变世界［M］. 邹韬译. 北京：中信出版社，2013.

［12］熊良俊.聚焦银行科技前沿——来自金融机构和监管者的思考［M］.北京：中国金融出版社，2012.

［13］第一财经新金融研究中心.中国P2P借贷服务行业白皮书（2013）［M］.北京：中国经济出版社，2013.

［14］李麟，冯军政，徐宝林.互联网金融：为商业银行发展带来"鲶鱼效应"［N］.上海证券报，2013-01-22（A08）.

［15］曹洪辉，李汉.中国第三方支付行业发展蓝皮书（2011）［M］.北京：中国金融出版社，2012.

［16］李树生.中国农村金融创新研究［M］.北京：中国金融出版社，2008.

［17］李麟，钱峰.移动金融：创建移动互联网时代新金融模式［M］.北京：清华大学出版社，2013.

［18］罗明雄，唐颖，刘勇.互联网金融［M］.北京：中国财政经济出版社，2013.

［19］吴成丕.金融革命——财富管理的互联网竞争［M］.北京：中国宇航出版社，2013.

［20］李海峰.网络融资：互联网经济下的新金融［M］.北京：中国金融出版社，2013.

［21］万建华.金融e时代［M］.北京：中信出版社，2013.

［22］张波.O2O：移动互联网时代的商业革命［M］.北京：机械工业出版社，2013.

［23］陈威如，余卓轩.平台战略：正在席卷全球的商业模式革命［M］.北京：中信出版社，2013.

［24］芮晓武，刘烈宏.互联网金融蓝皮书：中国互联网金融发展报告（2013）［M］.北京：社会科学文献出版社，2014.

［25］姚文平.互联网金融［M］.北京：中信出版社，2014.

［26］曾航，刘羽，陶旭骏.移动的帝国［M］.杭州：浙江大学出版社，2014.

［27］马梅，朱晓明，周金黄等.支付革命：互联网时代的第三方支付［M］.北京：中信出版社，2014.

［28］陈光锋.互联网思维［M］.北京：机械工业出版社，2014.

[29] 苏宁. 虚拟货币的理论分析［M］. 北京：社会科学文献出版社，2008.

[30] 侯宏海. 中国网上银行创新途径研究［M］. 北京：首都经济贸易大学出版社，2011.

[31] 欧阳勇. 网络金融：理论分析与实践探索［M］. 成都：西南财经大学出版社，2006.

[32] 彭晖. 网络金融理论与实践［M］. 西安：西安交通大学出版社，2008.

[33] 沈晓平. 网络金融［M］. 北京：电子工业出版社，2009.

[34] 张劲松. 网络金融［M］. 北京：机械工业出版社，2010.

[35] 安平. 传统金融应吸纳互联网金融导入的平等理念［N］. 第一财经日报，2013-12-06（A15）.

[36] 姜欣欣. 理性认识互联网金融对银行业发展的影响与挑战［N］. 金融时报，2013-12-23（011）.

[37] 李佳. 商业银行应从四方面应对互联网金融革命［N］. 证券日报，2014-01-09（A03）.

[38] 谢平. 互联网金融模式研究［C］. 中国金融四十人论坛课题，2012.

[39] 丁婕. 我国P2P网络借贷平台及借款人行为研究［D］. 西南财经大学硕士学位论文，2012.

[40] 宫晓林. 互联网金融模式及对传统银行业的影响［J］. 南方金融，2013（5）.

[41] 袁博，李永刚，张逸龙. 互联网金融发展对中国商业银行的影响及对策分析［J］. 金融理论与实践，2013（12）.

[42] 邱勋. 互联网基金对商业银行的挑战及其应对策略［J］. 上海金融学院学报，2013（4）.

[43] 范晓东. 互联网开启"大众金融"时代［J］. 互联网周刊，2012（20）.

[44] 沈伟钦. 供应链环境下的供应链金融服务模式探析［J］. 金融教育研究，2011（11）.

[45] 刘文雅，晏钢. 我国发展P2P网络信贷问题探究［J］. 北方经济（综合版），2011（14）.

[46] 孙之涵. P2P网络小额信贷探析［J］. 征信，2010（3）.

[47] 吴晓光，曹一. 论加强P2P网络借贷平台的监管［J］. 南方金融，2011（4）.

[48] 王毅敏，王锦. 网络借贷的发展及中国实践展望研究 [J]. 华北金融，2011（2）.

[49] 王梓淇. P2P 网络借贷平台探析 [J]. 时代金融，2012（8）.

[50] 朱斌昌，雷雯. P2P 民间借贷平台新发展及其监管引导分析 [J]. 中国农村金融，2011（19）.

[51] 李雪静. 众筹融资模式的发展探析 [J]. 上海金融学院学报，2013（6）.

[52] 肖芳. 国内众筹网站举步维艰 [J]. 互联网周刊，2013（10）.

[53] 曹小林. 众筹模式的多重维度不只是电商的拓梦 [J]. 互联网周刊，2012（23）.

[54] 胡吉祥，吴颖萌. 众筹融资的发展及监管 [J]. 证券市场导报，2013（12）.

[55] 万立猛. 浅谈互联网金融对商业银行的影响 [J]. 中国连锁，2013（8）.

[56] 邱峰. 互联网金融对商业银行的冲击和挑战分析 [J]. 吉林金融研究，2013（8）.

[57] 潘明道，王昭，徐明圣. 2013：大数据时代来临，银行准备好了吗 [J]. 银行家，2013（2）.

[58] 宋旺，钟正生. 理解金融脱媒：基于金融中介理论的诠释 [J]. 上海金融，2010（6）.

[59] 田海山，张宽海. 支付环境与网上虚拟货币产生原因分析 [J]. 电子商务，2007（6）.

[60] 张磊. 网络虚拟货币本质及其监管 [J]. 商业时代，2007（4）.

[61] 钟孝生. 网络虚拟货币本质及其对货币流通的影响 [J]. 商业时代，2007（23）.

[62] 李军. 金融脱媒趋势下商业银行面临的机遇与挑战 [J]. 中国金融，2006（14）.

[63] 颜永嘉. 我国银行脱媒现状评估及对货币政策调控的影响分析 [J]. 理论研究，2011（7）.

[64] 胡红业. 金融脱媒对商业银行存款结构影响的实证研究 [J]. 武汉金融，2011（2）.

[65] 苗晓宇. 网络 P2P 信贷风险与防范 [J]. 甘肃金融，2012（2）.

［66］吴晓光. 论 P2P 网络借贷平台的客户权益保护［J］. 金融理论与实践，2012（2）.

［67］常晓. 互联网金融信贷业务对商业银行的影响分析［J］. 财政金融，2013（26）.

［68］李博，董亮. 互联网金融的模式与发展［J］. 中国金融，2013（10）.

后 记

时下，云计算、大数据、互联网思维、跨界、互联网金融等革命性技术和创新理念纷至沓来，可谓一波未平一波又起。而集各种火热话题于一身的互联网金融，更是以金融搅局者和金融变局者的身份受到了前所未有的关注。从电子支付到第三方支付，从网络借贷到众筹，从大数据授信到网上理财，各种围绕着我们生活和生产的互联网金融应用场景层出不穷。可以说，互联网金融已经融入了我们生活的方方面面。

互联网金融是现代互联网技术与金融的相互结合，是网络金融服务供应商通过互联网实现的金融服务，是一种以网络等新技术手段为基础的金融创新形式。从广义上理解，互联网金融的概念包括在网络的基础上对原有金融产品、金融服务和原有流程、运作方法、运作模式的创新以及与其运作模式配套的网络金融机构、网络金融市场和相关的监管等外部环境的改善。

在互联网金融模式下，因为有大数据、社交网络和云计算，市场信息不对称程度非常低，交易双方在资金期限匹配、风险分担上的成本非常低，银行、券商和交易所等中介都不起作用；贷款、股票、债券等的发行和交易以及券款支付直接在网上进行，这个市场充分有效，接近一般均衡定理描述的无金融中介状态。在这种金融模式下，支付方便快捷，搜索引擎和社交网络降低了信息处理成本，资金供需双方直接交易，可达到与现在资本市场直接融资和银行间接融资一样的资源配置效率，并在促进经济增长的同时，大幅减少交易成本。

面对来势汹汹的互联网金融，我们不仅要了解，更要积极参与、研究、创

新。要形成互联网金融体系，还需要政府、学者与行业实践者共同参与、共同推动，只有这样，才能创造更有生机、更富创造力、更能服务实体经济的互联网金融，才能实现中国的金融强国梦。

金融，从来都是人们最感兴趣的话题之一，因为这涉及人们最关心的东西——财富。因此，当互联网金融火热起来之后，从来不乏对此感兴趣的研究者，笔者也不例外。长期以来，笔者关注着新经济的发展，在本书出版之前对云计算、物联网、大数据等都有所涉猎，而当互联网金融这个新经济体出现在人们视野的时候，笔者就把它添加到了"关注栏"之中。加上笔者供职于金融行业，大数据、互联网思维、互联网金融等时髦词汇不绝于耳，因此对此产生了浓厚兴趣，常常觉得应该写点什么，一方面梳理一下在这方面所知道的东西，另一方面将自己的一些浅薄理解呈现出来。

当结束《互联网金融：跨界、众筹与大数据的融合》的写作时，笔者意识到，如果说最后成书是一个成果，那么这是一个众人智慧的集合。在本书写作过程中，澳门科技大学封智勇博士、江西师范大学孟鹰副教授、南昌工程学院嵇国平博士、江西师范大学研究生吴丽琼和祝娟等参与了相关研究、资料整理、编写和案例分析，特此表示衷心的感谢。同时感谢经济管理出版社申桂萍编辑在本书写作过程中给予的大力支持。在这里，我们还必须感谢本书参考文献的所有作者，没有你们的前期贡献，就不会有"巨人肩上的我们"；必须感谢本书案例中的中国企业，没有你们的业界实践，本书将成为"无本之木"。特别需要说明的是，本书在完成过程中，学习、借鉴、吸收和参考了国内外众多专家学者的研究成果及大量相关文献资料，并引用了一些报纸、网站的部分数据和资料内容。虽然笔者尽可能地在参考文献中列出，但由于时间所限，未能与有关作者一一联系，敬请见谅，在此，对这些成果的作者深表谢意和歉意。

限于笔者的学识水平，书中的错漏之处在所难免，恳请各位同仁及读者批评指正。如您希望与笔者进行沟通、交流，扬长补短，发表您的意见或建议，请与笔者联系。联系方式：eleven9995@sina.com。

2014 年 12 月 1 日于深圳